imaginist

想象另一种可能

理
想
国
imaginist

从惊奇开始

青少年哲学第一课

刘擎 等著

北京日报出版社

图书在版编目(CIP)数据

从惊奇开始：青少年哲学第一课 / 刘擎等著 . --
北京：北京日报出版社，2022.1（2024.7 重印）
　ISBN 978-7-5477-4120-7

　Ⅰ . ①从… Ⅱ . ①刘… Ⅲ . ①哲学－青少年读物
Ⅳ . ① B-49

中国版本图书馆 CIP 数据核字 (2021) 第 217373 号

责任编辑：卢丹丹
特约编辑：孔胜楠　风之回响工作室
装帧设计：董茹嘉
内文制作：李丹华

出版发行：北京日报出版社
地　　址：北京市东城区东单三条8-16号东方广场东配楼四层
邮　　编：100005
电　　话：发行部：（010）65255876
　　　　　总编室：（010）65252135
印　　刷：肥城新华印刷有限公司
经　　销：各地新华书店
版　　次：2022年1月第1版
　　　　　2024年7月第3次印刷
开　　本：880毫米×1230毫米　1/32
印　　张：11.75
字　　数：242千字
定　　价：58.00元

如发现印装质量问题，影响阅读，请与印刷厂联系调换：0534-2671218

目 录

第一讲

哲学中的思想实验

关于真假、对错与好坏的思考

导言　哲学与思想实验

很高兴和大家一起讨论哲学中的思想实验。看到在座的孩子，有些年纪还很小，这让我想起了自己的童年。那时候，我10岁左右，在那个懵懂而充满好奇心的年龄，我遇到了几位老师，他们很热心地跟我谈些奇奇怪怪的"深奥"问题。他们的谈话、他们讲的故事和知识，激发了我的奇思异想，开启了我后来的学习和探索，最终使我成为现在的自己。我感到这是我童年时收获的一份珍贵的礼物。今天，我愿意将这份礼物回赠给现在的孩子们，我相信这是对我自己童年时代那些启蒙老师最好的报答，也是值得珍视的知识与精神传承纽带。

你们的眼里充满了好奇，这就是哲学最原初的动机。亚里士多德说过，哲学始于"对世界的惊奇"。人类想知道我们面临的一切是什么、为什么、怎么了……这是对我们存在的一种关切，这种关切其实是与生俱来的，但同时也是可以被发展出来，变成一种自觉的追问意识的。在日常生活中，这些好奇心可能会被淡忘，会被边缘化，但从来不会泯灭。而人类在天性中就怀着对求知的欲望。因为对世界的惊奇而想知道一个究竟，然后就有了哲学的探究。

有一个问题很有意思，就是哲学的探究最后未必能获得确切的答案，这和很多其他学科不一样。

早期的时候，至少在西方，世界上所有的学科都归属在哲学里。后来，自然哲学演化为科学；哲学继续派生，关于心灵的问题有了心理学，心理学现在与神经科学、认知科学结合在一起；关于社会的问题有了社会学；关于经济的问题有了经济学……

大家知道亚当·斯密对不对？他被认为是现代经济学之父，但实际上他把自己看成一个哲学家。读他的思想传记，我发现，一般流行的主流经济学对亚当·斯密有很大的误解，他的主张并不是完全的市场决定论、只看重经济收益和效率，他是有哲学思考的。

回过头来说，哲学派生了很多学科，这些学科追问的问题都有相对比较明确的答案，当答案面临严重挑战时，它们就会寻找新的答案。但是，哲学最根本的很多问题，都是没有统一的标准答案的。比如说，人活着到底是为了什么？这是人生哲学的问题。

许多重大的哲学问题千百年来仍然没有"定论"，那么哲学因此就徒劳无用吗？实际上，获得最终的标准答案并不是哲学的全部意义，甚至不是其主要价值之所在。哲学的重要意义之一，在于帮助我们激发思考和澄清思想：我们每个人在行动的时候，是依赖一些观念的，所有行动的背后都是有想法的，而这些想法都是有前提的，它们隐藏在那里，你自己都没有察觉。而哲学的讨论会把它们揭示出来，考察当中逻辑的谬误，转变你追问的视角或者焦点，辨析问题的关键与困难所在。比如，有家长说孩子学习成绩不够好，他可能会问孩子：为什么付出了这么多努力成绩还是不好？你的学习方法对不对？但是，这样说有一个隐藏的前提，就是孩子应该甚至必须取得好成绩、进入好学校。其实，应该关注的重点在于，家长想要孩子成为什么样的人？孩子自己想要成为什么样的人？他想要一种什么样的生活？这样就转变了整个问题的背景和视角。哲学会把你从一个习以为常的模式里抽出来，海德格尔把这个过程叫作"异乎寻常的问"和"异乎寻常的思"。在我们探索公共生活或者政治世界的时候，也是这样一个过程，后面我们会讲到公平、自由和效率之间的关系等，到时你们可以看到这一点。

哲学不只是讲理，哲学里有故事，这些故事常以"思想实验"的方式呈现。"思想实验"（thought experiment）是一种澄清思想的"利器"，是哲学探寻的一种方式（当然不是唯一的方式）。

那么，究竟什么是思想实验呢？我可以给出一个大致的简单定义。在哲学中，通常的思想实验是：（1）呈现一种想象的场景和情节（an imagined scenario）；（2）由此激发直觉的或推理的回应，以及相关的讨论；（3）从而考察特定的观念和原则的有效性(特别是那些我们认为理所当然的观念和原则)。需要提醒的一点是,关于思想实验在哲学论证中的作用,专业学者对此是存在争议的,但我们现在还不必介入那么复杂的专业讨论。

对于英文很好又对哲学特别有兴趣的同学,我推荐一个特别好的网络资源——"斯坦福哲学百科全书"(Stanford Encyclopedia of Philosophy)。这是一个专门的哲学网站,由全世界优秀的专业哲学家撰写每个词条,是完全免费的网站,而且会不断更新,其中也有"思想实验"这个词条,该词条对这个问题有相当深入的讨论。另外,有一本关于思想实验的通俗读物,也很适合你们阅读参考,在这里推荐给大家——英国哲学普及作家朱利安·巴吉尼(Julian Baggini)的《一头想要被吃掉的猪》[1],这是英文著作的中译本。英文原版还有一个副标题——"And 99 Other Thought Experiments"。"一头想要被吃掉的猪",这是一个思想实验,书中还有其他 99 个思想实验,总共是 100 个。我这一讲讲的许多例子都出自这部书,但有些表述和解释可能不太相同。

在这次课程中,我将讲解认识论和伦理学等领域中一些思想实验的具体案例,阐明它们如何引导我们更加敏锐而清晰地思考,又为我们认识世界真相、理解道德实践和探索精神生活带来了怎样的启迪。

---

1 朱利安·巴吉尼,《一头想要被吃掉的猪》,张容南、杨志华译,上海三联书店,2008。

　　大家知道，哲学有许多分支领域，包括许多不同类型的问题。这一讲涉及的问题可以分为三个类别：真假问题、对错问题与好坏问题。一般而言，哲学和社会科学领域常常区分两类问题：一类是事实性问题，就是去查明事实本身是什么，而不关乎我们的爱好、态度、立场或者价值判断，是要去考察事情本来真实的状态或属性，这种研究有点像科学。另一类是规范性问题，面对这类问题，我们的着眼点主要在于事物"应当"是什么，这里就涉及价值判断和衡量的标准。这两类问题，在中文里，前者叫"实然"问题，后者叫"应然"问题，对应的英文分别是"factual"和"normative"。很显然，我说的真假问题属于"实然"问题，而我说的"对错"与"好坏"问题都属于"应然"问题。

　　例如，地球绕太阳旋转，这是一件真的事情，是"实然"的，它与"对错""好坏"无关。如果说它不应该那么转，这就很奇怪了，对不对？所以，对于我们跟自然界的关系，一般来说，是用真假问题来判断的。

　　那么为什么还要区别"对错"与"好坏"这两种应然问题呢？这稍微有点复杂，容我解释一下。

　　在伦理学或者道德哲学领域，许多学者认为"对错"与"好坏"可以并应该被区分开来。简单地说，"对错"（right or wrong）是一个道德概念，针对的是"他－我关系领域"，就是在我们与他人相处的情景中，某种行为举止或某种规则是否"应当"。在道德意义上不应当发生的行为，我们称作"错"（wrong），反之则称作"对"（right）。"好坏"（good or bad），主要不是针对我们与别人之间的关系领域，而是"自-我关系领域"，关涉一个人自己的人生观、生活理想或宗教信仰等。

有些哲学家，比如德国的哈贝马斯[1]，将对错问题看作道德（moral）问题，而将好坏问题视为伦理（ethical）问题。当然，对于这种区分以及命名，并不是所有哲学家都同意。大家大概知道，哲学家最显著的特点之一就是彼此不同意。我认为，区别这两类问题是有意义的，虽然对错与好坏不可能完全割裂（separate），但仍然可以区分（distinguish）。

比如杀人。如果你杀了一个无辜的人，这当然是错的，错到足以判刑。但如果你杀了自己会怎么样？杀人与自杀都是伤害生命，但前者是他-我关系，后者是自-我关系，所以并不一样。我们当然也可以说"自杀是不对的"，但在我前面所做的概念区分框架中，更恰当的说法是"自杀是不好的"。所以，对于一次谋杀，哪怕被害者没有死亡，谋杀者也完全可能被判刑。但如果是一个人自杀未遂，我们一般不会对他定罪。我们不会说，比如"你跳河没有淹死，但你企图伤害一个生命，所以判你十年有期徒刑"。我们反而要帮助当事人，避免其重蹈覆辙。这一讲会讲三类问题：认知领域的真假问题（true or false）、道德领域的对错问题（right or wrong）和伦理领域的好坏问题（good or bad），讨论22个思想实验。一方面是引导大家开始进入有点专

1　尤尔根·哈贝马斯（Jürgen Habermas，1929—　），德国当代最有影响力的哲学家之一，法兰克福学派第二代中坚人物，著有《在事实与规范之间》《交往行为理论》《现代性的哲学话语》等。

业性的问题，思考这些问题与生活实践的关联；另一方面，是请大家尝试进行哲学思维的训练。介绍这些思想实验主要是激发思考和澄清难点，而不是给出一个确定的答案。这是哲学的品格。哲学应当是一个动词，哲学探究意味着无止境的思想旅程。

真假问题

现在我们开始进入对第一类问题——"真假问题"的讨论。"真假问题"主要属于认识论领域，但同时也涉及本体论哲学、心灵哲学、语言哲学和逻辑学等领域。我们分 4 个小节讨论 10 个思想实验，它们都对我们似乎确信的知识提出了挑战，让我们陷入某种矛盾或困惑，使我们需要重新思考我们的某种直觉、信念和知识是否为真。

实在论问题

在真假问题的第一小节，我们来讨论哲学上最根本的问题，就是我们所感知的"现实"是确确实实的真的存在吗？或者说是"实在"（real）的吗？你可能会感到奇怪，这个问题有什么意义呢？让我们进入第一个思想实验。（以下用"Thought Experiment"的缩写"TE"表示思想实验。）

TE1　如梦初醒

假设你们中的一位同学，或者你可以想象有一个孩子，他做了一个噩梦。在这个梦中，有一头凶猛的野兽，突然从窗口闯入了他睡觉的房间。当然他非常害怕，然后在梦里开始和这头野兽搏斗，搏斗越来越激烈，非常紧张。在快要被野兽吃掉的那一刻，他猛然惊醒。他发现自己大汗淋漓，然后松了一口气，心想"还好这是一场梦"。

但正在他庆幸而放松的时候，一头野兽真的闯了进来，然后又是一场激烈的搏斗厮杀，结果怎么样？他被野兽吃掉了！不是的，他又惊醒过来了。原来他刚才没有从第一个梦中真正醒过来，只是进入了第二个梦。

这种连环梦的经历，大家可能也有过体验。现在他终于醒过来了，松了一口气，开始平静下来。可是，突然有一个念头抓住了他，他问自己："我怎么能知道我现在是真的醒过来了？有没有可能我仍然在梦中？"于是，他又开始紧张地注视着卧室的窗口……

类似地，我们甚至可以怀疑我们这个讲座是否真的发生了。你敢保证你现在不是在做梦吗？这位同学好像很确定这是真的，are you sure？有没有可能实际的情况是这样的：昨天晚上有个通知，告知你这个讲座由于台风被取消了，但是你是那么渴望参加这个讲座，以至你做了这样一个梦，梦到你早上醒来，出门冒着大雨赶到了这里，坐下来听这个讲座，讲座现在正在进行……而这一切都是你的梦境，只不过你梦得很真切。

TE2 柏拉图的"洞穴寓言"

我们还可以讲一个经典的"洞穴寓言"。在《理想国》第七卷，柏拉图讲过这样一个寓言：

> 有一个山洞，一群奴隶从生下来就一直被关在这个山洞里。他们戴着枷锁被绑在石凳上，面朝洞穴的顶端岩壁，头也不能转动。在他们的背后有燃烧的火把，火把发出火光，将他们的影像投射在洞壁上。这些影像是他们唯一能看到的东西，是他们从生下来就看到的所有东西，所以他们就认为这些影像就是现实世界，就是 reality。可是，其中有一个奴隶，被人打开了枷锁，他从岩洞往上走，最后走到了洞穴之外。他看到了太阳，开始感到一阵晕眩，但后来他的眼睛慢慢适应了阳光，终于看到了阳光下的现实世界。但是，当他再回到洞穴中，告诉他的同伴，说你们看到的只是幻影，你们一直生活在幻觉中，没有人愿意相信他。而且他们会说，你脑子或者眼睛被弄坏了，连明明白白的现实（洞壁上的影像）都看不清了。

柏拉图的这个洞穴寓言非常有名，而且有多种含义和不同的解释。但在这里，我们关注的仍然是那个问题：如何区分幻觉和实在？那个被解放了的奴隶，因为他看到了真相，才能区别什么是幻影、什么是现实，但完全陷入幻影的人，就会将幻影本身当作真实的现实。而且，这个寓言还可以有更复杂的理解。我们甚至可以追问，那个被解放的奴隶怎么知道自己在洞穴之外就看到了真正的现实？如果他走出洞穴之后实际上是进入了一个更大的洞穴，那里的太阳只是一个巨型的日光灯呢？就像我们刚才说的"连环梦"一样，从一个梦境转到了另一个梦境中。

TE3　缸中的大脑

洞穴寓言是很古老的，在当代哲学中，也有一个经典的思想实验叫"缸中的大脑"（Brain in a Vat），是哈佛大学哲学家普特南[1]提出来的。这个思想实验是这样的：

> 想象一下你的大脑被人从你的身体内取出，放在一个缸中，其中有能够维持大脑生理功能的液体。大脑上插着电极，把你大脑的神经感知系统连接到一些电脑上，电脑给你一些模拟日常生活的感官刺激，那么你完全会以为自己生活在现实世界中，有各种活动，而不会知道自己实际上是一个"缸中的大脑"。

---

[1]　希拉里·普特南（Hilary Putnam，1926—2016），美国当代著名哲学家，侧重研究实在论、指称、真理和科学合理性等问题，著有《理性、真理与历史》等。

如果你们看过电影《黑客帝国》（*The Matrix*）[1]，就很容易理解上面的思想实验。以上三个思想实验提出的问题就是：现实是否存在？我们的"现实感"是不是真实的？

英文"realism"这个词在中文里主要被翻译成"现实主义"，而在哲学领域中，它一般被译作"实在论"。世界究竟是什么？存在的本质是什么？这在哲学上称为"本体论"（ontology）问题。而实在论是对世界本质的一种看法，说起来很简单，就是说世界是客观存在的，实实在在地在那里，独立于我们的主观意念。

实在论的观点听上去非常符合我们的直觉，还会有什么问题吗？但上述几个思想实验恰恰质疑了我们的直觉或常识。因为我们总是要通过感官来感知现实，那么我们如何能保证我们的感知反映了客观的存在？我们又如何区分幻觉与实在？

我们常常陷入幻觉而不自知，将幻觉误以为真。幻觉可能是梦境所致，或者是"邪恶的魔鬼"对我们施加了魔法，制造了我们的幻觉。因此，与实在论相左的观点就出现了，比如怀疑论和不可知论，这两种观点认为，我们永远无法知道世界是否实际存在；还有"反实在论"，就是认为世界其实并不实际存在，"世界"只是我们自己大脑的主观想象。

在本体论意义上，对实在论的挑战由来已久。早在17世纪，法国哲学家笛卡尔就怀疑自己的感官体验的真实性，由此怀疑

---

1 美国华纳兄弟公司于1999—2003年间发行的电影三部曲。由当时的沃卓斯基兄弟执导，基努·里维斯主演。

一切感知的"存在"是否可靠，甚至提出了他自己是否存在的问题。经过苦思冥想，他最后发现，只要他在思考就证明他自己是存在的，这是可以确信的起点，所以就有了笛卡尔那句著名的"我思故我在"。到了18世纪，英国经验主义哲学家乔治·贝克莱[1]也说过一句名言："存在就是被感知"。这句话最极端的解释，就是说所有的存在不过是我们的感知而已。

你可能会说："不对啊，我有童年的记忆。"但是，你怎么知道那些童年的记忆是真的发生过的？你只是在这个时候感受到你有这样一个童年的记忆，你不能证明有一个外部世界。你可能会问："如果没有外部世界，我怎么会有我对世界的一套认知和想法呢？比如，每天早上太阳会升起，有冷有热。"请注意，你在做出这个结论的时候，首先有一个假设，就是我们所有的感受都是有原因的，因为先有了外部世界，我们才有对外部世界的感受。可是，这样一个假设是不可证明的。为什么必须有一个外部的原因才能导致你有心灵的感受呢？就像我们做梦，不一定有事情真实发生我们才会做梦啊，这是非常有意思的事情。

当然，讨论这些事情也不完全是无稽之谈，因为这里涉及我们的科学是不是能解释我们这个世界的问题。科学会首先假设世界是存在的，对于这些存在，我们有不同的方式去发现或者描述。对于描述这个世界的模式，我们叫作科学，这也是非

1　乔治·贝克莱（George Berkeley，1685—1753），近代经验主义的重要代表之一，著有《人类知识原理》等。加州大学伯克利分校即为纪念他而命名。

常特定的一种描述方法。有人说，这个世界跟我们的感受一致，但其实，科学对世界的描述跟我们日常经验的感受是非常不一致的。比如说，你看得见分子、原子、质子吗？

现在，大家可能开始明白，这个问题并不那么简单。因为我们不是上帝，能直接知晓或"看到"世界的本质，我们对世界的感知和理解就不一定可靠。在哲学上，本体论问题的争论后来就转变为认识论问题，发生了所谓"认识论转向"。以前哲学家苦思冥想"存在是什么"的问题，在认识论转向之后，问题就转变为"我们怎么知道世界是真实的"。刚才那几个思想实验，就是在认识论的意义上提出的挑战，质疑你所相信的真实世界可能是错觉，那么坚持实在论观点的人，就需要提出有力的证据来反驳这些质疑，进而为实在论做辩护论证。

那么最后这个问题解决了吗？没有。就像我一开始说的，许多重要的哲学问题很难达成定论。现在有相当多的哲学家是持不可知论或者怀疑论立场的。当然，持实在论立场的哲学家也并不是无所作为，他们有各种各样的辩护和论证。我简单谈一种论证，可以叫作"最合理解释"论证。基本的思路是说，我们的确无法直接知道世界是实在的，但我们可以先假设世界现实存在，而这种假设与人类广泛的感知和观察相一致，就是说，比假设"世界并不实际存在"更好地符合我们的感知和观察，那么在哲学上最合理的解释，就应当支持实在论的假设，而不是相反。

我们可以更具体地来解释一下。比如，我们看到这张桌子，实在论者说，这里有一张桌子，它的存在不依赖我们的主观意识，我看到这张桌子存在，当我离开这个房间后，虽然我看不见它了，它仍然是一个存在。反实在论者可以说，这张桌子的存在只是你的感知幻觉，你离开了，这张桌子也就不存在了，那么你回来后呢？你的幻觉也回来了，这张桌子又出现了，所以你以为这张桌子是客观存在的，但实际上并不是。到此为止，两种观点都可以解释我们的感知经验。

可是，有一天发生了事故，这个房间装修得不太好，房顶上有一块天花板塌掉了，在你离开房间的时候，天花板的残落物掉落在这张桌子上。回到房间后，你看到桌子上有一堆碎片。这个现象对于实在论者来说很容易解释，但对反实在论者来说就相当麻烦。因为反实在论者假设，在你离开房间的时候这张桌子也消失了，是你回来之后桌子才重新出现的，那么如果天花板掉落，就不应该在桌子上看到残落物，残落物应该在桌子下面，掉落在地上，这张桌子应当是干净的。

为了解释这个现象，反实在论者就必须发明一套更复杂的解释模型，就必须说你的幻觉不只是包括桌子还包括天花板，或者说，虽然你离开的时候桌子消失了，但当天花板掉落的时候，这个你幻觉中的桌子就会奇迹般地出现，正好接住了天花板的残落物……反正非常复杂。大家想想，如果我们这个讲座不是真实发生的，而是你的幻觉，需要多么复杂的模型才能解释那么多巧合：你认识的同学也到了，他正好和你乘坐同一班地铁等。

总的来说，实在论提出了一种世界模型，对比反实在论提出的世界模型，前者比较简单合理，而后者非常麻烦，甚至需要假定有奇迹出现。那么"最合理的解释"似乎是，实在论假设的世界模型是正确的。当然，对于这个问题的争论相当复杂，至今没有统一的定论。

同一性 / 身份问题

在真假问题的第二小节，我们来讨论同一性这个主题。这个主题既包括事物的同一性问题，也包括人的自我同一性问题，特别是局部和整体的关系问题，以及时间意义上的变化和连续性问题。我们先来介绍一个非常古老的思想实验，出自希腊作家普鲁塔克[1]的记载。

TE4 忒修斯之船

雅典人觉得国王忒修斯从克里特岛归来时搭乘的木船很有纪念意义，就一直把它保留了下来。可是时间久了，船上的木板逐渐腐朽，于是雅典人就用新的木板更换朽坏的木板，腐烂了一块，就更换一块，最后船上所有的木板都被换掉了。问题来了，被换掉了所有部件的这艘船，还是原来的那艘忒修斯之船吗？或者是一艘完全不同的船？你如果说不是，那么从什么时候开始它不再是原来那艘船了？

---

1 普鲁塔克（Plutarch，约46—120），罗马帝国时代的希腊历史学家，以《希腊罗马名人传》闻名后世。

后来，英国哲学家霍布斯提出了另一个问题：如果我们把忒修斯之船上更换下来的所有老木板拼起来建造一艘船，那么在这两艘船中，哪一艘船才是真正的忒修斯之船？

这里有一个局部和整体的关系问题，也有时间上的连续性问题。类似的例子还有很多。比如，我自己在一个大学任教，华东师范大学，这个大学有几十年的历史了。最初建校时的老师都已经退休了，当时的学生也都毕业了，那时候的房子所剩无几，而且我们的主校区也搬迁到了闵行的新址，那么，为什么我们还可以视其为同一所大学，它仍然是华东师大？这并不是容易回答的问题。不仅是一艘船、一所大学或机构有同一性问题，人也有同一性问题。对于人，我们往往会说"身份认同"，二者对应的英文其实是同一个单词："identity"。我们再来讨论一个思想实验。

TE5 器官移植

实际上，人的身体也和忒修斯之船一样，是在不断变化的。

如果你昨天剪过指甲，你的身体和前天就不完全相同了，但这点细微的差别无关紧要。要是你整容了，变化就明显了。现在有不少人到韩国去整容，回国进入海关的时候，就有点麻烦，因为他和原来护照上的照片判若两人，海关官员会怀疑他伪造身份。还好，现在韩国的整容医院会提供一个证明，其中会有整容前后的照片。所以在进入海关的时候，整容的人可以说"这就是我，只不过换了一张脸"。

整容会带来身份认同的麻烦，但问题还不大。如果我们的身体有问题，需要做器官移植。比如，我换了一个肾，我可以说是"我"换了一个肾。哪天我的腿也不好了，我就换了一条腿，我仍然可以说这是"我"，是换了一条腿的我。但如果哪天我身体的所有器官都被换掉了，会怎么样？最后，连我的大脑都被换掉了，我还可以说这是"我"吗？

器官移植的例子与忒修斯之船的例子有相似之处，但也有一点明显的不同。刚才有同学说了，如果有人换了大脑，那就比较麻烦。我们一般倾向于说，是那个保留了大脑的人换了身体，而不是那个保留了身体的人换了大脑。因为我们会认为，人的身份认同是跟大脑紧密相连的。那么，人的自我同一性是取决于大脑吗？

好像是的。但我们可以继续一个思想实验，设想一下：如果有一种技术，能把你大脑中的所有记忆和思想变成"数据"，下载之后上传到另一个人的大脑中，同时把那个人大脑中的"数据"上传到你的大脑中。也就是说，你们两个人大脑中的数据交换了一下，那么这两个人中究竟哪个才是你？

有的同学似乎认为"数据"更重要，但确切地说，对于人的同一性而言，人的记忆、思想和自我意识比大脑、身体都更重要。比如像金星老师那样，做了变性手术，身体发生了这么大的改变，我们仍然可以说，这个人是金星老师，是舞蹈家金星。

但是问题还没有结束。我们还可以想一想，你大脑中的"数据"和你的身体一点关系都没有吗？如果两个人相互交换了大脑中的全部"数据"，他们在社会生活中会被看作哪个人？假设一下，如果刘翔和姚明之间交换了大脑"数据"会怎么样？装着刘翔大脑"数据"的姚明的身体，会被邀请去打篮球吗？他会答应吗？但他实际上没有专业水平篮球运动员的意识，水平差很多怎么办？那么他说让我去跨栏吧！他有 110 米栏的运动意识，但他带着姚明的身体，根本跑不到那么快，怎么办？

其实这还不够极端。如果我们想象一下（思想实验的好处之一就是可以大胆想象），要是让姚明和章子怡之间相互交换了大脑"数据"会怎么样？大概他们两人都会疯掉吧，也就是说，他们会完全陷入身份认同的危机。这告诉我们，人的同一性也可能并不仅仅取决于大脑"数据"（记忆、思想和意识）。

那么，有人会说基因才是最重要的，看基因就能确定人的身份。但是，如果你有一个同卵双胞胎（identical twin）兄弟，基因和你完全一样，你能说那个兄弟就是你吗？高考之后，你考上了北京大学，他落榜了，然后他拿着你的录取通知书去读北大，你同意吗？

关于同一性问题的研究非常复杂，如果大家有兴趣可以做进一步的阅读。我们在网上可以找到一篇通俗、有趣的英文文章，题目是"什么使你成为你"（"What Makes You You"），作者是哈佛大学毕业的网络作家蒂姆·厄本（Tim Urban）。如果要看更专业的研究，我推荐大家读 30 多年前出版的名著《理与人》，作者是当代重要的英国哲学家帕菲特[1]。

我个人对此没有深入的专业研究，有些想法完全不成熟，但可以提三个要点供大家参考。

第一，同一性概念本身可能不够精确，有一定的含混性。它可能不是精确到一个点或者一组确切的标准，而是包含着一组条件的程度或范围。当事物或人的属性落在这个范围内，我们可以认定同一性，但超出了这个范围，我们就怀疑是否还能保持同一性。当然，这个范围的边界是有点模糊的。比如刚才谈到的大学的例子。大家想象一下：如果在某一天，华东师大的所有教师都同时集体退休或辞职，学生也同时全部毕业或退学，然后学校换了完全不同的一批师生，我们就很难说这仍然是华东师大了。所以，局部的而非整体的、逐渐的而非突然的变化，维持了某种时间上的连续性，这可能是保持同一性的某种条件。

第二，同一性不是由单一变量（要素）决定的，可能取决于多变量的共同作用。在"忒修斯之船"的例子中，所有木板和部件都更换了，为什么我们还不能斩钉截铁地说，这是另一艘完全不同的船？除了这种变化是渐变的过程之外，还有一个理由，那就是它的结构完全没有变，目标功能也没有变。也就是说，一艘船的同一性不只是取决于它的材料，还取决于其结构和功

1　德里克·帕菲特（Derek Parfit，1942—2017），英国当代著名哲学家，专注于研究人格同一性和道德，其代表作《理与人》（*Reasons and Persons*）出版于 1984 年，被誉为自西季威克的《伦理学方法》之后最伟大的实证道德哲学著作。

能。那么对于人来说，我认为用单一要素来决定身份可能是错的。以上关于思想实验的讨论，就是用假想的情景来考察单一要素是否能充分解释同一性的构成。我们可以看到，无论是以身体、基因、大脑、记忆与意识来决定，可能都不充分、不可靠。也就是说，人的同一性无法被"化约"为任何单一的要素。

第三，现在哲学上有个比较吸引人的理论，叫叙事的自我（narrative self）。人有不同的阶段、不同的方面、不同的历史、不同的角色。我们是学生，是老师，是孩子的父母，是公司的员工等，我们怎么能把这么多的身份、这么长的历史，与我们的现在拼接起来呢？我们需要一个好的故事。如果我们能够讲出一个相对完整的、连贯的、内部自洽的、一体化的故事，我们就有了统一的自我。

注意，叙事自我理论的要点，不是说我们先有一个自我、再讲关于自我的故事，而是把故事讲出来以后，才有那个自我。否则我们的同一性是不存在的。并非有一个现成的自我，而是由我们的故事建构了统一的自我。

每个人在不同的时刻会重新讲述自己的故事，当你陷入分裂、强烈自我矛盾的时候，你就会失去你的身份（identity），你的同一性就会变得四分五裂。比如，陷入爱情后你突然失恋了，这个时候，你会觉得自己分裂了（falling aparts），然后就像电影、电视剧里说的要把你自己装起来（put yourself together）。讲故事就是把自己装起来。

对一所学校、一个组织来说也是一样。比如，如果像刚才说的那样，华东师大突然换了一批新的师生，我们就很难说它还是华东师大，因为我们讲不好这个故事了。虽然自2006年以来，我们换了主校区，换了那么多人，但它依然有一种传统、一种精神在延续，在与时俱进。这时候，我们可以合理地讲述一个连贯的故事。

所以，我们可以说，人类或者组织的自我理解，是建构的结果。讲述的过程需要很多材料，有点像你在制作一部关于自己的电影，有些是硬核素材，有些是你对它的理解和阐释。你把这个故事讲出来之后，同一性才存在。那么，忒修斯之船就很好理解了，如果你能把这条船的来龙去脉讲通了，它就仍然是忒修斯之船；如果你讲不好，它就很难维持它的同一性了。

所以大家就明白了为什么我们要讲好中国故事。因为重新阐释或者恰当阐释历史上发生的很多事件，对于维持一个民族国家的同一性是很重要的。因为我们是一个多民族的国家，我们有很长的历史，我们新中国成立后和旧中国的关系是什么？它需要一个历史叙事。

对于一个国家、一个单位、一个个人来说，要讲一个融贯的故事是不容易的，是一项使命，而且我们需要不断地重讲。比如，中国在改革开放之前有一套论述，经过改革开放又有一套论述，这个故事是不断加工和重塑（making and remaking）的过程。对我们自己也是一样。你们还很年轻，对于现在感到的困惑，可能会觉得很痛苦，但到二十年之后再看，这些"痛苦"说不定就是你未来的财富，你人生的电影是可以被重新剪辑的。

人生最有意思的地方，就是人不是石头。石头的本质是固定的，但人是不断自我生成、自我重构的，生命是一个生生不息展开的进程。这虽然使我们的生活充满很多麻烦，但这也正是人生精彩之所在。

我们何以知道我们知道？

接下来我们进入当代认识论的核心问题：我们何以知道我们知道（how do we know what we know）？也可以说，如何判断我们的知识是真确的？什么是知识的标准？这是对知识可靠性的探索。首先，知识与感官经验有密切的联系。一般流行的看法是，知识源自感官认识，但我们必须有亲身的感知才能获得确切的知识吗？知识与经验两者之间的关系其实相当复杂。我们来看看下面这个思想实验。

TE6 黑白玛丽

假设有一个名叫玛丽的天才科学家，专门研究颜色。她阅读了大量人们对于各种颜色的感受和反应，也精通关于颜色的物理学，知道各种颜色对应的光的波长。但是，她自己是一个严重的色盲，而且还不是一般的色盲，她只能分辨黑白两种颜色，也就是说，她完全处在一个黑白的世界中。因此，玛丽知道所有关于色彩的理论知识，但实际上她从未有过"彩色"的感官体验。那么，我们能够说，玛丽明白颜色是怎回事吗？或者她真的具有颜色的知识吗？如果有一天，她遇到了一位极为高明的医生，她的色盲被治愈了。从此之后，她能看见色彩缤纷的世界了，她会对颜色感到惊奇吗？她在治愈之后获得了关于颜色的新知识吗？

这个思想实验是 1982 年由哲学家杰克逊[1]提出的，旨在挑战所谓"物理主义"的认识论。物理主义坚持世界上所有的事物在本质上都是物质的，人的意识活动也无非是一种更为复杂的物理活动（神经系统的电流脉冲刺激等）。但这个思想实验试图表明，玛丽在治愈之前，虽然知道一切关于颜色的物理学事实，但仍然不知道颜色是什么样子的。这意味着感官体验所引发的意识活动并不能被物理知识所涵盖，这就质疑了物理主义的观点。

从另一个角度，我们还可以讨论知识的主观性与客观性问题。物理知识是客观的，但因为玛丽缺乏关于颜色的主观感受，缺乏"第一人称"的亲身体验，所以她对颜色的知识似乎总是缺失的。但我们可以说存在"主观知识"与"客观知识"这两种知识吗？或者，恰恰是因为以前的玛丽因为视力缺陷而陷入了褊狭的"主观"，无法完全把握"客观的"知识？

1　弗兰克·卡梅隆·杰克逊（Frank Cameron Jackson, 1943—　），澳大利亚哲学家，其父为维特根斯坦的学生。主要研究领域为心灵哲学、认识论和形而上学。反对物理主义，持"副现象论"立场。关于物理主义和副现象论，具体见本书第七讲。

另外，我们还可以从"本质"与"现象"的角度来思考。玛丽通过物理学的研究知道了颜色的本质，但她似乎不明白颜色的现象。那么关于本质的知识与关于现象的知识是不同的吗？无论如何，我们的直觉是，玛丽在治愈之前和之后对于颜色的认知是不同的，她后来感受到了色彩斑斓的世界。问题在于，我们是否可以说治愈之后的她获得了关于颜色的新的知识？

那么究竟什么是知识呢？有人提出了一种关于知识的理论："知识是被确证的真信念"（Justified True Belief），简称 JTB 理论。我们先来简单介绍一下什么是 JTB 理论。知识（knowledge）是区别于一般意义的信念（belief）的，在此，"信念"是指你碰巧相信的某种陈述。JTB 理论可以用形式化的语言表达为：某人 S 知道一个陈述 P 为真（S 具有关于 P 的知识），需要满足三个条件，即当且仅当：（1）P 为真；（2）S 相信 P 为真；（3）S 确证地或有理由相信 P 为真。比如，你知道今天下雨，也就是你具有关于今天下雨的知识，需要满足三个条件：今天的确在下雨，你也相信今天真的在下雨，而且你有理由确证——比如你刚才没打伞，身体被淋湿了——从而相信今天确实在下雨。

JTB 理论听上去充分而完备，还有什么问题吗？我们再来看一个思想实验。

TE7 你究竟知道什么

有一天你到书店买书，排队付钱的时候，你看到在你前面有位中年男子，他买了很多书，当时他的手机掉了出来，手机上有个 Hello Kitty 的挂件，你对此印象很深，觉得这个叔叔还用这样可爱的挂件，比较萌，你就记住了他的样子。

第二天，你在一个十字路口目睹了一场车祸，那个被车撞倒的人不幸身亡，他的手机掉了出来，手机上有那个可爱的挂件，再仔细一看死者的面容，他就是前一天你在书店遇到的那个叔叔。然后警察来了，你作为目击者做了笔录，说前一天你还见过这位不幸的遇难者，他是一个爱读书的人。

过了几天，你去图书馆借书，突然发现阅读区坐着一位读者，和你见过的那位叔叔长得一模一样，而且桌子上就放着带着同样挂件的手机。你吃惊得几乎要叫出来了。这位读者似乎明白了你的惊讶，轻轻告诉你，他的双胞胎兄弟前几天在车祸中遇难了。他们兄弟俩都喜欢读书，也都喜欢 Hello Kitty 的手机挂件。你恍然大悟。但问题来了，你知道这对双胞胎兄弟中的谁遇难了吗？你对警察做的笔录是你真正知道的事情吗？

这个思想实验的最早版本来自美国哲学家盖梯尔（Edmund Gettier）在 1963 年发表的很短的一篇论文，后来有很多不同的版本，刚才讲的这个版本当然是我模仿原版改编的。所有这些反例，都是用来质疑 JTB 理论的。按照这个理论，这个例子满足了所有三个条件：第一，"一个爱读书的、手机上带着可爱挂件的叔叔在车祸中遇难了"，这个陈述本身是真的；第二，你也相信这是真的；第三，你有理由去相信这是真的，因为你在车祸前一天见过他。但是，你真的知道是谁遇难了吗？你在书店见过的那个叔叔可能是遇难者，也可能不是，说不定他是你在图书馆遇到的那位读者。如此一来，你并不真正知道这件事情的真相，或者说，你对于谁遇难了没有真正的知识。你对警察说，"这个遇难者前一天还在书店买了很多书"，这句话可能是真的，也可能是假的。盖梯尔的论文发表后，引发了许多讨论，有人想做些小修改，来弥补 JTB 理论的缺陷，后来发现没这么简单。

在讨论我们的信念或者感知的时候，还涉及一个问题，就是我们用语词来表达我们的感知，但语词的意思有时是含混不清的。语言问题不只限于认识论领域，而是涉及整个哲学，所以大概在 20 世纪 60 年代后期，哲学界开始出现了一个"语言学转向"（the linguistic turn），这在相当大的程度上改变了哲学研究的趋势。

现在，我们来讨论一个具体的小问题：是否存在"私人语言"。当我们讨论个人感受，比如说"疼"——头疼或者牙疼，我们怎么知道我说的"疼"和你说的"疼"是相同的意思，是同一种疼？因为你并不是我，你不能亲身感受到我的疼，反过来也一样。那么，有没有这种可能：我在说疼，你也在说疼，但我们在说的不是一回事？也就是，当我们大家都在说疼的时候，说的是完全不同的意思。

这是哲学家维特根斯坦提出的"私人语言"问题。大家可能知道，维特根斯坦不是一般的哲学家。如果哲学家中有"天才"，他就是一个天才，人类历史上几百年可能才出现一个。他在《哲学研究》第 293 节中提出过一个思想实验，来探讨"私人语言"的问题。

TE8 甲虫游戏

假设有几个孩子在玩一个游戏，他们每个人都有一个自己的盒子，盒子里装着某种东西，但他们彼此不能看别人的盒子。每个人都将自己盒子里的东西叫作"甲虫"，但他们从不对别人描述自己的"甲虫"是什么样子的。他们在游戏中可能会说，今天我的甲虫"长大了"或者"变多了"或者"消失了"，等等，但每个人都看不到别人的盒子里究竟是什么。问题是，他们说的甲虫是同一个东西吗？如果不是，这个游戏能继续下去吗？

当然，这里的"甲虫"可以类比我们说的"疼"。维特根斯坦主张，不存在"私人语言"，也就是说，如果每个人用"甲虫"只是来指称各自盒子里不同的东西（甚至是空盒子），那么"甲虫"这个词就不可能进入我们的日常语言游戏，这个游戏就无法继续下去。要使得"甲虫"这个词在我们的日常语言游戏中获得意义，它必定是在指称某种公共对象，而不是某个私人对象。同样地，疼可能指私人的感受，但如果"疼"这个词要有意义地进入语言游戏，那么我们的"疼"一定是大致相同的经验，那种完全与众不同的"私人的疼"会在语言游戏中被淘汰掉，被取消或者完全被视为不相干的东西。

维特根斯坦当然不会否认私人经验，但他认为，如果你用一个名词来专门指称你自己与众不同的私人经验，这个名词就不可能在日常语言中有意义地被使用。为什么会这样呢？比如说，你说的"疼"其实是某种"痒"的感觉，我说的"疼"其实是某种"酸"的感觉，他说的"疼"其实是某种"胀"的感觉……大家都去医院找医生，医生给大家开了止痛片，但无法止住你的"疼"。那么你就会问：为什么仍然在"疼"呢？在不断辨析的过程中，你就会发现，你不恰当地使用了"疼"这个词。在更宽泛的意义上说，语言规则源自共同的用法，语义是在语言游戏的使用中形成的，而语言游戏是公共游戏，你一个人不能独创一套有意义的语言。

逻辑的力量与困惑

在真假问题的最后一个小节，我们简单来讨论一下与逻辑学有关的思想实验。

首先是伽利略著名的"比萨斜塔实验"。大家知道，在伽利略之前，人们大多相信亚里士多德的看法，认为质量越大的物体下落得越快。伽利略认为这是错误的，于是他站到比萨斜塔上，手里拿了两块质量大小明显不同的石块，让它们同时"自由下落"，结果它们同时落地，于是，亚里士多德的权威观点就被推翻了，这成为物理学上的一个里程碑事件。

但问题在于，伽利略为什么有这个自信站到比萨斜塔上做这个自由落体实验呢？他怎么就知道自己能驳倒权威？是的，他用不着做这个实验就知道亚里士多德是错的。实际上，比萨斜塔实验可能只是个传说，伽利略根本没去做这个实验。他之所以有这个自信，是因为他做了一个思想实验。

TE9　自由落体

如果有 a 和 b 两个物体，一个重一个轻，现在把这两个物体捆在一起从高处扔下去，会发生什么结果？按照亚里士多德的假设，如果 a 是一个更重的物体，b 是一个更轻的物体，那么 a 的速度要比 b 的速度快。把一个运动速度快的物体和一个运动速度慢的物体捆在一起，会怎么样呢？运动速度快的会拉着运动速度慢的，这样运动速度慢的就比原来要快一点；而运动速度慢的要拖着运动速度快的，所以如果 a 和 b 是被捆在一起的，它们一起的速度应该在 a 的速度和 b 的速度之间，这是一个结论。

但是从另外一个角度说，a 和 b 被捆在一起后，它们质量的总和既大于 a 的质量也大于 b 的质量，所以 a 和 b 共同的运动速度就应该既大于 a 的运动速度又大于 b 的运动速度。于是，从亚里士多德的假设里，我们推出了两个彼此矛盾的结论：一个结论是，a 和 b 被捆在一起后，它们的速度应该在 a 的速度和 b 的速度之间；另外一个结论是，它们的速度既大于 a 的速度当然也大于 b 的速度。

　　伽利略就想，唯一使这两个结论不发生矛盾的方式就是，a、b 的速度和 a+b 的速度一样，也就是说，一个物体下落的速度跟它的质量是无关的，但都是自由落体。

　　伽利略只是用一个逻辑的思想实验就推翻了亚里士多德的权威观点，可见思想实验有时候是很有效力的。反讽的是，亚里士多德是西方逻辑学的开创者之一，竟然没有察觉到他物理学观点中的逻辑错误，这有点让人不可思议。

　　逻辑很有力量，会帮助我们清晰地思考，但有时候又会迷惑我们，因为会出现逻辑悖论。之前网上有个调查问：你认为真理是掌握在少数人手中还是多数人手中？结果 16% 的人回答说真理掌握在多数人手中，84% 的人回答说真理掌握在少数人手中。你看，根据 16% 的人的说法，真理掌握在多数人手中，那么 84% 的人的看法应该是真理，但 84% 的人却说，真理掌握在少数人手中。

　　这就和"说谎者悖论"差不多。一个人说："我现在说的这句话是谎话，你不要相信我。"那么他说的是真话还是谎话？罗素说的"理发师悖论"也是如此。一个村子里有一个理发师，他说："我只给那些不给自己理发的人理发。"那么理发师的头发谁来理呢？因为村子里只有他一个理发师，一旦他给自己理发，他就要马上停下来；可是一旦他停下来，他就应该马上给自己理发。这就变成了一个悖论。

　　让我们再来看一个思想实验，可以算作"芝诺悖论"的一种。

TE10 芝诺悖论

芝诺是古希腊的数学家，他提出了好几个悖论，这些悖论在性质上都是思想实验，可以有各种不同的版本表述。我们从中国人熟悉的龟兔赛跑寓言谈起。兔子和乌龟开始 100 米赛跑，但这个兔子太骄傲了，想着自己先睡一觉再说。但它睡得太久了，等它醒过来时，发现乌龟已经快到终点了，兔子赶紧飞跑，但已经来不及了。这个寓言警示我们"骄傲必败"的道理。下面这个思想实验，就是我们根据龟兔赛跑的寓言改编的。

假设兔子虽然有点骄傲，但没有那么过分地骄傲，它在乌龟只爬了 10 米的时候就醒过来了。那么兔子还会输吗？

经验告诉我们，兔子当然会赢，它一定会在某一点超过乌龟。

但芝诺说，兔子永远追不上乌龟！

为什么呢？因为这是一只受伤的兔子吗？

不是的，这只兔子很健康，比刘翔跑得还快。

芝诺让我们这样想象：因为乌龟已经领先 10 米，兔子要追上乌龟，就必须先跑过乌龟已经领先的 10 米，对不对？

但是，这时候的乌龟并没有闲着，也在向前爬，虽然速度比兔子慢。假设兔子的速度是乌龟的 10 倍。当兔子跑过开始的 10 米时，乌龟又往前爬了 1 米，那么兔子要赶上乌龟，就必须跑过落后的 1 米。

但在这段时间里，乌龟又往前爬了 10 厘米，兔子又必须跑过落后的 10 厘米。

但这时候乌龟又领先了 1 厘米……

因此，兔子永远也无法赶上乌龟！

类似地，还有"飞矢不动"悖论。

你射出一支箭，这支箭要飞到 100 米，但要飞到 100 米，就要先飞过一半的距离，也就是要飞 50 米，但要到达 50 米，也要先飞到其一半的距离，就是 25 米……以此类推，到达再微小的距离，都要先飞过其一半的距离，而一半的一半可以是无穷无尽的，因此最后就会得出"飞矢不动"的结论。

芝诺的逻辑很强大，但和我们的经验完全不符。我们都知道，在兔子无限接近乌龟之后，有一个瞬间一定会超过乌龟，一支射出的箭不会因为我们在逻辑上"要求"它先飞过一半的距离而不动。所以这就成了一个悖论。

按照芝诺的逻辑，运动是不可能的。但问题到底出在哪里呢？在芝诺的时代，没人能解决这个悖论，这要等到牛顿、莱布尼茨的时代，等到有微积分概念的时候，才能真正解决这个问题。芝诺的"诡计"就是，显示了"微分"而隐瞒了"积分"。

我们来简单解释一下，所谓运动是物体在有限的时间里通过有限的距离。但任何一段有限的距离，在其内部又是无限可分的，1 米可以分为 100 厘米，又可以分为 1000 毫米，无限可分。芝诺把距离的无限可分性突显了出来，但同时"隐瞒"了时间类似的性质。任何一段给定的时间，内部也是无限可分的，1分钟有60秒，1秒钟还可以继续分为毫秒和微秒，一直分下去。但芝诺是以有限的时间概念来对照无限可分的距离概念，换句话说，他强调有限距离的无限可分性，而回避了或者掩盖了有限时间的无限可分性，所以就出现了悖论。其实，这个无限可分的时间可以克服无限可分的距离，就是说他只做了微分而没有做积分。

逻辑悖论还有很多，这些悖论都是思想实验，也都非常有趣。在历史上，许多悖论推动了数理逻辑和语言哲学等领域的发展。

对错问题

现在我们进入第二类问题——"对错问题"的讨论，这类问题属于道德哲学和政治哲学领域。

道德哲学和政治哲学是特别相近的，因为它们都关涉自我和他人的关系，是一种"他–我"关系。政治哲学比道德哲学有一些更特定的理解，它是关于公共生活的基本原则，甚至构成法律的原则，在这里我们先不展开。

道德思考的两种视角

许多思想实验都以假想的方式，呈现出某种左右为难的道德困境，激发我们的思考。首先是著名的"电车难题"。

TE11　电车难题

假设有一辆在轨道上飞驰的电车，刹车突然失灵了，但方向盘还是好的。驾驶员看到前方的轨道上有五个工人在作业，他们完全没有看到这辆疾驰的电车。而前方的右侧还有一条岔道，这条轨道上只有一个人在作业。驾驶员没办法刹车，他能做的就是用方向盘转向。他该怎么办？他应当继续行驶在原来的轨道上，结果是撞死五个人，还是应当转一下方向盘进入岔道，结果是撞死一个人？如果你是驾驶员，你该怎么办？

哈佛大学的桑德尔[1]教授在他著名的课程《公正》的开头就讲了这个思想实验。这个课程视频现在传播很广，还有热心人给配上了中文字幕，有兴趣的同学可以去网上观看。电车难题不是桑德尔教授第一个提出的，最早是由菲利帕·富特[2]在1967年提出的，有许多不同的版本。桑德尔在课堂上先给出了上面这个版本，引起了激烈的辩论。

1　迈克尔·桑德尔（Michael Sandal, 1953—　），当代西方社群主义理论的代表人物，代表作有《公正》《金钱不能买什么》《自由主义与正义的局限》等。
2　菲利帕·富特（Philippa Foot, 1920—2010），英国哲学家，当代美德伦理学的奠基人之一，致力于将亚里士多德的伦理学予以现代化。"电车难题"是她在《堕胎问题和教条双重影响》一文中提出的，这个实验可以追溯至英国哲学家伯纳德·威廉斯（Bernard Williams, 1929—2003）提出的枪决原住民问题。

有人说，我最好不动，不动我就没有责任，因为我没选择；有人评论说，你是选择了不选择；大部分人会想：那五个人是谁？里面有我的孩子吗？是不是有一位总统呢？或者是不是有一位科学家（比如爱因斯坦）呢？……对此，我们都不知道。在这样的情况下，大多数人认为，驾驶员应当转到岔道上，理由是牺牲一个人的生命换得五个人的生命，这是正确的选择。牺牲少的一方，留下多的一方，这是一个可以接受的道德原则，你们同意吗？好像大多数同学都同意。然后，他就给出了第二个版本。

TE12　器官偷窃

假设在一个医院里，来了五个急症病人，一个心脏坏了，一个肺坏了，一个肾坏了，一个胃坏了，一个脾坏了，他们必须马上做器官移植手术，否则很快就会没命了。可是，医院找不到现成的人体器官，医生和病人家属都非常着急。这时候，医院来了个看上去很健康的年轻人，他是来做体检的，现在正坐在椅子上等着体检室开门。有个家属提议，让医生偷偷给他打一支麻醉剂，然后，你懂的……就是把他的器官都给"取出来"，移植给那五个病人。这个提议让大家震惊不已。他却说，牺牲一个人的生命来救活五个人的生命，这难道不是正确的选择吗？

有人说，这太惨了。那么，假如我们换一种方法：给这个年轻人打一针麻药，等他睡着后，把他放在床上，移到一个非常好的自动化机械舱里，医生只要转一下方向盘，自动程序就开始运作，他的器官就会被取出来，装到相应的患者身上。如果是这样，你是不是更容易接受？好像也不能。

当然，这两个案例都是虚拟的，问题在于，为什么在第一个情景中，大部分人都能接受牺牲一个人去救另外五个人，只怪被牺牲的人运气不好；而在第二个情景中，大部分人都不能接受把那个年轻人的器官取出来以后换给另外五个病人？

有人会说，这个年轻人是无辜的，他只是来医院做体检；可是我要说，岔道上的工人也是无辜的呀……在第一种情况下，我们没有强烈地感到把那个人当成了工具和手段，而在第二种情况下，医生的主动性好像变得特别明确。

这两个思想实验的情景有相似性，可能第二个更让人纠结，更让人难以接受所谓"合理正确的选择"。这里当然有心理情景的差别，但就道德困境的原则而言，二者是非常类似的。这就是我们要讨论的道德思考的两种视角。

一种视角是，考虑行为的结果或者效应，这在道德哲学中被称为"utilitarianism"，在中文中一般译作"功利主义"。但"功利主义"这个词在中文的日常用法中是一个贬义词，所以我倾向于翻译为"效益主义"。效益主义的道德哲学，就是注重行动所带来后果的效益，主张一个行动如果造成了最大多数人的最大效益，就是道德的。所以，效益主义的主张与我们中文所说的"功利主义"相当不同，这不仅是一种道德原则，而且是要求很高的道德原则，它可以要求个人为集体的、为最大多数人的最大福祉做出牺牲。

在刚才所讲的两个思想实验中，如果牺牲一个人的生命能够拯救五个人的生命，从效益主义的视角来看，这就是道德上可取的选择。那么，为什么我们总觉得这种选择是有问题的，让我们难以接受呢？

因为我们的道德思考还有一种视角，就是尊重某些道德原则，甚至主张绝对地坚持某些原则，而不论这会造成什么样的后果或效益。这种道德理论，被称为"deontology"，在中文中一般译作"义务论"。义务论道德哲学最著名的代表性哲学家就是康德。在义务论者看来，所谓道德的行为或者道德上正确的行为就是要遵守某种道德规范，比如不能杀人、不能撒谎，比如"将人当作目的而不只是手段"。无论你的选择是否会带来好处，都应该符合这些绝对的原则，这才是道德的。

那么在上面两个思想实验中，如果你是一个康德式的义务论者，你不能接受那种所谓"合理正确的选择"——主动地或者变相主动地去牺牲一个人的生命，来换取更大的效益（更多人的生命）——因为这违背了某种绝对的道德原则（"不可杀害无辜者"），或者，将那个被牺牲的人视为其他人的工具，而没有把他当作目的，这在道德上是不可接受的。

那么我们到底应该采取哪一种道德视角呢？我想，在道德思考中，我们一般很少走向极端的效益主义立场，也很少持有纯粹的义务论立场。我们一般不会只讲原则而完全不顾后果，也不太会只看效益而不顾原则。这些思想实验呈现的情景，把这种矛盾突显了出来，使我们陷入进退两难的困境。当然，在具体的处境中，我们可能需要平衡考虑原则和效益。让我们再来看一个例子。

TE13 拒绝捐赠

现在，我们的环境污染问题很严重。但是，治理环境是有成本的，可能需要大量的投资。

现在假设一个情景：

有一个富翁，他找到我们的市长，表示要为治理环境捐赠一笔巨款，数额非常巨大，足以解决城市环境治理所需的全部资金。这简直是不可思议的好事，市长当然很高兴。然后，这个富翁向市长提出了一个条件，他希望市政府授予他一个特别的荣誉称号，比如"功德无量"或者"道德楷模"之类。

市长很好奇，为什么这个富豪需要这么个"虚名"呢？于是，他派人做了调查，发现原来这个富翁的个人操守比较糟糕，在社会交往中劣迹斑斑、声名狼藉，他需要用这样一个荣誉称号来"修补"自己的名声。

可我们这位市长是非常讲究道德原则的人，可以说是一个有"道德洁癖"的人，他感到这次捐赠实际上是一次贿赂，富翁在用钱换取他不应得的美名，因此决心断然拒绝富翁的捐赠。

但市长的同事和下属中有不少人提出了异议，认为市长的决定虽然道德高尚，却给公共事业造成了损失，失去了可以从根本上改善环境问题的极好的资源，是一种不计代价的"道德放任"（moral indulgence）。

假设你是市长，你会如何抉择？

很明显，这里仍然涉及两种道德视角之间的冲突，是坚持纯洁的道德原则，还是注重一个决定的效益，我们如何来平衡这两种视角的考虑？

许多人可能认为，接受捐赠是可取的，这样做虽然在道德原则上有一点妥协，但换得的效益实在太巨大了，得大于失。

那么，假设提高筹码会怎么样？如果这个富翁提出的条件不是获得一个荣誉称号，而是要求进入政协委员行列，这会怎么样？还可以让步吗？

有的同学可能同意，你一定是被雾霾害惨了。那么，假设筹码再提高一点，他要求担任政协副主席，又该怎么办？市长还应该向他妥协吗？

因为这就涉及"买官卖官"了，非常严重地违背了组织纪律。

这个思想实验启示我们，如何做出道德判断和决定是非常具有挑战性的问题。困难还不只是在义务论和效益主义之间倾向哪一边，而是要对特定的情景条件做出考量。捐赠者希望得到一个荣誉证书是一回事，要求一个政协副主席的职位是另一回事，两者是相当不同的情景。如何在特定的条件下做出道德上正当的选择，这是道德实践的难题。

在现实中，我们常常在坚守道德原则的同时，也仍然要看它的效果怎么样。比如说不该偷盗，但在电影或小说里，有位贫穷的母亲身患重病，孩子偷了隔壁药房的药救了母亲。这在道德上是有瑕疵的，但是我们多多少少都会认为这是可以同情、可以接受的，不是吗？

所以，一般来说，遵守道德义务的人会平衡道德的后果和效益。但是，这里还有很多问题，比如，为一个好的效果而放弃一些道德原则，那么什么叫"好的效果"？是对谁而言的"好的效果"？对此有很多不同的阐释。比如，面对新冠疫情，如果一年前有一帮科学家向世卫组织提出：我们可以发明一种神药，完全有把握让疫情停下来，但是我们需要1万人做人体实验，他们的生死不知，你们觉得可以做这件事情吗？虽然我们可以征集志愿者，志愿者自愿为拯救人类牺牲，他们因此可以获得存在感和道德成就感。但是，如果最后招募到的志愿者只有500人，没有达到1万人，我们是不是要强迫一些人来做这件事情呢？被强迫的人就完全被当作了手段，这将是一个蛮麻烦的选择。

道德判断

一般而言，我们相信每个社会成员在与他人的交往中都应该履行基本的道德义务，但什么是道德义务呢？

我们可以说，如果一个人遵循普遍的道德原则行事，那么他就在某种基本的意义上履行了自己的道德义务。

但世界上有各种各样的道德原则，我们从何做起呢？

有一个简单的行事标准，似乎方便而明确，被称为"道德黄金法则"（golden rule）。

大家或许知道，有一条黄金法则是推己及人，经典的表述是孔子在《论语》里讲的"己所不欲，勿施于人"。在西方，德国哲学家康德也说过一句听上去类似的话："只依照那些你会同时愿其成为普遍法则的行为准则来行动。"

这两个表达其实是有区别的。有人认为，孔子依据的是恻隐之心，也就是，你不希望发生在自己身上的事情，也不要施加在他人身上；康德依据的是普遍性原则，也就是，你的行动所依据的原则，必须是你愿意成为普遍法则的，在适用于你自己的同时也适用于其他所有人。大家发现没有，二者一个是消极论述，一个是积极论述。

但我们现在不深究两者的区别，而着眼于它们的一致性，就是你不希望自己服从的原则，就不是一个普遍原则，也不应当运用于他人。你不希望被人欺骗，那你就不要去骗人。这听上去很简单，但实际上有点复杂。我们来看一个思想实验。

TE14 道德黄金法则失灵

假设你是一个法官，你的工作是给证据确凿的罪犯量刑定罪。但你希望自己被判刑坐牢吗？可能没有任何一个法官愿意自己坐牢，如果按照"己所不欲，勿施于人"的原则，你就不能给任何罪犯判刑，那么所有的罪犯就都会被"无罪释放"，这完全是不堪设想的局面。

　　问题是，这意味着道德黄金法则失灵了吗？警察和法官要么失职，要么就必须违背道德黄金法则吗？

　　从表面上看，我们不愿意自己被关在监狱里，但我们同意必要的时候应当把别人关在监狱里，这似乎违背了道德普遍性原则。

　　但敏锐的同学已经察觉到了，这种推论缺失了一个重要的环节。道德普遍性原则的要求，并不是要把坐牢这件事施加给每一个人，而是说当一个人（任何一个人）犯罪的时候，他必须受到相应的法律制裁。这意味着如果我自己符合与某个罪犯相同的条件（犯了同样的罪），我也愿意接受同样的制裁。所以，道德普遍性原则并没有失灵。

　　如果你是一个交通警察，你理所应当地处罚了某个驾驶员的酒驾行为，如果你自己也酒后驾车了，就必须接受同样的处罚，否则你就违背了道德原则。所以，道德普遍性的要求并不是简单地拒绝所有"己所不欲"的事情，而是在同等情况下接受同等待遇，这样问题似乎就解决了。

　　但是，我们还需要追问，什么是"同等情况"？

　　假设你听到这么一个故事，一个已婚女子带走了家里的所有钱财，与另一个男子私奔了，你即刻的直觉反应是这个女子道德堕落。但随后，你读到了记者的深度调查，发现原来这个女子长期受到家庭暴力的折磨，投诉报警多次都无法解脱，而且她的丈夫是一个好吃懒做的无业者，还是赌徒。那么，她的遭遇以及她所做出的"不道德"的行动，和你直觉想象的那种道德堕落的女子处在"同等情况"吗？应当接受同等的谴责吗？当然不能。这大概就是亚里士多德讲的"实践智慧"，就是说，我们没有办法使用一个通用的像公式一样的道德原则。

那么，究竟怎样算作"同等情况"？

问题的复杂性在于，每一个人、每一种情况在最严格的意义上都是独一无二的、特定的。普遍的道德原则是否能运用于各种特殊的情景呢？当然，仅仅强调特殊性来否定类似性是一种不合理的极端思路，关键在于我们需要在各种案例中发现所谓"相关的相似性"（relevant similarity）。

比如，有两个酒后驾车的人，一个是男性，一个是女性，一个年长，一个年轻，一个开豪车，一个开破车……这些差异对于交警的处罚而言，都是不相关的因素。而他们都是酒后驾车，他们血液中有相同的酒精含量，这个相似性才是相关的，是"相关的相似性"。然而，在千差万别的情景中，要恰当地考察和判断"相关的相似性"，是一个极具有挑战性的任务。

另一个问题涉及道德评价。一般而言，现代的道德评价针对的是人的言行，而不去探究道德动机或者"心性"这类内在活动。但在日常生活中，我们也经常推测人的动机和内在禀赋，甚至依据内在的"心性"做道德上的褒贬，说这是个"好人"或"坏人"。

可是，什么是道德意义上的"好人"呢？我们再来讨论一个思想实验。

TE15　木头好人

　　现在大家的课业负担太重了，有些同学偷懒，就会抄作业，这当然会被老师批评。假设有一个同学，他从来不抄作业，不止如此，他不做任何违规的事情，因为他天性淳朴憨厚，从来就没有欲望去"做坏事"。乱吃零食、在课堂上交头接耳、迟到早退、逃课、打电子游戏等，这些"邪恶的诱惑"从来不会吸引他。每当同学想要拉他去做违规的事情时，他总是会说"没意思"。他天生对那些不好的、不健康的欲望没有兴趣。同学们都叫他"木头人"，那么他应该成为我们的"道德楷模"吗？

　　作为对比，还有一个同学，被大家称作"机灵鬼"。和"木头人"相反，他对所有那些不健康的、有点小邪恶的欲望都充满了激情，他非常活跃，是打游戏的高手，常常不节制，还会享受许多"做坏事的乐趣"。"机灵鬼"以前经常会犯错，但经过老师和父母的教育帮助，他慢慢"懂事了"，学会了辨别是非，依靠顽强的意志戒除了电玩瘾。虽然常常还被"做坏事的乐趣"诱惑，偶尔也会违规，但他基本上能够努力克制自己的不良欲望，受到了老师的表扬。

　　现在，假设这个班级要评选一位"道德楷模"，只有一位同学能当选，这个荣誉应当给"木头人"还是"机灵鬼"呢？

　　这里的"木头人"当然是一种极端的理想状态，但在生活中也有比较接近的例子。所谓"木头人"似乎是"天生的好人"，不太会有做坏事的欲望，所以基本上能够毫无困难地服从道德规范。

而"机灵鬼"这样的人性情活跃，对生活充满欲望，对好事和坏事可能都有强烈的欲望。对这样的人来说，服从道德规范是要做出许多努力的，首先要达到正确的道德认知，其次要培养坚定的道德意志。

总之，"木头人"要达到一定的道德水平不太费力，而"机灵鬼"要付出巨大的努力。从外在的表现来说，"木头人"的水平更高一些。

但是，在什么意义上，我们应当赞美一个人的道德？

我们赞美一个人的行为，往往是因为他完成了一件"艰难的好事"，但如果一个人天生就不觉得做好事有艰难可言，那么他还值得我们称道吗？

如果一个机器人被装载了某种道德程序，能够"自动地"按照道德规范来行事，那么我们应当赞美这个机器人的道德水平吗？这就涉及道德评价里的道德动机问题。

我举这个例子，也和我的亲身经历有关。几年前，我在澳大利亚访学期间想要戒烟，很不容易地坚持了两个多月。一次，到我弟弟家做客。当大家都在祝贺我、鼓励我时，我弟弟说了一句让我感觉非常悲惨的话。他说："你经过了非常大的努力，达到了我轻而易举拥有的天生的基准线。"我觉得这句话伤害性不大，侮辱性极强。

这不禁让我想到一个问题：什么算是道德上的成就？你们

想象一下，对任何邪恶或者不健康的欲望都毫不动心的人，他算是一个有道德的人吗？他就像一个机器一样，被装了一套自动运转的道德程序，这似乎使得"道德"这个词变得没有意义了。

"道德"这个词是说，我们有很多不同的选择，但我们最终做了道德上好的（morally good）选择，由此我们说，这是一个有道德感的人，在道德上是有成就的。可是，"木头人"对所有道德上不好的东西都天生免疫，他可以有优越感，但是我仍然觉得，通过努力达成道德成就，是更应该被表彰的，不是吗？你们可以想一想，等你们长大了，要谈恋爱了，你们愿意哪种人成为自己的伴侣？"木头人"这样的人可能永远不会"出轨"，因为他觉得那"没意思"；"机灵鬼"可能会受到"劈腿"的诱惑，但他可以通过认识和毅力来克服这种诱惑。

也许我们可以这样来思考，"木头人"的道德是直觉的自然，而"机灵鬼"的道德是自觉的养成。我们很难在"直觉"与"自觉"以及"自然"与"养成"之间区分高下。

但是，实际生活中的"木头人"难道从来不会遭遇挑战吗？当"直觉的自然"不能应对的时候，木头人会陷入"道德崩溃"的危机吗？他是否最终也要开始一个修炼的旅程，进而通向"自觉的养成"？

最后我们再来讲一个例子。

假如你大学毕业后去旅行，在一个度假村的海滩上看到一个剧组在拍电影。你遇到了自己的偶像，他邀请你去散步、听音乐……你们度过了一个非常浪漫的晚上。

但是第二天你很挣扎，你觉得似乎不应该这样做，但是内心又觉得 why not？我不说出来就是了，过一段时间就忘掉了，反正彼此也没有加微信，没有什么纠葛，狗仔队都没有发现，没人知道这件事。在这种情况下，你能不能这样做，为什么？谁受到了伤害？对于这个道德问题，好像没有明确的结果。

这样的问题在今天特别有挑战性，因为今天是一个充满各种各样陷阱和诱惑的时代，我们的道德原则变得越来越难坚守。当你遇到一个情景，内心就会出现"why not？谁管我？"，对不对？谁在对我进行道德审判，我的良知吗？良知是什么？

但我想问，在这样做了之后，你是不是还能回到过去的生活？它成了你对自己的秘密。我们对自己要有一个整合，要有一个 integrity，这个词蛮难翻译的，我们在电影或者小说里把它翻译成"道德尊严""道德完整"，它是自我的一种融贯自洽的状态。如果你是一个洁身自好的人，在这样做了之后，你会找不到一个融贯自洽的状态。当然，你可能会说："我干吗要做一个洁身自好的人？我是一个非常放纵自我的人。"做一个道德底线比较低的人，好像更容易在这个世界上生活，更容易放过自己，更容易讲述一个完整的融贯自洽的关于自我的故事。那你又会失去什么呢？好像你没有失去什么。但在我们老派的人看来，你失去了一种道德成就感。道德成就感是什么？也就是，无论在人前还是独处的时候，你会为自己做了这样一个人，多多少少感到一些自豪："我比别人做得要更好一些，在有些事情上，别人愿意这样做，我不愿意这样做。有的时候不做什么，而不是做了什么，让我成了一个与众不同的人。"

与众不同并不能以好处、金钱、财富、名望的方式体现出来，但是我能对自己讲一个让我自己更看得起自己的故事，或者能够得到来自我特别亲密的家人、恋人、伙伴赞许的故事。这听起来有些渺小的一点点成就，是不是值得你去努力、去牺牲？

这是每个人都要问自己的问题。所以，在当代社会，我们有一些基本的法律，那是底线的规则。除此之外，在这里，我想再讲一个概念——品格伦理。它指的是，一个人生活在世界上，重要的不仅是做了什么，还有会成为什么样的人。虽然成就是和人分不开的，但仍然有某种品格，具有这种品格本身就是一种成就，这就是品格伦理。在今天，我们往往不关心一个人是怎样的，我们只关心他做的事、他获得的成就，但是在一些古典思想里，一个人有什么样的品格是非常重要的。这和以前贵族社会的某种传统相关。

在今天这样一个大众的平民时代，品格伦理似乎变得不太有吸引力了。古典时代对品格的道德要求和现在所讲的"知行合一"，在当代都是特别稀缺和很难做到的事情，但是我想，也正因为如此，它们才是珍贵的。

公正与平等

哲学上的另一个重要的对错问题，涉及社会制度和公共政策的基本原则，主要是探讨人们在共同生活的社会应当遵循的价值和规范及其理由，属于政治哲学的范畴。这听上去很高深莫测，但实际上和我们的日常生活息息相关。我们从一个平常的例子谈起。

你们在逢年过节的时候常常会收到父母的礼物吧。家长都有为孩子选礼物的经验，有时常常会觉得很困难。很多家庭现在有了"二胎""三胎"，选礼物就更要考虑得周到，因为孩子们之间会相互攀比。有同学可能会说，可以很简单，买同样的礼物就行了。可是，有时候买同样的礼物也会遇到难题，我们来看下面这个思想实验。

TE16 新年礼物

假设一对夫妇有两个双胞胎孩子，他们准备为两个孩子买新年礼物。因为这两个孩子过去一整年都表现得很出色，都考取了本市最好的高中。而父母的收入也很高，就决定给孩子们大大的奖励。父母商定要平等对待两个孩子，给他们买一样的礼物：每人一部新出的名牌手机。

父母到了手机专卖店，正好遇到促销：买一部6000元的新款手机，再花6000元就可以得到价值8000元的大屏幕升级版手机。也就是说，他们本来准备花12000元买两部新款手机，现在享受促销优惠，用同样的钱可以买到总价值14000元的一部新款手机和一部大屏幕升级版手机，这当然太好了！

正在爸爸兴高采烈的时候，妈妈表示反对，两个手机不一样，怎么分配都不公平啊？但爸爸坚持己见，说我们可以用同样的钱获得更高的价值，为什么不享受这个优惠呢？

在父母的这场争议中，大家会支持谁的意见？

有人可能说，应当享受优惠，手机买回来后让双胞胎两人抽签决定，这可能是个可行的分配办法；也有人可能说，两个人平时谁家务做得更多、更好，就应当获得大屏幕升级版手机，这个方法也有一定的道理；还有人可能说，双胞胎中更懂电子产品的应该用配置更高的版本，这里的思考似乎更深刻一些……但无论如何，如果买回家两个不同的手机，对于如何分配才合理的问题，会有一场争论。

妈妈担心的是，本来新年礼物一定会让两个孩子都高兴，如果礼物的价值不一样，两个孩子反而可能为争议而不高兴，甚至影响两个孩子之间的感情，因此，她宁愿放弃2000元的优惠价值。而爸爸的理由是，如果享受了优惠，没有谁的礼物变得更差了，而且有一个变得更好了，那么放弃这种优惠就是不理性的。

这个争议的实质性问题是：增加总体收益如果会导致不平等的分配，这个收益的增加是可接受的吗？有人会坚持，平等应当被优先考虑，而另一些人会认为，应当追求总体收益的增加，因为这种增加并没有造成任何一个人绝对收益的损失。这个争议在家庭内部大概总会有办法解决，但如果是在一个大的社会中，就需要更复杂的思考。因为人不只关心自己的绝对收益，还关心自己的相对收益。攀比，深刻地植入在人的精神结构中。

我们知道，平等是一个非常重要的目标，是一种深入人心的现代价值，但没有一个社会能够实现彻底的全方位的平等。比如，我们常说"机会平等"，就像田径比赛中大家站在同一起跑线上开始比赛。但是，因为每个人跑步的能力不一样，因此到达终点后的结果肯定也不一样。如果我们追求终点的平等，那么我们实际上就让人们站在了不平等的起点上。如果既要起点平等，又要终点平等，那就只能让跑得快的人绑上沙袋了。但如果是这样，跑得快的人就会觉得不平等：为什么大家一起跑步，我要绑上沙袋？难道跑得快是我的错吗？所以，我们常说让起点尽可能平等，但这在现实中是很难做到的。这样看来，社会的不平等似乎是不可避免的。

既然社会的不平等是不可避免的，那么怎样的不平等是可以接受的，是可以被视为"公平"的？哈佛大学哲学家罗尔斯（John Rawls，1921—2002）提出了一个著名的看法，在某种意义上也是一个思想实验。下面的描述就是根据罗尔斯的表述改编的。

TE17　无知之幕

假设一艘在大海上航行的游轮触礁沉没了。幸运的是，附近有一座小岛，乘客都获救了，通过救生艇到达了小岛，而且他们终生无法离开这个小岛，注定了要在一起共同生活，因此他们要决定这个新社会的基本制度。但每个人都有自己不同的偏好，也就有各自的偏见，于是他们争执不下。

这时候，有个"魔法医生"提出了一个办法。他带着一种有魔力的药，叫作"忘记你是谁"。吃了这种药的人，在三天之内完全不知道自己的一切个人特征，包括自己的种族、性别、年龄、天赋、爱好、财产状况、宗教信仰等，他们对此完全无知，或者说，他们被一张"无知之幕"屏蔽了他们个人的特殊信息。当然，他们每个人都具有理性思考的能力，愿意自己过更好的生活，也知道一个社会运转所需的基本条件，他们只是对自己的特殊性完全无知。

魔法医生建议，凡是愿意参加设计社会制度的成员，一律服用这种药，让他们在三天之内展开讨论，做出决定。当制度设计在三天之内完成后，他们会恢复记忆，但不能反悔，而是要遵守自己在"无知之幕"背后所做的决定。他们会设计出怎样的社会制度呢？

这个思想实验出自罗尔斯的名著《正义论》（这可能是20世纪最重要的政治哲学著作），在晚年他又对此做了一些修改。罗尔斯的论述非常丰富和复杂，我们在此只能给出非常简化的解说。

罗尔斯认为，理性的人们在"无知之幕"背后经过充分思考和讨论后，对于一个正义社会制度的基本结构会形成"两个正义原则"。

第一，每个人有平等的权利享有一系列基本自由（包括思想自由、信仰自由、结社言论自由、政治参与及拥有个人财产的自由等）。罗尔斯相信，每个人都是自己的主人，都有能力选择自己的人生目标。因此，社会制度的基本结构原则是，应当保护大家发展这种自主的能力，不能以社会整体利益的名义来侵犯个体的基本自由，否则就没有将人当作目的，而仅仅是视为手段。

第二个正义原则是我们这里关心的重点，这项原则主张平等的社会经济分配，只接受特定条件下的不平等分配。也就是说，不平等的分配必须满足某些条件限制才是可以接受的。主要有两个条件限制。一是"公平的机会平等"（fair equality of opportunity）条件限制。这个要求不是通常意义上的"机会平等"，而是更加严苛的"公平的机会平等"。这是什么意思呢？

比如今天很多人想当公务员，都有机会参加公务员考试，然后国家择优录取，这似乎就是"机会平等"。但在罗尔斯看来，这种"机会平等"还不能说是公平的机会平等。一个生长在上海的同学和一个生长在边远地区农村的同学，他们在参加公务员考试前接受的教育和文化养成的差距是很大的，上海的同学肯定更有优势。因此，仅仅让人们都有平等的机会参加公务员考试，还不能说是公平的机会平等。

那怎么才算是公平的机会平等呢？

大家想想，一个孩子是生长在上海还是生长在边远地区的农村，这是他自己不能决定的、完全无从选择的，是偶然的运气所致。从道德的观点来看，那些自己不能控制的因素都是武断任意的，如果人的前途命运受到这种因素的巨大影响，那就不能算是获得了"公平的机会平等"。

"无知之幕"背后的人们在商讨设计社会制度时，不会允许这种"道德意义上武断任意的因素"发挥很大的作用，因为他们不知道自己的特殊性（比如，是不是生长在教育发达的大城市）。他们会认为，应当尽可能地排除和降低这种因素的影响，才算获得了"公平的机会平等"。这样我们就会明白，"无知之幕"发挥了一种过滤作用，过滤掉每个人的特殊性，包括特殊的天赋和运气，过滤掉由此产生的不公平的偏袒。

罗尔斯认为，造成社会不平等最深刻的原因并不是自由竞争，而是源自人们的天赋差异，以及各自所在的家庭背景和社会阶级地位的差异，源自那些"道德意义上武断任意的因素"，包括特定的种族、性别、年龄、天赋、爱好、财产状况和宗教信仰等。

比如说，从"无知之幕"的视角来看，有利于某个特定种族和性别的制度安排，都是不公平的。所以，我们才会将克服种族主义或男权主义的历史过程看作通向公平正义的道德进步史。

罗尔斯认为，可以接受的社会经济不平等还需要满足第二个条件限制，就是要改善最弱势群体的处境。也就是说，除非不平等的分配能使得最弱势群体的处境得到改善，否则不平等在道德上就是不可接受的，就是不正义的。为什么呢？

因为"无知之幕"背后的人们，不知道自己会落入什么样的社会处境，他们可能会陷入最弱势者的境地。要避免自己处在最不利的地位，他们在直觉上可能会要求所有人都一律平等，但深思熟虑后，他们也并不愿意让所有人都平等地处在很艰难的处境里。

我们可以设想，如果一个社会的所有人的收入都一样，那么很少有人有意愿去做那些复杂艰难的工作，比如去做医生。成为一名合格的医生要经过很长时间的训练，而且工作负担非常繁重。如果医生和所有人的收入都一样，那么一个社会可能会没有医生，大家都会成为平等的无医可求的病人。这样虽然平等了，却是在很糟糕的情景下的平等。人们的理性思考倾向于防止这种糟糕的情况，他们会接受另一种更好的不平等的安排：就是有些人（比如医生）的收入更高一些，但社会中每个人的健康状况，尤其是那些最弱势群体的健康状况都可以得到改善，这样的不平等是合理的，"无知之幕"背后的人们会选择这样的制度安排。

在这一节的最后，我们再讲一个例子，涉及全球正义问题。

TE18　冷漠的船长

海上有一艘轮船要沉了，船上配备了最佳的救生设备。船长带领十多名船员及时转移到了救生艇上，携带着足够的罐头食品和饮用水，还有最先进的通信设备。船长发出了救援信号，并很快得到了回应，一支救援队会在 5 小时内赶到，他们将会全部安全获救。看来情况还不错。

在等待救援队到来的时候，他们发现距离他们救生艇不远处，有一个受伤的人非常虚弱，靠一个救生圈漂浮在海上，艰难地向他们发出呼救的请求。有些船员建议，应该把他从救生圈里接到他们的救生艇上，毕竟这里还可以容纳好几个人，而且食物和饮用水都很充足。但这个提议被船长否决了。

船长说："那个人和我们没关系，他来了还要分我们的食物。而我们的设备和食物都属于我们，是我们的财产，和他完全没关系。他没有权利享用我们的东西。"

这时，有船员说："这个人可能会这样死去。"

船长回答说："如果他死了，我们会感到遗憾，但我们没有救他的义务。所以别瞎操心了，好好吃自己的鱼子酱吧，别败坏我们的胃口！"

那么，如果你是船长，你会拒绝营救这位奄奄一息的求救者吗？

当然不会！这还有什么可争议的吗？

但是仔细想想，这个思想实验的情景就是当前世界格局的模拟写照：发达国家与最穷困国家之间存在的巨大差别，就相当于救生艇与救生圈之间的差别，而那个船长的冷血态度就代表了发达国家一些政治领导人的立场。

这个思想实验将我们习以为常的全球贫富差距以尖锐的方式表达为一个戏剧性的缩影，激发人们进行批判性思考。这个虚拟的情景是如此触目惊心，似乎没有人会反对救援意见，但在实践中，发达国家的一些领导人对贫困国家的艰难处境是持相当消极被动的态度的。

的确，欧美国家开展了许多救灾和扶贫的援助计划，包括政府免除贫困国家的一些债务和提供医疗救助等计划，还有企业和非政府组织发起和实施的各种救助计划，但总的来说力度还远远不够。

是发达国家没有能力吗？

绝非如此。许多学者研究表明，如果每个发达国家拿出本国 GDP 的很少一部分（比如 3%~5%），就可以极大地改善第三世界国家的饥荒、疾病、战乱等造成的人民流离失所的极端困苦状况，这只是相当于船上的人少吃一点鱼子酱而已，并不影响发达国家的生活水平，至多是少一些奢侈。但是，大多数发达国家的政治领导人做不到这一点。

比如，在美国大选中，某个候选人提议说，拿出美国 GDP 的 3% 来支持非洲国家，改善它们人民的境况，他还可能当选吗？

为什么会这样呢？

有时候我们人类会表现出深厚的同情心，有哲学家认为，悲悯与恻隐之心根植于人性，但有时候我们又会显得非常冷漠甚至冷血。关键的问题在于，我们并不总是以全人类的角度来思考问题，我们将人类划分为"我们"与"他们"。在认同和归属的分类中，"国家"的概念最重要，它深刻地影响了我们对他人的感受与态度。

对于不属于"我们国家"的异国的"他们"，我们可能会冷漠地视为"与己无关"，至多是以"慈善"的方式予以一些帮助。但"慈善"的意思是可做可不做，如果予以帮助，那是善意的体现；如果袖手旁观，也无可指责。

但我们对于异国的人民没有作为人类的义务吗？

最近二三十年来，西方有许多政治理论家致力于全球正义理论的研究，其中有许多学者主张，发达国家对贫穷国家的援助是一种义务，这意味着发达国家必须承担起这种义务，否则在道德上应当受到谴责。这种理论激发了许多辩论，也开始形成一些实践上的影响，包括影响到联合国的一些救助计划。

好坏问题

最后，我们简单地讨论一下"好坏问题"。在一开始的导言部分，我做过一些辨析，在规范性问题中将"对错"与"好坏"问题区别开来，说前者主要针对的是"他－我"关系，涉及的是公共领域的道德哲学和政治哲学，而后者主要针对的是"自－我"关系，关切人自身的生活目标和信仰的确立，涉及人生哲学和宗教哲学等领域。但我需要重申一下，这种区别不是绝对的，也不是所有哲学家都同意的，但这种区分有一定的理由和方便之处。

幸福的含义

什么是好的生活？人生的意义是什么？这是人生哲学的基本问题，也是非常困难、争论不休的问题。许多人都同意人生的意义在于获得幸福，这个答案直接明了，但麻烦在于，"幸福"是什么意思呢？我们先来看一个例子，这个例子也是出自柏拉图的《理想国》。

TE19 隐身魔戒

想象有一种"魔戒"，戴上它以后可以隐身，随便做什么事都不会被发现。许多我们想做但又不敢做或不能做的事情，在隐身之后都可以做了。比如，你可以把书店里所有想看的好书都拿回家，到餐馆随便大吃一顿也不用付钱，也就是说，你基本上可以为所欲为。那么，戴上这个隐身魔戒之后，你会获得幸福吗？

这个思想实验表明，我们的幸福感不足似乎是因为受到了许多限制，比如人情的、道德的和法律的等种种限制，阻碍了我们某些欲望的实现，好像只要满足了这些欲望，我们就能获得幸福，或者幸福感会大大提升。但仔细想想，可能存在两个问题。

首先，被道德和法律限制甚至禁止的许多欲望是低级的欲望，仅仅满足低级的欲望会使我们获得幸福吗？这是大可怀疑的。以前的君王、现在的大富豪，在很大程度上都可以为所欲为，但他们真的感到幸福吗？社会学和心理学的研究并不支持这一点。

其次，可能更重要的是，我们美好的人生，我们幸福来源的一部分是获得社会或者他人的承认：让别人看到你的面目，尊重你的人格，肯定你的成就，承认你的价值。如果戴上"魔戒"后你变得不可见了，这些幸福的来源也就失去了。由此看来，"魔戒"的魔力是非常有限的。

TE20　幸福体验机

假设有这样一台电脑装置，接到你的神经系统后，可以模拟你的任何大脑活动。进入这个"体验机器"的虚拟现实世界后，你可以获得任何你想要的体验。比如，你可以真切地感受到自己写出了伟大的小说，在著名媒体上谈笑风生，和你的偶像约会散步，甚至还有更好的，你自己就变成了偶像明星，享受飞黄腾达的感受……

这个例子是哲学家诺齐克[1]提出来的。实际上，年轻的时候，我写过一个电影剧本《极乐游戏》。在剧本中，我也做了类似的假设，就是把人放入电脑控制的"感应舱"，使得人可以获得一

---

[1] 罗伯特·诺齐克（Robert Nozick，1938—2002），美国政治哲学家，在政治哲学、知识论等领域都做出了重要贡献，其代表作《无政府、国家和乌托邦》，乃是对罗尔斯《正义论》的反驳。"体验机器"的思想实验即出自该著作。

切模拟现实的体验和满足。当时我读过一点哲学，但并不知道诺克齐的这个思想实验。只是胡思乱想，就写了这么一个剧本。这个剧本没有被拍成电影，但发表在1989年6月号的《电影文学》杂志上，有兴趣的同学可以找来看看。

这个思想实验的意思在于，我们每个人的生活处境都是不够理想的，时常受到困苦和烦恼的束缚，那么我们是否应当接受一种更好的处境，哪怕是制造出来的虚拟现实，只要它虚拟出来的感受足够真切，我们就摆脱了所有的困苦和烦恼？如果一生都能在"幸福体验机"中度过，那么何乐而不为呢？这样我们就获得了幸福吗？

但好像还是缺少了什么。

我们的幸福体验在很大程度上依赖于自我的价值感和尊严感，而价值感和尊严感的达成往往是涉及过程的。比如，我们去旅游，并不只是直达一个风景点去观赏。通往景点的跋山涉水的路程，甚至其中的辛苦和沿途的变化以及最后的美景，它们连在一起构成了我们旅行的享受。

又比如，你在期末考试中获得了满分，你为此感到喜悦，大家也纷纷向你祝贺，由此你获得了成就感。但真正的成就感不单单只是因为这个满分的结果。你平时的学习、复习备考，在其中付出的努力，包括曾被一些难题困扰，以及解决难题后的豁然开朗……这整个过程，再加上最后取得的满分的结果，才构成了你的喜悦和成就感，这样的满分结果才是值得骄傲、值得祝贺的。假设你的老师不让你参加考试，直接在你的成绩单上给你记100分，你能够获得同样的幸福感吗？恐怕不能。

这些思想实验激发我们去思考构成我们幸福感的各种条件要素。显然，幸福包含着许多丰富的组成部分和内容，单独抽取出某一个要素，很难满足幸福的条件。

信仰的意义

最后两个例子和宗教哲学有关。关于信仰的问题是非常复杂和深奥的，我们在这里只能点到为止。基督教是西方社会的主要宗教，但近代以来，一直存在着信仰者与非信仰者之间的争论。而信奉基督教上帝的理由是一个持久争议的问题，这就是：为什么我要信奉上帝，有什么具有说服力的理由吗？有人提出了这样一种理由。

TE21 与上帝打赌

假设我们都不知道上帝是否存在，上帝可能存在，也可能不存在。

第一种选择，是你信奉上帝，那么你会怎样生活？你可能会去教堂做礼拜，会多花一些工夫去学习理解《圣经》，而且在生活中尽量按照《圣经》的教义去为人处事。那么，假如上帝真的存在，你就会得到永生。假如上帝不存在，你按照一个信徒的要求生活，无非是麻烦了一些，但并没有付出多大的代价。

第二种选择，是你不信上帝，你不按照教徒的要求生活。那么，如果上帝不存在，你就"幸运"地免去了教徒生活的许多麻烦，不过也仅此而已。但如果上帝存在，你的麻烦就大了，你将付出下地狱的代价！

那么请权衡一下，你到底要做何种选择？

这个思想实验源自17世纪法国思想家帕斯卡尔（Blaise Pascal）的《思想录》。这里的逻辑是，如果你选择不信上帝，实际上就是在和上帝打赌，赌上帝不存在。那么，如果你赢了，你并没有赢得什么，至多是一些方便而已。但如果你输了，你就输得很惨，你会下地狱。所以如果你和上帝打赌，你是输不起的。

这个理由能够说服你吗？

如果你是经过这样一种利益权衡才选择了信奉上帝，这就相当于将上帝视为"保险公司"，将信奉上帝看作"买一份保险"。但这是宗教信仰的本意吗？

如果上帝存在，他为什么要保佑一个出于精明计算而信仰的人呢？

而且，如果我们选择信仰其他宗教，比如佛教或者伊斯兰教，又会如何？基督教的上帝仍然会惩罚我们吗？

那个设立赌局的想法，是基于一种特定而狭隘的对上帝的理解。即便上帝存在，上帝会是这样一位有计较、报复和嫉妒倾向的神吗？看来问题还没有结束。

下面一个例子是宗教哲学中非常经典，也是被反复讨论的故事，出自《旧约·创世记》。

TE22 亚伯拉罕的献祭

亚伯拉罕是一位虔诚的信徒，上帝很中意他，但仍然决定给他一个考验。因为上帝的眷顾，亚伯拉罕在很老的时候还和妻子生下了一个孩子，这就是他们唯一的儿子以撒。亚伯拉罕当然非常珍爱以撒。但是有一天，上帝要求亚伯拉罕用他的儿子献祭，亚伯拉罕很震惊也很痛苦，但他依然照做了。而就在献祭即将开始的最后时刻，上帝用一只羔羊代替了以撒。亚伯拉罕通过了最为艰难的考验。

亚伯拉罕面临着极为艰难的选择，牺牲珍爱无比的儿子当然是难以想象的痛苦，但还不止于此，他还面对着巨大的困惑：上帝是慈爱的最高典范，也要求人们践行慈爱的美德，但他对亚伯拉罕的要求是与慈爱的伦理相悖的。

19 世纪的丹麦宗教哲学家克尔凯郭尔（Søren Kierkegaard）就探讨过这个圣经故事，他认为，这个故事是对信仰的最高挑战。因为这个要求完全不可理解。但信仰的绝对要求是，对于上帝的旨意，即便你一时不可理解，即使它与常规的或理性能把握的伦理相悖，你也应当毫不犹豫地执行，这是最高的挑战。

这里还涉及理性与信仰的关系。从中世纪开始，有一些神学家试图用古希腊的理性主义哲学来解释和论证宗教。亚伯拉罕献祭的故事以非常极端的方式将信仰与理性之间的冲突展现出来。

信仰的最高要求超越你的理性，背离你的常识和一般的伦理与法律，要求你绝对虔诚。那么，通向信仰的道路是通过理性能够到达的吗？是你理解了之后才能信仰，还是因为特殊的机缘，你首先将信仰无条件地接受下来，再去获得理性的理解？

信仰与理性并不总是冲突的，有许多一致或兼容的方面，但两者并不等同。也就是说，信仰并不能完全转换为理性而无所损失。这是特别艰深的问题，我自己对宗教哲学也知之甚浅。但这是人类生活和哲学中一个重要的领域，有兴趣的同学可以进一步去学习和探索。

（华东师范大学政治与国际关系学院教授　刘擎）

第二讲

自由三题

意志、自主与权利

在前面一讲，我们讲了比较有意思的题目——关于哲学中的思想实验。思想实验里有很多故事。但这一讲的题目，可能就困难一点。但我知道你们这些孩子，虽然年龄不大，却都有非凡的头脑，所以我们来试一试，迎接这个挑战。

"自由"这个词，频繁地出现在我们的日常言谈中。你可能会说，今天放假了，我自由了；也可能会说，今天我赚了一笔钱，可以去国外旅游了，我自由了……实际上，"自由"这个词的用法是如此丰富，我们可以用它来表达相当不同的含义，围绕自由的问题也是丰富多样的。比如，我们的生命活动是自由选择的结果，还是被自身无法控制的力量所决定的？自由的生活是"随心所欲"的，还是意味着要遵从理性、获得对自己的自主性？

所以，我借用村上春树一部散文集题目的格式来提问："当我们谈论自由的时候，我们到底在谈论什么？"在哲学中，至少有三个分支领域对自由做过深入的研究讨论。在这一讲，我们将讲解自由的三个哲学论题：心灵哲学中的"自由意志"论题，道德哲学中的"理性自主"论题，以及政治哲学中的"自由权利"论题。当然，关于"自由"，想谈的内容有很多，也有一些难度，在这一讲中，我们只能做一个初步的介绍，让大家对这些问题的哲学讨论获得一个轮廓性的认识。

心灵哲学：自由意志与决定论

心灵哲学（philosophy of mind）是哲学中一个比较传统的领域。"Mind"这个词可以翻译成"头脑"，也可以翻译成"心灵"。我们要讲的"自由意志与决定论"也是一个久远而经典的哲学争论。

我们的行动是自由选择的吗？

让我从一个问题开始：为什么你到这里来听讲座？这是你自由选择的行动吗？为什么你没有在家里看电视，或者淋漓尽致地打一场游戏呢？你好像可以说，这是由于我自己做出的一个选择，或者是我爸爸妈妈帮我做的一个选择，但我也同意了。那么，可以说，你到这里来听讲座是你选择的结果，对吗？

但是，这个选择是你依据自己的自由意愿做出的吗？那么为什么你会有这种意愿呢？当我追问为什么你会这样选择的时候，你会发现，这个选择背后是有原因的，那就是你对哲学感兴趣。

如果再追问，你这个兴趣是从哪里来的呢？也就是问，这个原因是怎么形成的？你会发现，造成你对哲学有兴趣这个原因，还有更早的原因。比如，你从小就有好奇心，喜欢思考，或者因为你可能读了一些书，看了一场电影，也可能遇到了一个有意思的语文老师。可是，这些因素都不是来自你自己的自由意志，而是由于外部环境造成的。

你说这不是外部环境的原因，也不是家庭教育的结果，是我的基因有好奇和爱思考的倾向。可是，基因怎么样也不是你选择的结果。所以，无论是外部环境还是基因天赋，都和你的选择没有什么关系。也就是说，从表面上看，你来听讲座是你自己做出的一个选择，但实际上这不是由你自己的意志导致的，而是由外在于你意志的各种各样的因素造成的。

所以，我们就可以提出这样一个问题：当你宣称"我的行动出自我的选择，这是我的自由意志所为"时，这个宣称是真实的，还是一个幻觉？这就触及了自由意志与决定论的问题。可以这样来表述：我们做出的任何一项行动，是（无论在多大程度上）我们的意志所为，是我们"自由选择"的结果，还是完全被外在于我们意志的其他因素和力量所决定的？在根本上，人有可能做出自由的选择，还是说自由选择只是我们的一种幻觉？

对于这个问题，自由意志论者的回答是：我们的选择最终取决于（up to）我们自己的自由意志（这可以被称为"自由意志"论题）。那么，什么是"自由意志"（free will）呢？它的定义是：当一个人在下一时刻既可能实施某一特定行动，也可能不实施这个行动，这个人才具有自由意志。

　　而决定论者对这个问题的回答是：我们每一个特定的选择都取决于"外因"和"内因"，而所谓"内因"（欲望、需求、偏好、判断、决心等）在根本上都是由意志之外的因素决定的。因此，任何选择实际上都是被决定的。那么，我们只不过是物质力量与历史外因的木偶或者傀儡，这就否认了自由意志的存在。

　　人究竟有没有自由意志？我们的一切行动实际上都是被决定的吗？自由意志与决定论的争论是哲学的一个重要论题。为什么重要呢？因为它涉及"人是什么"的根本问题，而且对道德哲学有重要意义，涉及人是否应当对自己的行动负责的问题。

　　如果决定论是真的，那么我们熟悉的道德原则的基础就可能被瓦解，因为自由与责任是紧密关联的：如果我们没有自由选择，也就失去了对行动负责的理由。

我们的行动都是被决定的？

　　一个人要对其行为负责，需要满足两个条件，叫作"主事条件"和"自由条件"。用形式化的哲学方式来表达就是：某人X，做了行动A；要X为A负责，当且仅当（1）是X做了A，或者说X导致了A（这就是"主事条件"，意思是"这个人是主事者"），以及（2）除A之外，X还有其他可选的行动（这就是"自由条件"，意思是"这个人并不是别无选择的"）。只有满足了这两个条件，要求X对A负责才是合理的。

比如，你帮助一个老奶奶过马路，这是一件好事，你理应受到赞誉。但这有两个条件：第一，这件事的确是你做的，满足了主事条件；第二，除了做这个行动之外，你还可以不帮助她过马路，你可以选择不做，这就满足了自由条件。如果不满足这两个条件，我们很难说你对自己的行动负责。比如，有个劫匪抢银行，他用枪指着一个银行职员说"你把这个保险箱给我打开"，职员听从了这个指令。这个时候，我们很难说这个职员要为打开保险箱这个行动负责，因为他好像别无选择，只能这样做。当然，严格说，他还有别的一条路可以选，就是选择牺牲自己。如果他牺牲了，我们就会说，这个人了不起，他明明有另外的选择，可以服从劫匪的要求。但如果他打开了保险箱，我们不太会责备他，因为在这两个选择中，牺牲生命那个选择代价太高了，甚至可以说他别无选择。如果只有一种选择，我们没有理由要求他负责。

让我们再想想，如果这个人选择了不服从劫匪的要求，我们会认为这个人了不起，有英雄气概。但是，这个勇敢的行动是他的自由意志所为吗？从表面上看，这是他做出的行动，但决定论者可以说，他这个人勇敢，其实跟他自己的意志没什么关系，因为他有一种勇敢的基因，这是与生俱来的，那个勇敢的基因想抹也抹不掉，这决定了他必定会勇敢，他不可能做出怯懦的选择，他的基因不允许他这样做。如果是这样，他的勇敢行动就不值得赞叹和表彰了。但如果情况相反，他屈从了劫匪的要求，决定论者也可以说，那是因为他有一个胆小的基因，让他根本做不到勇敢。你可能会说，难道一个人的性格和行动都是基因决定的吗？决定论者会说，如果基因决定不了，那一定是由他的环境造就的，但他的环境也由不得他选择，因此他也不能负责。

在许多国家的法律中，如果一名罪犯被确认具有严重的精神疾病或精神障碍，他的犯罪行为就可以免责或在一定程度上免责。为什么呢？这是因为我们假设，他不具有主事条件，他的行为不是出于自己的意愿，而是出于他不能掌控的原因。

你明白这里的关键所在吗？也就是说，我们所做的行动，背后都是有原因的，而这些原因都可以追溯到外在于我们意志的原因。如果是这样，那么我们就不能对自己的行动负责，无论是好的行动还是坏的行动。于是，人类社会的奖惩褒贬都失去了基础。

在这里，我们引用所罗门在《大问题》中阐述决定论的一段话来精确地说明：

> 如果我们的整个历史、我们的基因构成、我们接受的所有教育、父母对我们的影响、我们的性格和大脑的运转已经预先安排了我们选 A 而不可能是其他，那么我们关于"选择""决定"——因此还有"责任"——的讨论就只是一堆胡话。我们可以有选择的体验，但我们从不选择。事实上，这种体验只是因果链上的又一个事件，它由更早的情况所引

发，同时又把事态精确地引向我们行为中的其他结果。[1]

那么，没有自由意志的人是什么？在某种意义上，我们人就变得像物理世界中的一个物体，比如说斜坡上的一个球体。你们学过物理，斜坡上的一个球滚下来，是它自己不能选择的，是被重力和斜坡等环境条件所决定的。

但我们又相信，人不是物体！人和物体在许多方面都不同，但最重要的是，我们人有自己的自由意志。如果决定论是对的，我们就和物体差不多，被自然的因果律所决定，我们就是在一个斜面上滚动的小球。我们误以为自己有自由，就像是那小球安装了一个幻觉系统，误以为从斜坡上下滑是自己选择的"动作"。

当然，决定论有各种不同的版本，比如宿命论。有这样一个思想实验，是我从我的老师那里听来的，叫"詹姆斯的一生"。

詹姆斯是一个推销员，他经常会出差。有一天，他心情非常低落，在百般无聊的时候来到一个公共图书馆。突然，他看到一本书叫"詹姆斯的一生"，心想："好巧哦，这个人的名字和我一样。"于是，他就拿下这本书来看。书里的詹姆斯在 3 岁时得过一场小儿麻痹症，所以留下了一点疾患，

1　罗伯特·所罗门等，《大问题：简明哲学导论》，张卜天译，广西师范大学出版社，2014，第 296—297 页。——作者注

腿有点不好。詹姆斯读到这里，心想："跟我一样。"他接着往下读，书中的詹姆斯要读大学的时候又生了一场病，且父母离异了，所以他的心情特别不好，没有考上大学。他很激动，心想："又跟我一样啊！"此刻，詹姆斯觉得他拿到了自己的人生剧本。

他接着往后看，书中的詹姆斯有一天下午心情非常不好，走到一个图书馆，在书架上看到了一本书，叫"詹姆斯的一生"。

然后，詹姆斯就想："难道书里会写我下一刻是怎么想的吗？"

他接着往下看，书里写道："詹姆斯完全惊呆了！"

他心想："哇，这本书还会怎么写呢？"

他继续往下看，书里写道："他已经完全忘记他应该在4点钟开车到理发店去接他的太太。"

他心想："这本书就是讲我的命运的，我也别往后看了，不然提前剧透多无趣，但我还是想知道我生命的终点。"他翻到书的最后，上面写道："有一天，在从匹兹堡飞到芝加哥的途中，由于飞机失事，詹姆斯去世了，年仅58岁。"

他一看，自己还能活6年。从此以后，他开始放纵地生活，抽烟、喝酒，过马路也不看红绿灯了。然后，58岁的那天到来了。那天风平浪静，也没有什么事情要坐飞机。突然，老板把他叫到办公室，说原本今天要出差的推销员生病了，现在派你去。

　　詹姆斯一看，这和书上说的不一样，书上说是到芝加哥的飞机，但这个是到明尼苏达州的，应该没什么问题。然后他就去了机场，坐上飞机，一路上风平浪静。

　　过了一会儿，突然广播里说"由于明尼苏达州在下大雪，我们准备在芝加哥降落"，他一听，"完蛋了，跟书上一模一样"。

　　然后，他怎么办呢？他不能让飞机在芝加哥降落，于是他就去跟乘务人员说，希望他们马上降落，乘务人员说不行；他说，我心脏病犯了，乘务人员说那最近的机场也是在芝加哥。最后，他跟机组人员吵了起来，冲进驾驶室和飞行员搏斗，结果飞机失事了。

　　你想想，什么是宿命论呢？宿命论的问题就在于，即使你知道自己的生活是被决定的，你也不能改变什么，也就是说，你的生活是被一个外在于你的叫命运的东西所决定的，但是它是如何决定的、具体的方式是怎样的，对此，你根本不知道。你说你想抵抗命运，你想遏住命运的咽喉，但连遏住命运咽喉的冲动和努力也是被决定的，你只是以为你在努力改变。

　　除了宿命论（剧本已经预定了，我们只是被命运摆布的棋子），决定论还包括神学预定论、物理决定论、社会决定论、文化决定论、历史决定论、社会环境决定论等。对于这些具体的版本，我们就不展开讲解了。

　　今天也有很多人相信性格、基因、占星术等，为什么这些东西这么受欢迎呢？因为我们的行为越是受到其他力量的支配，我们就越不需要对此负责，也就越不需要为做决定而担心，一切好像都已经注定。

生活之所以有意思，是因为我们是生活的作者和主人。主人当得好的时候，我们就很骄傲；当人生很失败的时候，我们会说表面上是我的选择，实际上背后有别的原因，比如我从小英语学得不好，是因为英语老师太凶了，害得我不喜欢英语。也就是说，当我们失败的时候，我们倾向于归因于外界的力量。

总之，不论是哪种决定论，虽然它们之间是有区别的，但它们都否认人的自由意志的真实存在。

现在你最关心的问题可能是：自由意志论与决定论，到底谁对谁错呢？对此，哲学界并没有达成一致意见，这也是哲学突出的一个特点，哲学讨论常常没有终极的标准答案，但没有标准答案的哲学思考并非没有意义，而是激发我们去探索，去思考更复杂和更深刻的问题。你问这有什么用吗？我可以说这是人类智识的一种品格或者标志。

并非一切都是被决定的？

下面，我们稍微讲得深入一点，介绍一些专业哲学研究的不同观点。专业哲学的相关研究主要围绕两个核心问题展开：第一，决定论是正确的吗（决定论是否为真）？第二，即便决定论为真，那么自由意志就必定不存在吗？对于这两个问题，都有两种不同的观点或者辩论，存在两条主要战线的争论。第一条战线，争论在"决定论"与"非决定论"之间展开；而第二条战线，争论在"兼容论"（也译作"相容论"）与"非兼容论"之间展开。什么叫兼容论？就是认为，决定论和自由意志是可以共存的，可以相互兼容（compatible），决定论并不能否定自由意志；而非兼容论就是认为，两者无法共存，不可兼容（incompatible）。这里，我推荐大家阅读武汉大学程炼教授的著作《伦理学导论》[1]，其中的第二章对决定论的相关研究做了很好的简洁的梳理和阐述；还有浙江大学徐向东教授编辑的一部论文集《自由意志与道德责任》[2]，这本书读起来难一些，是比较深入的专业哲学论文。

我们来讲讲这两条争论战线上的部分重要观点。先来谈第一条战线，它着眼于"非决定论"的努力。如果决定论否定了自由意志的存在，那么拯救自由的一种方式就是反对决定论，提出非决定论（indeterminism）的主张和论述。决定论是对世界的整体看法，世界上发生的一切都是有原因的，是可以用因果关系来解释的。非决定论是对决定论的拒斥，试图论证决定论是错误的。这种论证的一个思路是质疑"每一件事都有确定的原因"，认为有许多人类的行为并没有可以解释的确定的原因。非决定论的论证似乎得到了物理学的支持（比如量子力学理论、海森堡的"测不准原理"等），一个粒子的状态和位置，无法被

1　程炼，《伦理学导论》，北京大学出版社，2008。——作者注
2　徐向东主编，《自由意志与道德责任》，江苏人民出版社，2006。——作者注

前一时刻的状态和位置决定，具有不确定性。因此，决定论所依据的那种主张——"宇宙中的每一个事件都有其充分的、自然的解释性原因"——就是错误的。

如果因果解释是有漏洞的，并非一切事情都是确定的，人们的行为也许就不是被决定的，就为人的自由留出了空间，这是非决定论拯救自由意志的一种思路。可惜这种思路不太成功。

为什么呢？我们看到决定论会妨碍自由，就会天然地以为非决定论能够支持自由，但并不是这样的。如果非决定论是正确的，许多或者所有的东西都是任意、偶然、随机的，没有原因和不可预测的，那么这种不确定性就等于自由吗？并不是。比如，上课的时候，一位同学的腿莫名其妙地做了一个动作，踢到了他旁边的同学，我们可以把这说成是他采取的自由行动吗？当然不是。自由意志是让人能够作为一个行动的发起者和控制者，去做我们愿意做的事情。

所以，为了拯救自由，人们开始着眼于反对决定论，致力于论证非决定论。但后来人们发现，非决定论和决定论同样可能剥夺我们的自由。于是，自由意志论陷入了更深的困境：我们既不能接受决定论，也不能接受非决定论。那么，那种自由意志到底是什么呢？诉诸我们的直觉或许是有意义的，但直觉并不可靠。

现在，整个学界的趋势非常不利于自由意志论者，特别多的脑神经科学、认知科学研究越来越偏向于决定论，越来越认为自由是一种幻觉，但自由意志论者还在坚持。因为如果我们没有自由，我们在感情和信念上会改变很多的想法。比如，爱上一个人，这是一件非常美妙的事情，但如果我们没有自由意志，那么爱上这个人其实并没有什么新奇和特别的，因为剧本都写好了，我们必须这样做。但人们愿意把它说成是"命中注定的"。我不知道"命中注定"有什么浪漫的，如果是命中注定的，你们俩无论如何都会碰到，这有什么浪漫可言的呢？就是因为充满不确定性，有一种可能性，而你们抓住了这种可能性，这才是浪漫的，对不对？因为你在努力，在寻求，在探索，在向往，你为此付出了时间，这样一份爱才是浪漫的。如果我们追求一个人、喜欢一个人，都不是因为我们的意志，都是背后的因果力量在起作用，那么，对于这样的生活，我们蛮难接受的，爱情、友谊也就变得不可贵了。

所以，有些学者构想了一个新的思路，就是能不能找到一种新的因果性（causation），它不是物理性的，是属人的，来自人的能动性。于是，他们就引入了一个概念叫作"行动者因果性"（agent causation），以这个概念为基础提出了一个观点：人的行动确实是被引发的，但不是（至少不完全是）被物理事件或状态引发的，而是由行动者本身引发的。人是一个有能动性的存在，是一个"发动者"（originator）。当一个人发起一个行动的时候，一个新的因果链条就形成了。这样我们自身就成了自己行动的原因，这种原因和物理世界的原因是不一样的。那么，这样我们是不是就自由了呢？可惜没那么容易！

决定论者可以追问：那个行动者的因果性是从哪里来的呢？

是"行动者"本身发动的，还是来自"行动者的状态"？比如，你昨天决定开始去打工，或者，认真学习哲学，这是你做出的决定。但仔细考察，这个决定其实是你昨天所处的特定状态导致的，否则为什么你是昨天做这个决定，而不是前天或者今天？比如，昨天你特别想吃一块芝士蛋糕，你就去做了这件事（买了一块芝士蛋糕，并吃掉了它），那么你可以说，你自己的意愿就是发生这个事件的原因，对吗？但是质疑者会说，原因其实不是你，而是你昨天的状态。为什么不是前天吃，为什么不是今天吃？你可以回答说：前天我没胃口，或者，虽然前天我很想吃，但前天我没钱。可是，前天你有没有胃口、你有没有钱，都是你前天的特定状态。前天的状态没能使你吃到这块芝士蛋糕。所以，吃蛋糕这个事件并不是你发起的，而是来自你的状态。

一旦把关注的焦点转向行动者的状态，我们就会发现，这个状态是由很多因素构成的，可能会有一大堆变量，这样又会回到决定论的因果链之中。想想看，你想吃芝士蛋糕这件事情，你的胃口、食欲和消化系统这些因素都是生理性的，你的意志没有什么贡献。你有没有钱能够买到芝士蛋糕，这是外部因素，取决于你爸爸妈妈的态度，他们是不是对你足够好或者足够溺爱你，他们可能认为给你吃芝士蛋糕并不是很健康。但你会说，我觉得芝士蛋糕好漂亮，对芝士蛋糕有一种美学上的偏好。可是这个偏好又是怎么形成的呢？因为你更小的时候吃过芝士蛋糕，或者是看到了某一个广告的宣传……其实这些都不是你造成的原因。你说，我的自主性多少有点贡献吧？我喜欢甜食！对，这可能是因为你的基因决定了你喜欢偏甜的东西，那也不是你的意志所为。你看，只要一分析状态，所有东西就又要回到因果链里去。这样一来，行动者就不可能是一个事件的充分原因，这样就否定了（至少部分否定）引入行动者因果性来拯救自由意志的努力。

当然，如果你坚持说，昨天要吃芝士蛋糕的决定并没有什么特别的原因，是偶然发生的。就吃块芝士蛋糕，你别给我分析得这么玄，就是我心血来潮、突发奇想。这又会回到非决定论的陷阱。你说这是随机偶然的突发奇想，那跟你的自由意志也没什么关系，随机性对于自由意志的威胁并不亚于决定论。

当然，拯救自由的努力还有许多尝试，包括回到古典的身心二元论等，但都没有获得压倒性的胜利。坚持人是自己行动的原因，就需要寻求一种特殊的人类行为模式，行动是被引起的（caused），但又不是随机偶然的，这是非常艰巨的任务。哲学家罗伊·韦瑟福德（Roy Weatherford）对这种困境的表述特别精准，他说："反因果关系的自由，一个无法描述的行动者因果关系，这是过去到未来之路的一个空白。承认这个空白什么也不包括，就会导致随机性这个进退两难的处境，但以任何实质性的东西来填补这个空白，又会导致新的决定论。自由意志论者需要设定某种东西，能把过去与未来联系在一起，但自身又不受自己过去的限制，并且与自己的过去足够紧密地有关，以保证个人的同一性与责任之间的联系。"[1] 在这种困境下，自由意志仍然是决定论世界机器中的"神秘幽灵"。

即使一切都是被决定的，我们也有自由意志？

现在，我们转到第二条战线——兼容论与非兼容论。在哲学家的不同观点中，兼容论（compatibilism）比较有意思，因为这有悖于我们的直觉。主张兼容论的一些学者认为，即便决定论是真的，自由意志仍然存在。或者说，在一个被决定的世界中，我们仍然享有自由意志。我们既被决定又有自由的世界是可能的，这被称为"柔性决定论"（soft determinism）。这是不是很反直觉？那么兼容论者是如何论证自己的观点的呢？严格地来介绍他们的论证不太容易，因为这涉及很专业的表达和推论，在这里我可以给大家介绍一个大致的轮廓。

兼容论也有许多不同的论述，我们可以讲两种。有一种论述大致是这样的：我们是被决定的，被过去所有的事件所决定。但是，这些事件决定我们的方式是非常非常复杂的，我们不可能知道所有的这些事件，也就不可能掌握所有的情况。假如我们知道过去全部的事情，我们就会被过去决定，但是这个"假如"实际上不会发生，那么，尽管在理论上我们是决定论者，但是

1　罗伊·韦瑟福德，《决定论及其道德含义》，出自：徐向东主编，《自由意志与道德责任》，2006，第 29 页。——作者注

在实际生活中，我们仍然可以相信自由意志的存在，从而为自己的实践负责。这个论证的麻烦在于，它依赖我们的某种无知。于是，决定论者可以反驳说，要点不在于你是否知道，不管你是否无知，那些过去的事件总是在以自身特定的比例和方式共同决定你。这里的争论就比较复杂。

兼容论的第二种论述认为，我们的困境在于太深地陷入一种传统的观念——我们人类只有"在形而上学的意义上具有自由意志，我们才会有道德责任"，但这是一个非常根深蒂固的错误想法，我们可以放弃。如果放弃这种传统观念，那么即便接受决定论的因果观点，也不需要否定自由的可能。其实，因果论无非是说"自由行动是有条件的"。那么，一个行动可被称为"自由"的条件是什么呢？依据亚里士多德的观点，这要有两个条件：一是不受"外界强迫"而做出的，二是并非在不知情的情况下做出的。而我们人类有一种能力，就是能够区别"使人自由行动的原因"和"不能使人自由行动的原因"。如果我们能分辨这两种原因，就可以有意义地主张"我们拥有自由"，因为自由其实就是那些能够使我们自由行动的条件，比如说不强迫，比如说我们是知情的。也就是说，如果我们放弃了形而上学的自由意志观念，我们完全可以重新理解自由的特定条件，而这种理解打开了使道德责任成为可能的自由空间。当然，围绕这种论述也存在一些复杂的争论。

另外还有一种论述，就是程炼老师在《伦理学导论》一书中阐述的一个思路。他认为，那种"过去决定现在，现在决定未来"的思维图式是错误的。这种思维图式错在哪里呢？错在"单向的因果决定论"，误以为过去是凝固不变的，它沿着从前往后这种单向的时间矢量方向，决定了现在。这是一种单向的线性关系，从过去到未来，越早的事情越是清晰固定的，越是后面的事情越会被前面的事情决定，这是一个根深蒂固的图式。但这种单向关系的图式是错误的，过去并不是凝固不变的，过去并不存在一种"本体论的特权"。为什么呢？因为过去的事件虽然已经发生了，但它们对我们的意义并不是凝固不变的。其实，我们的过去也受制于现在，甚至受制于未来。因此，他反对那种单向的因果决定论，取消了过去凝固不变的本体论特权，然后提出了一个想法，叫作"时空区域"（regions of space-time），在这个区域之中，过去、现在和未来是相互影响的，它们对我们的影响力，取决于特定的视角。

　　程炼老师的这个想法听起来有些抽象，其实不难理解。比如你是个理科男，你的物理、化学和数学都很好。后来，你有了一个女朋友，她特别喜欢艺术。然后你突然想起来说："哎呀，我小时候也学过钢琴，可惜学到 12 岁就没再学了，但那位钢琴老师曾经教我练过一首曲子，我特别喜欢。"于是，在一个阳光明媚的下午，你为她重新弹奏了那首曲子，你们分享了一段美好的时光。想象一下，如果你没有遇到这个女朋友，你学习弹钢琴的这段历史发生过吗？当然发生过，但这段历史似乎沉睡了，好像对你不再有什么影响，你就变成了一个理科男。你遇到了这位喜欢艺术的女朋友，这个当下的事件赋予了你一个特定的视角，激活了你过去的这段历史，说不定还会让你重新开始练习钢琴。你看，在这个意义上，过去是受制于现在的。

在这里，有一个建构主义的看法，或者说有点接近尼采的视角主义的想法。没有什么全知全能的上帝视角，每一个视角都是特定的。在一个特定的现在的视角中，过去是"可塑的"，是可以被召唤出来的，是受到我们"邀请"来到现在，并展开对我们当下和未来的意义的。

总之，关于自由意志和决定论的分歧，哲学家没有达成共识，始终在变，但是为什么自由意志值得拯救？因为，第一，它涉及道德的正当性问题。如果我们不自由，我们就不能对自己做的事情负责。第二，它关系到自主性问题。我们要感到自己是生活的作者，我们不是傀儡，这里涉及人的尊严问题。

有这样一个关于幸福岛的思想实验：

> 一天，你醒来后发现自己在一个"幸福岛"上，这里的风景、气候都很好，住得很舒服，服务很周到，关键是这些都不用你付钱。但有人告诉你，所有这些都是被决定的，你没有选择。比如，你不是自由决定来不来这个"幸福岛"的；再比如，有一个服务员过来问你今天想吃什么，你说想吃大龙虾，但其实他们今天就只做大龙虾这一道菜，而他们有办法让你以为自己想要的就是大龙虾。也就是说，在你点菜的时候，你只会点大龙虾，因为你是被决定的，是被操纵的。你可能会问："可以离开吗？"但是，它有办法让你不想离开，

它会让你认为这个岛是很幸福的。

我们在前面讲了爱情和友谊的本真性问题，也就是说，由于我选择了你，你接受了我，这是我们意愿的结果，所以它才有独特性。还有一个就是所谓开放的未来和生活的希望。如果一切都是被注定的，未来是封闭的、被预判好的、被预定的，那么生活是不可能根据我们的愿望改变的，我们都只是按照预定的剧本在生活。所以自由的价值太重要了。

自由意志与决定论的问题，是一个仍然在展开的哲学研究主题，非常吸引人，也格外困难。希望上面的讲解能给你们一个初步的了解思路，下面我们转到自由的另一个论题。

道德哲学："理性自主"论题

现在我们来讨论道德哲学中对自由的一种理解，主要是康德的道德哲学，其中将自由理解为理性的自主性（或译作自律）。康德的学说博大精深，但他的哲学表述大多非常清晰。如果只是为了应试，你背他的"知识点"和原理可能也挺容易的，但要深入理解康德是非常困难的。我自己对康德哲学也只有非常基础的初步理解，没有做过真正专业性的研究，下面的讲解也只能是初步浅显的。

只有人可以摆脱因果链条？

对于自由的探索，康德关心的问题是人的尊严，用他自己的话说，就是："在一个严格遵守自然法则的世界上，人究竟有没有自由，有没有独立的价值和尊严？"康德对于自由持两面性的观点，应该说他既是一个自由论者，又是一个决定论者。什么意思呢？他认为自然世界是被决定的，而人的世界是自由的。在康德看来，人类的自由，最深刻的自由是这样一种观念：我们不是像物体或者动物一样，被自然规律（因果律）决定。自然法则明明决定要让我们如此，我们偏偏可以不服从。比如，生理需要并不能完全左右我们，人类可以"背叛"自己的生物欲望。我们知道有禁欲主义者，有做僧侣的出家人，他们不能吃肉，不能喝酒，能够违背自己生物性的基本需求。对于这一点，只有人才能做到。你想让一个食肉动物（比如老虎或者狗）变成素食主义者，再怎么训练也很难做到，但是我们人可以做到。在这个意义上，人是自由的，因为只有人能够摆脱、逃出那个自然因果链的枷锁，可以超越自然的决定论，另做选择。

这样一讲，好像就很容易理解，但其中的道理还是很复杂的。为什么人的世界或者说道德世界，与自然世界会是两个不同的世界呢？康德认为，因果律解释不了一切。康德提出过著名的"二律背反"，有四组二律背反，其中第三组就是要表明，如果你想用因果律来解释整个宇宙，就会出现两个相反的命题：一个是宇宙中有自由，这是正题；一个是宇宙中没有自由，这是反题。

康德是怎么论证的呢？他说，如果用因果律来覆盖整个宇宙，那么有果必有因，每一件事情都有一个原因，这个原因背后还有一个原因，无穷追问下去就会追到"第一因"。这个第一因就不再有其他外在的原因，它本身就是自己的原因，那么这个第一因，就是"自由因"。为什么称之为自由因？自由的意思是，它是自己本身所创造的，而不被其他外在的原因所引起，这才是第一因。如果世界是由因果链构成的，我们无穷追寻原因，最后就会追到一个自由因，这个自由因不再被其他因果决定，它必定是自由的，所以自由是存在的。你看，如果用因果律来看待世界，会推导出这个正题，就是宇宙当中有自由，有超越因果律之外的自由。

但康德又做了另外一种推论。如果把自然世界作为一个完整的统一体，那么只要有自由就会出现一个超越了因果性的自由因，这个自由因本身是独立的，不是由其他原因产生的。但这是不可能的，因为自然中的一切都有原因。或者，这个自由因的产生，本身也是由因果律决定的。这就是他推论出的反题：宇宙中无自由，一切都服从自然的因果律。

康德的这组二律背反，揭示了一个矛盾：如果我们要用因果律去覆盖整个世界，就会得出两个不同的、相反的结论——既承认有自由，因为需要有第一因，又否认有自由，因为自由本身是跟因果律相抵触的。我们既需要一个不受因果律限制的第一原因——自由因，但我们又不能允许这个自由因的存在。

那怎么办呢？康德认为，我们没有办法在一个经验世界里解决这个矛盾，自然因果律不能覆盖整个世界。要摆脱这个矛盾，整个宇宙不能用一套法则来解释和规定，那就需要认识到人类理性的自主性，将自然世界与道德世界（人的生活实践世界）分开。也就是说，有两套不同的法则，把自然世界和人的实践活动的世界分开。苗力田教授解释说，康德把规律分成两种：一种是自然规律，一种是自由规律。"关于自然规律的学问是物理学。关于自由规律的科学是伦理学。前者是一种自然学说，后者是一种道德学说。"[1]

康德在表面上否定了兼容论，但是对于自然世界，他是一个很强的决定论者，而对于道德世界，他又是一个自由论者，所以他是持二元观点的。但也有学者认为，康德表达了另外一种兼容论，就是相信决定论和自由意志是同时存在的，只不过分别运用在两个不同的世界。对于任何一种可能的事件和人类知识的对象而言，决定论都是正确的，但这并不意味着它是看待事物的唯一方式。我们的意志行动有时可以，而且应当以一种不同的方式来理解和解释。所以，我们需要采取两种不同的立场：一种称作"理论"，康德讲的理论基本上就是科学，是关于自然的理论；一种是实践，针对人的道德生活。康德提出了三大理性：理论理性或纯粹理性，这是针对自然世界的；实践理性是关于人的，针对道德生活；还有判断力，是关于美的。

---

1 参见：康德，《道德形而上学原理》，苗力田译，上海人民出版社，1986，第12—13页。——作者注

　　要了解某一个事物，我们会采取理论的立场，就是科学和决定论的立场。但是当准备做一件事情时，我们就会转到实践的立场上来，这种立场是说，当我们行动或决定行动时，我们必须把自己的意志或决定看作我们行动的充分的解释性原因。我们不能再继续沿着因果链往回追溯，我们不能再考虑这些意志行动是不是自行产生的。换句话说，当我们行动的时候，我们只把自己看作自由行动的个体。这是康德对自由的理解，大体如此。

　　可是，这个自由意志是怎么来的呢？你是没办法在经验世界中发现和证明自由意志的存在的，也不能说，你感觉自由就有自由了。康德的自由是一个"先验的"概念，它不属于物质世界，但却是客观的。讲到这里，就有一些麻烦的问题要澄清，需要做些知识性的铺垫，才能进入康德对自由的论述。

心灵也有客观性？

　　首先，客观性这个问题，可能和你们教科书的讲法不太一样。有些教科书是怎么说的呢？自然界的物质存在是客观的，而属于心灵的东西是主观的。康德被称为唯心主义者，因为他相信理念的首要性，但是康德并不是主观主义者，他被称为"客观唯心论者"。康德相信人有意志、有理性，但这些属于心灵的东西，并不是杜撰出来的，是客观的实在，只不过不是以物理的具象形式直接显现的。

所以，大家需要纠正一种看法，好像人的内在精神是主观的，没有客观性，而外部的物质性存在才有客观性，这种看法是错误的。精神的东西可以有客观性，包括理性和意志，但是这些东西的客观实在性，不能完全通过物理世界的方式来把握。

其次，人类心智具有一些先天的认识能力，它们也是客观的。比如，康德说的"感性认识"，就不只是简单的感官对外部的感受。感性当然来自我们感官受到的刺激，来自感官接收的印象，但这些印象本身是杂乱的，需要一个框架来接纳这些刺激。这个框架就是"先天的感性形式"，主要是时间和空间。时间和空间形式为什么是先天的？因为：第一，时间和空间概念不是现象给我们的经验，我们的感知无法直接感受到时间和空间，这是内在于我们自己的；第二，时间和空间又是先于经验的，康德说过，你能够想象一个没有物体的空间，但你不能想象一个没有空间的物体。所以时间和空间就是我们感知的基本形式，是先天的感性形式。我们有了时间和空间这种先天的感性形式，才能把感觉经验综合起来，这种能力叫"感性直观"。当然，康德的理论包含许多术语，有点晦涩复杂，比如他区别"先天"、"先验"和"超验"，还有认知的三个层级——感性、知性和理性，等等，这些都需要非常细致的分析讨论才能理解，在这里我们就不展开了。

最后要说明的是，康德的道德哲学依据的是一种"形而上学"的基础。形而上学在你们的教科书中可能是个贬义词，大概是指脱离实际。但在专业哲学中，形而上学是一个中性词。什么叫形而上学（metaphysics）？"physics"，大家知道是指物理，物理这个词的希腊文词根是指"自然"。而"meta"这个前缀是"在这背后"或者"在这之上"的意思，所以"形而上学"指涉的领域，是在自然或物理现象背后的领域，是你看不见的、更深的、更原本的，或者更"后设"的领域，这叫形而上学。

概念和逻辑这些东西，不会在物理世界中自然显现。比如3+7=10，这件事我们都知道，但它并不是一个经验世界里的事情。我们知道3，我们知道7，但是它们加起来等于10这件事，是经验世界里没有的。在经验世界里，3个苹果加7个苹果就等于10个苹果，但是怎么把它变成一个普遍的法则呢？再比如，同一平面内的两条平行线无限延长永不相交，三角形的内角和等于180度，两点之间直线最短，等等，你无法在经验世界中用肉眼看见，无法从经验中看出这些具有普遍确定性的概念和法则，这是形而上学的领域。

那么，康德的道德哲学为什么需要一个形而上学的基础呢？因为在他的理论中，道德概念（moral concepts），如责任和善等，其结构、性质和关系都不是经验性的，需要展开概念分析和逻辑分析。概念和逻辑的问题，都是先验的"形而上学"的问题。

"自由的任意"vs"自由意志"

在简述了这些铺垫性的知识之后，现在让我们回到康德对于自由的学说，主要讨论他对"实践的自由"的阐述。

刚才说过，康德的自由概念，是个先验的概念，你可以说这是他做的一种预设。但为什么要接受这个预设呢？康德的理由是，如果没有自由，那个二律背反就解决不了。所以，预设存在自由，存在一个有人的意志自由的世界，不是武断的预设。自由是一个先验的概念，但并不是与现实的经验世界无关的。先验是"先于"经验，却又要与经验发生关系的。

人的自由是先验的概念，当人在行动的时候，自由就转变成实践的自由。康德认为，实践的自由可以分两个层次：一种叫"自由的任意"（或者叫"一般实践理性"），另外一种叫"自由意志"（或者叫"纯粹实践理性"）。

自由的任意是什么？是人的自由选择，但不是那种动物性的"非自由的任意"。任意是什么？大致上可以说，就是"为所欲为"。但人的为所欲为是自由的任意，这不同于动物的为所欲为，那是非自由的任意。因为人的"所欲"与动物的"所欲"是有区别的。动物的"所欲"是自身无法控制的，完全受制于动物的本能，受制于生物性的欲望冲动，这种为所欲为谈不上任何自由，所以是非自由的任意。而人的所欲，不是简单的本能冲动。人的自由的任意，按照康德自己的话说，是"那种不依赖于感性冲动，也就是能通过仅由理性所提出的动因来规定的任意"。因此，自由的任意是能够摆脱生物性的制约、听凭理性指引的任意。

举一个例子。比如，你现在感到很渴，你的面前有一瓶水，你会喝了这瓶水，对吗？这和动物没什么区别。但如果你知道，现在你处在一个非常时期，被隔离了，未来三天都不会获得新

的饮用水。那么，你就不会一饮而尽，你会一小口一小口地喝
这瓶水，因为理性会引导你这么做，但动物就做不到这样。然而，
这种摆脱即刻的动物欲望的自由，仍然是比较消极的或者说比
较低级的，其中使用的理性也不是充分纯粹的理性。因为这里
的理性仍然是服务于实现欲望的目标，只不过是更加合理地来
满足欲望，服从于长远的欲望或利益。

那么更高的自由是什么呢？康德认为，严格意义上的自由
是"自由意志"，指一种上升到更为积极、自觉和一贯的实践理
性（纯粹实践理性），依照的是道德原则的自律（自主），而不
是自然法则的"他律"。为什么这才是更高的自由呢？因为只有
这样，人才将自己作为目的性的存在，而脱离了纯粹的工具性。
康德说："你的行动，要把你自己人身中的人性，和其他人人身
中的人性，在任何时候都同样看作目的，永远不能只看作手段。"[1]

人在什么意义上区别于动物呢？在康德看来，人是有目的
的存在，而动物没有。你可能会不同意，难道动物就没有目的吗？
动物只有低级的目标，就是要生存，它有这个目标，但它自己
是不知道的，只是本能驱使它这样做，所以不能称为"目的"。
人有一个自觉的目的："我要作为一个人存在"。"作为一个人存
在"是什么意思呢？人本身是具有目的的存在，我们不能仅仅
把人当作工具，我们甚至不能仅仅把自己当作一个工具。什么
意思呢？比如，我不能把自己当作一个寻欢作乐的工具，这就

1　康德，《道德形而上学原理》，1986，第81页。译文有改动。——作者注

违背了作为一个人存在的最高规定性。

　　所以，自由意志的最高标志是践行一种善良意志（good will）。什么叫善良意志？这是最高的善，是无条件的善，也是最高的绝对的自由。因为善良意志不是为了达到什么目标而为善，而是由于这种意志本身而为善，它只以自身为目的，它本身是纯粹的自足自在的善。那么，这和自由有什么关系呢？在康德的理论中，真正严格意义上的自由，是自由意志，是纯粹的实践理性。这种自由意志或善良意志，是完全自足的、自在的、无条件的、自主的，不依赖也不受制于任何自身之外的力量，出于自身，也只为了自身，这就是自由。

"合乎道德" vs "出于道德"

　　这样说可能还是太抽象了，需要做进一步的解释。在康德看来，你有一个善良意志，你把善良意志当作法则，这才是道德的，是出于道德的，因此才是自由的。善良意志体现于道德责任中。什么是纯粹的具有道德内涵的责任？就是纯粹出于责任的行动，与个人的爱好无关，也与是否能导致好的结果无关，只和你的内在动机有关。也就是说，你的动机是为了道德目的本身，而不是这个行动能达成其他什么目标的手段。这里，就要特别区别"合乎道德的行为"与"出于道德的行为"。因为表面上合乎道德的行为，也可能仅仅是把道德行为当作其他目标的手段。合乎道德的行为是一个外在的经验判断，而出于道德的行为是一个内在的关于动机的判断。

比如，有人开了一个小超市，他这个店做得很好，不卖假货，对顾客也特别周到。这件事情是合乎道德的，但这是不是出于道德的呢？我们并不知道，这取决于他的动机。如果他这样做只是为了争取有更多的回头客，从而获得更大的利润，那么在康德看来，这就不算是真正道德的，或者只是非道德的。为什么呢？道德行动是把道德本身作为目的，不是为了道德目的之外的效益。再比如，我们为了打击假冒伪劣产品，经常采取的措施是强化监管并增加惩罚力度，这一般来说会减少假冒伪劣产品的生存空间，因为这会大大提高违规的成本。但在康德看来，这种措施或许非常有效，但与道德无关。那些违规者只是出于利益损失的缘故而不敢违规，但不是把遵纪守法本身当作目的。这只是合乎道德，而不是出于真正的道德责任。

再举一个例子。比如，你珍爱自己的生命，保护自己的身体健康，这当然是好事，对吧？但这可能只是合乎道德的，但未必是出于道德的行为。这要问你，你珍爱自己的生命是为了什么？如果你说生命本身就值得珍惜，那可能是出于道德的，但如果你说，我要享受生命，吃喝玩乐很快乐，所以才要保持健康，这就很难说是一个道德行为，因为你好像把自己的生命当作享乐的工具，而非目的本身。以康德的标准来看，如果你身处逆境，生活非常悲惨，饥寒交迫，简直不想活了，但这时候你仍然珍惜生命，那么这才是真正出于道德责任的。

再比如，你助人为乐做好事，经常搀扶行动不便的老人过马路，这是非常值得称赞的！但按照康德的标准，你这样做好事，体现了你的道德责任吗？这需要了解你做好事的动机，如果你只是为了获得好的名声，这只是对荣誉的爱好，或者是出于同情心，那么这也和爱好差不多，虽然是合乎道德的行为，但仍然算不上具有真正的道德责任。

讲到这里，你大概明白了康德的意思，但同时也会质疑：康德为什么要这么苛刻啊？做了合乎道德的事情，这就很好了，干吗还要管动机？你做了一件合乎道德的事情，好像不能获得功利意义上的好处，有了好处好像你的动机就不那么纯粹了，但干吗要那么纯粹？干吗一定要出于道德责任本身才算道德？这也太违背情理了吧？这种质疑是有道理的，而且哲学史上有不少人批评过康德这种严苛的道德责任观。但是，我们在质疑批评的同时，更重要的是理解他为什么要这么"不讲情理"。

"普遍立法""意志自律"与"人是目的"

理解康德道德学说的一个难点在于，他给"善良意志"的定位太高了，根本不切实际。其实，在《道德形而上学原理》一书中，康德自己就提过这个问题，他说："在谈到纯粹意志不计任何用处的绝对价值时，我们不能不看到一个令人难解的现象……这里面是否暗藏着不切实际的高调。"[1] 你看，康德自己知道，会有

1　康德，《道德形而上学原理》，1986，第43—44页。——作者注

人质疑他的善良意志过于"高调"了。

那么他自己是怎么回答的呢？他说，这是大自然的意图！接下来的一段论述非常精彩，我在给研究生上课时说，康德是用破解天意的方式回答这个问题的。

简单地说说康德的这段论述。他让我们这样来思考：如果理性的最高目的不是善良意志，那么大自然把我们造就成具有理性的人，就太荒谬了，或者说太浪费了。这完全不可思议。你想想，如果大自然只是为了让我们生存、舒适或者快乐，那么完全不必让人类具有理性。如果让我们感到快乐，把我们造成像猪和狗等类似的动物就够了，只用自然的本能来规定我们的规则，那会方便得多。在这里，康德就是邀请我们思考，要我们为这样一个事实惊讶：为什么大自然要把我们造成有理性、有意志的人？如果每个器官都有自己适合或方便的某种目的，那么理性的目的是什么？如果要用理性去获得舒适或者快乐，那么就太笨拙了，但大自然不可能是笨拙的，不可能如此荒谬。

于是，康德破解了大自然的意图。他相信，大自然把我们造成有理性的生命，不是为了让我们获得舒适或者幸福。他说："人们是为了另外的更高的理想而生存，理性固有的使命就是为了实现这一理想，而不是幸福。"理性的使命不是实现其他意图的工具，而是去产生善良意志——"其自身就是善的意志"。简单地说，如果理性的最高目的不是善良意志，那么大自然对我们的造就，就是荒谬的，或者说是一种浪费。

然后，康德提出了实践善良意志的三个绝对律令——"普遍立法""意志自律"以及"人是目的"。第一是普遍立法，就是说，你的行为原则要具有普遍性，你只能按照你愿意所有人做同样的事情的原则来行事。比如，你不能撒谎，除非你愿意所有人都撒谎。这是所谓的道德黄金律。和我们讲的"己所不欲，勿施于人"有点相似，但其实还是不同的。第二是"意志自律"，自律就是自主的意思，意志是自己对自己的主导。第三就是"人是目的，不只是手段"。这三条绝对律令，是先验的，但不是主观的，是客观的，是普遍的。康德认为，绝对律令是一种非工具性的原则，对绝对律令的遵从，就是对道德要求的遵从，是理性主体的本质。

自由 vs "道德律令"

到此为止，我们讨论了康德关于意志、理性和道德的学说。那么自由呢？我们这一讲的主题是自由啊。康德对"自由"概念最重要的贡献在于，他论证了自由就是服从道德律令。作为一种有理性和有意志的存在，我们人类生存的最高目的与动物不同，是为了践行善良意志，履行道德责任，如此一来，我们就完成了自己的最高目的，作为理性的主体成为自己的主导者，那就是自由。

可是你会感到奇怪，服从道德律令怎么会是自由呢？服从了我们不就无所选择了吗？在康德看来，服从道德律令不仅与自由并不矛盾，而且恰恰是自由的实现。这是因为你是在服从你自己的意志，服从你自己最好的部分。康德哲学中最深刻的信念是，理性意志是自主的，也是自由的。什么意思呢？就是说，我们的理性意志是我们行动法则的作者，这个法则对我们自身具有约束力。这样一来，我们不是在服从任何外来的其他力量，比如物理的力量、生物的力量，这是他律，不是自由。当我们服从自己，服从我们的理性意志，我们才真正成为自己的主人。所以，在这个目的王国里，我们既是自我的立法者，又是服从于自己的臣民。当我们把立法者的角色和服从者的角色完美统一的时候，就达成了最高的自由。

所以，对自由而言，康德的要点是，自由就是体现或践行善良意志的实践，它既是法则又是行动，在服从理性意志制定的法则中，我们是自由的，因为我们不再被任何自然规律或工具性的意图所决定，我们逃出了因果律的枷锁。由此，我们实现了自己作为人的最高目的，在这个意义上，我们是自由的。

好了，对于康德道德哲学中的自由，我们就讲到这里。可能还是有点难懂，而且你可能还是会感觉不太切合实际，太高调了。这里需要你理解，康德式的道德哲学的主旨是确立一种规范性标准，而我们是否能达到这个标准是另一回事。这个规范性标准有什么意义呢？是要通过论证告诉我们，最理想的道德是什么样子的。我们可能与这个理想标准还有差距，可能需要修行，需要获得教育等，但是我们至少有一个标准，让我们知道离这个标准还有多远。

那么，康德本人达到这个标准了吗？这里给大家讲一点八卦。最近有外国学者做研究，查康德的档案时发现，曾经有一位陷入爱情困境的女士写信向他求助。这位女士结交了一个男朋友，已经到了谈婚论嫁的时候，那个未婚夫想知道她过去的历史。她过去的确有过一段婚史，但她犹豫不决，因为当时的文化观念非常保守。让她苦恼的是，如果她坦白自己的婚史，很可能会失去这个未婚夫；但如果她隐瞒了，虽然可能留住这个人，最后成婚了，又会觉得自己不够诚实。于是，她请教康德，到底应该怎么办？

你想想，康德会怎么说呢？当然是建议她要告诉未婚夫真相，因为不撒谎是一个普遍的道德律，她应该不计后果，因为真正出于道德的行为是不考虑后果的。这位女士虽然很纠结，但还是听从康德的建议，坦白了以前的婚史，然后，她的未婚夫就离她而去了。结果是，这位女士陷入长达十几年的痛苦中。她一直给康德写信，康德开始还回应她，后来就敷衍她，最后再也没有搭理她了。

评论者就在质疑，康德在对待这样一位求助的女士时，是把她当作了工具，还是把她当作人、把她作为目的来对待的呢？这留下了一个疑点。可能从某种意义上说，康德也并没有达到他自己确立的道德标准。

政治哲学："自由权利"论题

最后我们来讲一讲英国思想史家以赛亚·伯林对自由的论

述。伯林对自由的阐述在政治哲学中有相当深远的影响，我恰好对他的思想做过一点专业研究。伯林对自由的理解与康德是相当不同的，在某种意义上，二者是相互抵触的。如果说康德主张的自由是一种积极的高标准的理性自主，那么伯林强调，自由最基础的意义是一种消极的底线自由，就是确保个人不受外界强制的权利（rights）。康德的自由着眼于人所能够达到的最善的境界，而伯林的自由关切的焦点在于人如何能够防范最坏的处境。

作为权利的自由

西方政治哲学有一个悠久的传统，就是把自由理解为权利。权利是一个形式结构或者说一个领域，我在这里做什么、想做什么以及实际上做了什么，是我的自由，就是"我的地盘我做主"，完全与他人无关，也不受他人干涉。但这种作为权利的自由，当然有一个严格的限制条件，就是不能对他人造成危害，不能违犯法律。比如，我在自己的房间里听音乐，是听歌剧、交响乐，还是听流行歌曲，只要我戴着耳机，不影响别人，这都是我的权利，任何人无权干涉。作为权利的自由，是一个形式结构，给你言行的空间，但不对你的言行做实质性的规定。

当然，对于作为权利的自由，也存在许多争议。它至少有两个经常受到质疑的方面：第一，在社会层面上，如何判定一个人的言行是否危害了他人以及所属的共同体？做出这个判断有时候很容易，有时候非常困难。第二，对于拥有权利的个人，会不会滥用自己的选择自由，会不会自甘堕落，哪怕没有涉及他人？整个人类的政治历史都充满这种争议。比如，在一个宗教社会，你私下信奉另一种不同于主流社会的宗教，这是个人自由的权利吗？这会对社会造成威胁吗？这种"异端邪说"会使你堕落甚至变得邪恶吗？宗教问题如此，道德规范以及意识形态问题也往往如此。围绕这些问题的争论是经久不息的。

"消极自由" vs "积极自由"

在这个背景下，我们来看以赛亚·伯林的自由论述。他在1958 年做过一个演讲，叫作《两种自由的概念》，其中区分了所谓"消极自由"和"积极自由"的概念。"消极"和"积极"这两个词对应的英文是"negative"和"positive"，也就是否定性和肯定性的意思，或者负面和正面的意思。在最为流行的理解中，消极自由是从"不要什么"这种否定性的角度来理解，就是说"免除什么"的自由，是"free from"，免除某种不可欲的、不喜欢的障碍或者干涉，这是消极自由。而积极自由是以肯定的、积极的或正面的方式来理解自由，是"得以做什么"的自由，是"free to"，或者能够实现什么的自由。一个是不要什么，一个是达成什么。这是最流行的对伯林的解释，但这种理解过于简单了，也包含着对伯林的一些误解。我们在这里无法进入特别学术性的复杂分析，但可以做些澄清工作。

有人反对伯林对两种自由的划分，认为所有的自由实际上都兼具消极与积极的面向，都包含着"行动主体"通过克服"障碍"来达成"目标"这三种要素。伯林并不接受这种"三位一体"的自由概念，一个重要的理由是，消极自由未必需要明确的目标这一要素（比如，真正的"自主"、"做自己的主人"或"自我实现"），可以只要求获得和维持一个相对不受干涉的独立领域、范围或可能性（"可以打开的门"），在其中，主体得以如其所愿地做出实际的和潜在的选择。消极自由意味着拥有足够大的自由领域，但主体未必需要实施行动，其目标也未必是明确的。因此，两种自由在行动目标上具有非对称性：积极自由要求明确的肯定性目标，而消极自由可以仅仅以否定性的要求来反对干涉（虽然我还不知道我究竟要什么，但我知道这不是我想要的）。比如，这个房间有一扇门，另一边还有一扇门，我很可能不会去开第二扇门，或者说不知道我是不是要用这扇门。可是你把这扇门给锁上了，这也是对我的自由构成了障碍。

我们来讲一个简单的例子。比如，你有一个姐姐，快 30 岁了还没有男朋友，你们家亲戚都很着急，给她介绍了好几个男生，但她都不满意，亲戚就问："你这个也不满意，那个也不满意，那你到底要找什么样的呢？"姐姐说："我不知道，但我知道我不想跟这些男生在一起。"要知道"一个什么样的人是让你满意的"这件事很难，但要做一个否定性的判断，要求的就比较少，这就叫否定的和肯定的非对称性。

在这里，你会发现一个特别有意思的问题：消极自由主义者可以是一个弱者。比如，一个受教育程度不是特别高的人，他的表达能力也不太好，但他只要说这个东西我不喜欢，他就有机会拒绝。

自由权利可以用来干什么？我们不知道，但我们要有这个机会。说不定哪天家人逼你赶紧结婚，你就可以对他们说，现在别着急，说不定哪天我就有了自己的选择，你要我现在结婚我做不到，我不能给出明确答案。我现在还不能选择这个状态本身，不是你逼迫我结束这个状态的理由。大家明白了吗？

这就是消极自由有意思的一面，你不需要给出肯定的明确的目标，你还是可以处在未定的、犹豫的，甚至有点暧昧不清的状态，这个状态并不是使你丧失自由的理由，你在这个状态里也可以坚持自己的自由。

我们再说回来，不论是积极自由还是消极自由，它们都有"行动主体"和需要克服的"障碍"，我们可以针对这两个要素来辨析它们的差异。在积极自由的概念中，主体常常是二元分裂的：一面是"真正的""高级的""理性的"自我，一面是"虚假的""低级的""非理性的"自我。自由不是"屈从"而是克服低级的或非理性的欲望，去实现真正的、高级的或理性的愿望。比如，你打游戏打累了，说我今天不刷牙了，我要睡觉，你以为这是满足了你的低级欲望。但你妈妈告诉你说，你不刷牙，以后牙会疼的，会很麻烦的。什么意思？你是一个孩子，你没有真正认识到什么对你来说是你的利益，你只是被你的短期的、低级的那个欲望给挟持了，给掌控了。爸爸妈妈对于你的作用就是把你从不明智的、非理性的欲望中拔出来。

而在消极自由的概念中，行为者是一个如其所是的"经验自我"（或"现象自我"），自我的愿望或欲求是多样的，彼此之间也可能冲突，但消极自由着眼于实现这些愿望的可能空间，而不去分辨这个愿望是高级的还是低级的。这个自我就是经验自我，就是如你所是的自我，内部可能存在各种张力，而并不关心"实际的（actual）愿望"在道德或哲学意义上是不是"真正的（real）愿望"。

就自由需要免除或摆脱的障碍而言，从积极自由的角度来看，凡是阻碍或限制了"真正的愿望"得以实现的一切因素都是自由的障碍，这可以是主体内部（生理和心理）的缺陷，或其本身能力的缺乏，也可以来自外部（自然的和人为的）。强制未必都是自由的障碍，对虚假的、低级的或非理性的欲望所施加的强制，不仅不是实现自由需要摆脱的障碍，反而有益于实现自由。

对消极自由来说，"障碍"需要满足一些特别限定才称得上对自由构成了障碍。伯林对此做出了四项限定：必须是人所面对的外部的而非其内心的障碍；必须是人为（有意或无意）造成的而不是自然或偶然存在的障碍；不必是对主体行动构成了实际的阻碍，只要剥夺或限制其行动的可能或机会就可算作障碍；被剥夺或严重限制的那些可能性应当是重要的，不仅对行动者的特定偏好而言，而且在其所处的文化社会环境中也被视为重要的。

　　在伯林所限定的消极自由概念中，许多让人感到"不自由"的状态都与消极自由无关。比如，要戒酒但缺乏坚定的意志力，向往纯洁的宗教生活但沉湎于声色犬马的诱惑，于是处在内心的冲突和挣扎之中；想要独立行走但身体有残疾，或者想要成为钢琴家但缺乏特殊的音乐才能。这些障碍都阻碍了我实现自己的愿望，但没有满足"外部性限定"。我要出门散步，但正好遇到大暴雨；或者我想要和恋人随时相聚，但我们身处两地远隔千山万水；我想要周游世界，但没有足够的财富。这些障碍虽然是外部的，却不是"人为"制造的结果。当然，所有这些不利因素都会妨碍我们追求美好的生活，或对我们造成严重的挫折，我们甚至会在日常语言中用"不自由"来形容这些挫折的处境。伯林从未否认这些问题的重要性和真实性，但除非这些障碍是外在的和人为造成的，否则在他看来就都不是与自由尤其不是与政治自由相关的问题。

　　伯林的意思是说，人类在生活中会面对各种各样的挫折，但将所有这些不可欲的挫折状态都视为"不自由"或"缺乏自由"，则会在概念上导致笼统化的混乱。这既无益于我们理解何为自由，也无法帮助我们克服这些挫折。缺乏自由只是各种各样不可欲状态中的一种，它并不是唯一的（有时也不是最重要的）挫折。而只有当我们澄清了自由（尤其是政治自由）的特定含义，我们才可能理解争取自由意味着什么，也才能更有效地追求自由。

　　澄清了消极自由和积极自由的区别后，我们就会发现，我们是在不同的意义上来使用"自由"这个词的。特别重要的区别在于对强制的看法。禁止或强制你，是压制或剥夺了你的自由吗？从消极自由的角度看大概如此。比如，你很想打游戏，你妈妈不让你打，这很显然是在干涉或者压制你的自由。但是从积极自由的角度来说，就未必如此。比如，你妈妈禁止你打游戏，是为了让你把时间用来做功课，因为你要中考了，如果你进不了好的学校，这会耽误你的一生，而进了好的学校，得到好的工作，是你长远的利益，也是你真正的愿望，所以你妈妈强制你，是为了你有一个更好的未来，这种强制符合你真正的愿望，这是让你自由而不是压制你的自由。所以从积极自由的角度看，强迫有时不是压制自由，反而是实现自由。

"更为基本和更为日常的"

辨析了两种自由的概念后，对于自由的论述，伯林还有三个比较重要的观点：第一，两种自由是同等重要的终极价值；第二，两种自由都有可能被扭曲和滥用，但积极自由的滥用更具有欺骗性；第三，消极自由比积极自由更接近自由的原初含义。

首先，伯林是一个多元主义者，他认为人类生活中存在多种终极性的价值，彼此在原则上没有高低之分，比如平等、自由、正义、仁慈等。所以，他多次阐明，积极自由和消极自由都是重要的价值，而且在原则上具有同等的价值。但存在一种流行的误解，就是认为伯林偏爱消极自由，反对积极自由。读过他书的人大多都有这个印象，但这是一个误解。

其次，我们要注意，他所说的这两种自由有同等的价值，指的是这两种自由的本真状态，就其本真状态而言，两种自由具有同等的价值。但是，这两种自由也都有其非本真的状态，就是被扭曲和滥用的状态。消极自由和积极自由都可能被扭曲和滥用。比如，你过度放纵自己，打游戏上瘾，就是消极自由的滥用。你滥用了自己的自由选择权，让自己陷入了失控状态，其实就背离了自由。同样，积极自由也可以被扭曲和滥用，但扭曲的形态特别复杂，它可以造出很多高大上的东西，变成一个魔术，也就是说积极自由的扭曲，非常有欺骗性和伪装性。

比如，你有许多缺点，不爱学习，缺乏上进心，你需要努力改变自己，成为一个更好的人。这个目标不错，这是在追求积极自由，对吗？但是由于存在认识上的局限，或者性格上的局限，你没有认识到自己应该成为一个更好的人，也没有为此积极努力，那么怎么办呢？我们可以来帮助你——可以和你交流对话，也可以对你做耐心细致的教育说服工作，但如果你还是不为所动，那我们怎么办呢？我们应该给你时间去思考和领悟吧。但如果我们特别想帮助你进步，觉得不能让你不思进取，我们是不是可以监督你、强迫你改正缺点呢？特别是，当你自己还没有认识到自己要改正什么的时候，如果要强迫你，就有滥用积极自由的嫌疑了。我们可以说，我们是在强迫你，但这是为你好，表面上剥夺了你的自由，但最终是让你获得更高的自由，或者真正的自由。这种扭曲为什么具有伪装性呢？因为这种操作，在结构上和你妈妈劝你刷牙是一样的，我们的理由是说，你只看到了眼前的利益，但这不是你真正的愿望，将来你就会明白，眼前对你做出强制，是为你好，让你实现真正的自由。

你看，积极自由可以诉诸形而上学的理念，一种抽象的自我概念与自我主导的概念，这往往暗示着"人与自身的分裂"，导致人的二元分裂。一面是作为主人的"至高自我"或"更高级的""真正的""理想的"自我；一面是需要被统治的"低劣的日常自我"或"更低级的""经验的""心理的"自我或者天性。积极的自由是要让你高级的自我来主导低级的自我。

伯林在自己的演讲中，用了很大的篇幅来批判积极自由的扭曲和滥用，就是因为积极自由可以在被完全颠倒的同时仍然保有"自由"的纯真名号，并继续以自由之名犯罪行恶。而相比之下，消极自由造成的危害远不具有那么强的欺骗性，因此更容易被人识破，也从来不缺乏对它的揭露与批判。

最后，除了警告积极自由的滥用更具欺骗性之外，伯林认为，消极自由比积极自由更接近自由"更为基本和更为日常的含义"，或更为原初的含义。正是在这个意义上，伯林的确更偏爱消极自由。在这里，他的根本问题意识是要让自由的概念接地气，最大限度地贴近人们的日常生活经验，质疑像康德那样以那么高大上的方式来界定自由。在伯林看来，康德的那种理性自主的自由，是一种积极自由的极致版本。

真正的自由 vs 强制

我们知道，"自由"这个名词可以被用来表达如此多样的（个人或群体的）状态、愿望和理想，那么，什么才是它最恰当的含义和用法呢？在伯林的视野中，存在着一种普遍、深刻、强烈而朴素的人类体验，一种否定性的（消极的）体验——强制，其极端形式就是奴役。作为一种跨文化和跨历史的普遍经验，强制是不可化约的人类苦难，而与此共生的反对强制（"我不愿意！"或"不要强迫我！"）也是普遍存在于所有年代和所有文化中的人类经验。

在伯林看来，在描述意义上，摆脱强制是一种真切和原初性的人性愿望；在规范意义上，它直接关涉个人尊严的基本（底线）价值。如果需要为它命名（做概念化的表达），那么将"自由"这个词留给这种经验和价值是最为恰当贴切的，用他的原话说："自由的根本意义是摆脱枷锁、摆脱囚禁、摆脱他人奴役的自由。其余都是这个意义的延伸，如若不然，则是某种隐喻。"[1]

将摆脱强制作为自由的原初经验，并以此为基础，将自由（以否定性的方式）界定为"外部人为干涉或强制的缺乏"，就赋予了自由明确而特定的意义。这将有益于避免概念笼统化所造成的理论混乱，同时有助于在实践中辨识"假自由之名行反自由之实"和伪装欺骗。

---

1 以赛亚·伯林，《自由论》，胡传胜译，译林出版社，2003，第54页。——作者注

伯林当然承认，在某些特定的情况下，强制可能是必要的，消极自由可能需要（或应当）向其他价值让步，甚至做出牺牲。但是他反复揭露并严厉抵制一种似是而非的修辞术或者一种"概念魔术"——能够将牺牲"转译为"所谓"更高的实现"。他要强调的是，如果当自由必须被牺牲的时候，我们就应该说"这是牺牲了自由"换取了安全、秩序或别的什么。必要的牺牲仍然是牺牲，而不能被误作或谎称为获得了"更高的自由"。

伯林从来没有说自由是唯一的价值，也不认为自由在任何时候都是重要的价值。在某些情况下，自由是可以被牺牲掉的。比如，有些时候，秩序的价值具有最高的优先性，在战争时期，在地震、洪水、疫情暴发的时候，牺牲自由来换取秩序，是完全合乎情理的。有些时候，为了平等、民主，也可以牺牲自由，这也是合理的。但是他反对什么呢？反对把牺牲自由谎称为更高的自由。比如，你妈妈叫你去刷牙，让你不要打游戏，去睡觉。你说，妈妈干涉了我的自由。你妈妈应该怎么回应呢？她应该说，对，这时候需要干涉你的自由，这时候你应该牺牲一点自由，为了你的健康成长，或者为了你的学业和未来的发展。但如果她跟你绕着说，孩子，这根本不是在牺牲你的自由，这是为了帮你实现更高的自由啊！这就是伯林说的概念魔术！你明白了吗？

伯林的意思是说，如果一个人因为幼稚、蒙昧或困于非理性的冲动之中，必须通过强制才能使他免于灾难，那么我们就应该说，这是为了他自己的利益而对他实施了强制。但正当的强制也依然是强制，而不能被曲解为"顺应了他真正的愿望"——这是他内心"真正的"（虽然未被他自己意识到的）愿望，并进一步将此曲解为他"在本质上"没有受到强制，因此"在本质上"就是自由的。

诸如此类的修辞术，在最极端的扭曲情况下，甚至可以将强暴"阐释"为满足了受害者最深层而隐秘的愿望。伯林看到，在现代（尤其是 20 世纪）的政治历史中，最为触目惊心的一幕就是，以自由为名实施强制，并将强制的结果宣称为"真正的自由"。这些政治灾难在理论上源自种种背离经验世界的自由概念，以及对自由概念的扭曲和操纵，这正是伯林深恶痛绝的"概念的魔术或戏法"。去除这些魔术或戏法的魔力，正是伯林执意要以消极的方式来界定自由的用意之一。

以上我们讲了自由的三个论题，包括心灵哲学、道德哲学和政治哲学中对自由的不同理解。大家可以看到，在哲学家那里，对自由概念的界定，对自由价值的理解和论述，有各种不同的方式和观点，这是一个非常丰富和广阔的主题领域。我知道，这一讲的内容密度很高，也涉及复杂的概念和理论，你们可能一下子消化不了，可能无法完全理解。但不要紧，你们还年轻，这一讲是在你们的心田里种下一颗种子，以后你们可以自己慢慢去学习、去思考，但愿在几十年之后，这颗种子能长成大树。

结语：哲学有什么用？

最后，我们来谈几句哲学的用途，作为一个结语。

哲学有什么用呢？

我们先来探讨一下"用途"的意思。一般我们说，一个东西有用或有效用，总是针对某一目标的。你们现在勤奋学习有什么用？为了考上好的大学。那么读大学有什么用？为了找到好的工作，有丰厚的报酬。这又有什么用呢？可以有一个舒适体面的生活。

这当然都有道理，这些"用处"都很直接明了，针对具体明确的目标。但人生不止如此。人生的目标，有简单、明确的，也有深刻、似乎含混不清的以及对目标本身的意义的思考。

哲学首先是帮助我们澄清思考的方式。这当然不是说，哲学素养没有实际的好处，学习哲学有助于思考和辨析，也能够帮助你表达和论证。

但哲学还有更深远的用途，有人称之为"无用之用"。维特根斯坦将哲学视为一种"治疗"，就是帮助我们摆脱智识上的偏见、蒙昧和顽疾，对理所当然的成见提出质疑。

另外，像苏格拉底说的，哲学是一种生活方式，不是一个领域的一种技能，而是一种生活的形态，一种处在不断怀疑、追问和探究中的生活方式。

最终，哲学也教你因为谦逊而智慧。因为我们知道，人生与世界上的许多最重大的问题没有一个标准答案，没有人是真理的化身。苏格拉底有一句很著名的话，说"我知道自己在重要的事情上一无所知"。但知道自己一无所知，这本身是一种"深知"。

因此，作为一种生活方式，哲学是一个动词，它不是一个我们能掌握于手的东西，而是一段不断在展开的追寻智慧和生活的旅程。愿你们勇敢地开启这段旅程，并在其中享受思考的快乐。

（华东师范大学政治与国际关系学院教授　刘擎）

第三讲

"我"是谁

生命与死亡

成为一只牛虻

这一讲，我们要共同讨论的主题是生命与死亡。在接下来的课程中，我们要做的是提出有关它们的若干哲学问题。

为什么首先在于提问？苏格拉底终日在雅典广场上四处闲逛并向人发问：什么是正义、美、善？而正是在回应苏格拉底的问题并与他进行对话的过程中，他的对话者们逐渐意识到，自己对于这些问题曾有的看法或信念都未经推敲、难获辩护。在苏格拉底的"催问"之下，他们重新审视这些问题，发现了思考它们的新方式，并探寻新的解答——这恰恰是哲学思考真正开启的时刻。

苏格拉底曾言："我不能教任何人任何事，而是让他们思考。"作为"知识的产婆"，苏格拉底所做的，是在提问和对话中促使人们对自身意见或传统成见提出质疑。当苏格拉底面对雅典民众的指控并为自己做出申辩时，他毫无妥协之意，自比为城邦的牛虻，称自己的工作是叮一叮雅典这匹肥硕而懒散的大马："我想是神灵把我拴在城邦上的，具有这样一种资格，可以走来走去，激发、催促和责备你们每一个人。"[1]

如果说苏格拉底真的如指控中所说的"毒害"了城邦里的年轻人，那么这种毒害并不在于向他们灌输了某种思想或信念，而毋宁是一种更为深刻和彻底的"毒害"：令他们对自己不假思索接受下来的一切产生怀疑并加以追问，令他们永远在一种质疑一切的精神指引下寻求真理和智慧。

因此，哲学之思应当从提出永恒、恰当的问题开始。当然，我们总是需要某种契机，有时候是人生中一个意外或艰难的时刻使我们开始思考起某个问题；另外一些时候，我们与他人的一次谈话把我们引入了哲学的追问当中。但愿这次课也能够提供这样的契机，使得某种有关哲学的思考由此生发。

"我"是谁：换头术与20个人格

当我们问生命和死亡是什么时，我们可以从很多角度来展开这个问题。

首先，我们想到的可能是生物课上老师给出的答案：生命是具有稳定的物质和能量代谢现象，能回应刺激、能进行自我

1　柏拉图，《柏拉图对话集》，王太庆译，商务印书馆，2004，第42页。

复制的半开放物质系统，而死亡是维持一个生物存活的所有生物学功能的永久终止。

但假如不是正在考卷上填写答案，如上的定义无法回应我们所感到的迷惑：是不是所有满足上述条件的都可以被叫作生命？这个作为半开放物质系统的生命对拥有它的个体而言意味着什么？为什么它是"我的"而非别人的生命？

同样，生物学功能的终止或者生命的终点对"我"又意味着什么，或者，"我"的死亡是什么？一旦我们自觉或不自觉地提出这样的问题，我们就越过了生物学的范围，而进入了哲学思考的领地。

在我们的生命中，可能总有一个瞬间，我们会遭遇"我是谁"的问题。我记得自己就曾在十四五岁的时候陷入过这样一连串的问题当中：

我是谁？

为什么是我而不是另一个人处在我现在所处的这个位置、体验着我所体验的世界、过着我正在过的生活？

假如我的父母没有生下我，那么现在在我这个位置上的是谁？"他"还是"我"吗？

还有一连串与此相关的问题：

昨天的我和今天的我是同一个我吗？

我有没有可能突然变得不再是我？

当回答"我是谁"时，我们首先会想到的是我的身体。我不就是这个随时可触摸、在镜子里可被观看的血肉之躯吗？那么在什么意义上我们可以说，"我"是我的身体，并且，它能经历多大程度的改变？

比如，我们可以设想，如果我剪去指甲，我肯定还是我。

如果我在手术中被截去了一只胳膊呢？当然啦，我依然是我。

那么，假如我在一次手术中更换了心脏，我还是我吗？

又或者像美国电影《变脸》[1]中的情节那样，"我"变换了容貌呢？

甚至，更进一步地，如果科幻小说中的换头手术在某天也成为现实呢？

事实上，我们近来确实听到了类似的新闻：一位受残疾之身所累的俄罗斯小伙志愿进行换头术，接受某位脑死亡患者的躯体。一个显而易见的问题是，当这位换了身躯的俄罗斯小伙在病床上醒来时，他还是原来的他吗？我们应当如何来描述这种变化，是他获得了一个全新的躯体，还是那位脑死亡患者拥有了一个崭新的脑袋？

我们现在正在思考的问题在哲学讨论中被称作"人格同一

---

1 《变脸》(Face Off)，由吴宇森执导、尼古拉斯·凯奇主演，1997年上映。

性"（personal identity）问题。"人格"（person）是一个哲学概念，关涉的是我们自身是谁的问题。生物学或者生理学定义能够告诉我，在什么情形下一个有机体或半开放系统是活的，有哪些标准可以被用来判定这一点（比如心跳、血压、脑电波等），但它们却不能告诉我，为什么这个活的机体是"我"，为什么这是我的生命，为什么我的人格具有某种"同一性"，也就是说，在一段相当大的时间跨度上，我能够时刻把这段生命认作自己的。比如，我指着十几年前已经泛黄的相片自然而然地说这是"我"。

刚才我们已经触及了哲学上探讨人格同一性的一种方式，也就是思想实验。它意味着，通过假想来试探人格同一性的边界在哪里。另一种讨论的契机则是现实中我们所遇到的心理病理学个案。例如，多重人格障碍或分离性身份障碍（dissociative identity disorder），患有这类疾病的人往往被认为同时具有多个分离的人格。

英国女画家金·诺布尔女士便是这样的一位典型代表，她最多的时候有 20 个人格。[1] 这些人格彼此间相互独立，各有其名字、个性、记忆等。令人惊叹的是，在这些迥异的人格中，有13 个是艺术家，而且每一位的画作都具有独特的题材和风格。

在感受这一极为特殊的病症为患者带来的痛苦时，我们或许

---

[1] 金·诺布尔（Kim Noble），1962 年生。由于童年遭受虐待，饱受精神创伤，患有多重人格障碍。2005 年，在一位艺术治疗师的建议下开始学习绘画，表现出巨大的艺术天赋。

也会同时震惊于它在患者身上所产生的非凡创造力。多重人格障碍的患者身上仿佛同时进行着好几个各自流淌的生命，它们互不干扰，只不过借用了同一个躯体而已。这个案例似乎也告诉我们，身体并不能作为人格同一性的标准，那么"人格"究竟是由什么构成的呢？

洛克：记忆理论

洛克是较早谈论人格同一性问题的哲学家。在《人类理解论》一书中，他区分了人（man）与人格（person）这两个概念。

前者所指的接近于智人（Homo sapiens，生物学上现代人的学名）意义上的人类，是具有特定的生物学形态的物种。就此，洛克写道，当我们看到一个生物与我们自己具有相似的人形样貌时，即便它如猫或鹦鹉般并无理性，我们也会把它叫作人；而反过来，倘若遇到一只能与你对谈自若的鹦鹉，尽管它表现出了与人相近的超凡的理性，我们也不会称其为人，而至多把它看作一只聪慧的鹦鹉。

而人格概念则不同，与人格相关的不是身体或生物学形态，而是思维或意识。如洛克所写，"人格是有思想、有智慧的一种东西"，人格能够认自己为"自己"，具有自我意识。洛克在书中假想了这样两个思想实验。

假如割去了我的一截小指后，我的意识离弃了身体的其余部分而追随它而去，那么小指就会成为与先前的"我"同一的人格，换句话说，我就成了这截小指，称呼它为自己，并且不再和身体的其余部分有任何瓜葛——尽管这听起来略有些惊悚。

另一个故事是有关一位灵魂附体于鞋匠身上的王子，他的灵魂携带着过往的记忆进入了鞋匠的身体。在王子本人看来，尽管他如今形如鞋匠，但他还是"自己"，并没有失去自己高贵的灵魂和行为姿态。洛克问：除了他自己之外，还有谁会觉得他不是原来的那个鞋匠呢？悲情的王子或许百口莫辩，就如同卡夫卡笔下变成了甲虫的格里高尔。

通过这两个例子，洛克试图表明，人格与身体无关，而是由意识所构成的，因此当意识进入小指，人格也就随其而去。同样，在第二个例子中，即便王子变换了形貌，成了旁人眼中的鞋匠，但他的人格并未改变，那个身在鞋匠铺中的人就是王子本人。

洛克在这里所说的构成人格的意识实际上指的是一种自我意识，"而且这个意识在回忆过去的行动或思想时，它追忆到多远程度，人格同一性亦就达到多远程度"。

假如有人宣称自己前世是苏格拉底，而又对苏格拉底的一切行动毫无记忆，那么在洛克看来，他根本就不可能是苏格拉底；如果转世后的灵魂并不具有关于前世的记忆，灵魂的不朽和转世便不能作为人格同一的保障。他必须能够亲身回忆起作为苏格拉底时的经历——比如，如何在公民大会上为自己申辩，如何在临死前与朋友、弟子促膝而谈——并且依旧能够被这些经历所触动，因它们而感到快乐或痛苦，或承担其所带来的后果。就像洛克所说的，"自我意识只要认千年前的行动是自己的行动，则我对那种行动，正如对前一刹那的行动，一样关心、一样负责"[1]。

　　洛克的自我同一性理论也常被称为记忆理论。是对于过去行为的记忆和意识构成了跨越时间的同一的自我，串联起了同一个连续的生命。一些极为特殊的疾病似乎可以为此提供佐证，例如阿尔茨海默病。当患者逐渐失去记忆，他也被剥夺了某种对个人而言极为重要的东西，或许我们可以说，他失去了自己，以及追问"我是谁"的能力。

格里高尔之死

　　在卡夫卡所写的《变形记》中，格里高尔·萨姆沙突然在某个清晨的睡梦中变成了一只甲虫。在变形之初，他还并没有完全清醒地意识到自己身体所发生的巨变。与我们所设想的不同，格里高尔并没有惊慌失色，甚至对于这一变化所带来的后果毫无意识。他只是想着："我出了什么事了？"接着，他或许像平日里的每一个早晨那般，开始思考和抱怨起自己累人的工作，想象着上司会如何训斥自己，甚至当知道主任亲自跑到他家里来时，他所做的是试图说服自己并无大碍，很快便能恢复工作。

　　如果按照洛克的标准，那么尽管变形后的格里高尔不再是一个"人"，就像王子在他人眼中不再是王子，但我们依然可以说，他的人格未变，他还是过去的那个格里高尔，能够回忆起过往

1　洛克，《人类理解论（上下）》，关文运译，商务印书馆，1981，第316页。

的诸般经历，一如既往地为工作及家人操心，为他们欢喜或发愁，并设想着自己还能为他们做些什么。

　　然而很快，格里高尔就意识到他说的话无法再被理解。他不仅失去了正常人的声音，而且更糟的是，他的行为也逐渐受到了昆虫本能的限制：他不再喜欢牛奶，而是喜欢腐烂的食物；他看不清远处，喜欢爬天花板，钻沙发底。由于没有任何交流的可能，家人愈发把他当成一只真正的虫子来对待，而他自己在完全的隔离中也逐渐接受了这一点。在他听到母亲想要保留他房间里的家具的时候，他提到自己差点要"把做人时候的回忆忘得干干净净"，而遗忘恰恰意味着身份的失去。

　　从变形之初，他人眼中的格里高尔就和他自己眼中的自己产生了某种错位，随着时间的推移，家人的耐心逐渐丧失，而这种错位也愈来愈深。他依旧把自己看作这个家庭及社会的一分子，作为儿子、哥哥、雇员，期待被善待，愿意承担责任，即便在将死之际，也依旧"怀着温柔和爱意想着自己的一家子"。

　　格里高尔依然活在过去的世界中。然而，在他人眼中，他早已经不再是格里高尔，甚至不再是一个"人"，正如他的妹妹在试图把他赶走时对父母所说的："你们一定要抛开这个念头，认为这就是格里高尔。我们好久以来都这样相信，这就是我们一切不幸的根源。"在他人眼中，格里高尔已死，面前的只是一只令人作呕的昆虫罢了。

　　此前我们已经指出，在人格理论中，心理标准相对于身体占据主导。我们通常认为身体的变化不会导致人格的改变，也就是说，我之所以是我并不在于我的这个身体。这也是洛克以及许多人的观点。在某种意义上，卡夫卡的《变形记》是洛克王子—鞋匠故事的一个极端版本。但在小说的具体叙事中，作者却比哲学家更加敏锐地洞见到人性的复杂性。

在格里高尔那里，身体的变形使他失去了人类语言的能力，改变了行为习性。他人对他本能地厌恶，并逐渐不加掩饰，他的"身份"也因此发生了彻底改变。最终，随着亲爱的妹妹的绝情的宣告，格里高尔被完全抛弃了，他"死"了。

格里高尔的悲剧根源也许在于，他不愿遗忘，不愿放弃自己的"人性"——对家人的爱与担忧，对往昔的记忆。但倘若身体背叛了他，倘若人的世界已不再容纳他，格里高尔怎么可能还像从前那样，怎么可能继续作为"人"存在，即便他拥有一切记忆？他的死亡几乎是注定的，这不仅是他作为"人"的终结，更是作为"人格"的终结。

卡夫卡的小说探讨的一个永恒主题是"身份"，也就是"我是谁"。在《致某科学院的报告》这一短篇中，他讲述了人猿"红彼得"被捕猎队抓获后如何在模仿和学习中一步步成为"人"的故事。

与格里高尔完全不同的是，红彼得在被抓到船上时即刻就明白了自己唯一能够重获自由的"出路"何在，那就是"不当人猿了"。它意识到自己必须放弃"猿性"，必须进入人的世界和成为人。卡夫卡借红彼得的口写道："如果我一直死抱住我的出身，执着于少年时代的记忆，我决不会取得目前的成绩。老实说，

'不固执'就是我羁绊自己的至高无上的第一戒。"红彼得恰恰就是格里高尔的对立面。

假如把卡夫卡的《变形记》看作对洛克所提出的人格理论的一个注解,那么我们至少应当做出如下两点补充:

第一,人的身体与意识显然并不是截然分离的。在卡夫卡的笔下,我们看到,洛克对身体和意识、作为生物物种的人和有理性的人格之间的划界不再有效。格里高尔的变形首先是身体上的,但除了外貌的变化,这同时也意味着视觉空间、行动能力、行为方式、饮食偏好等的改变,更确切地说,是周遭世界显现以及对待其中事物的方式的彻底改变。正是这一改变以及由此带来的与人类社会的"隔绝"使得格里高尔一度几乎忘记了自己作为人的一切。

在笛卡尔的二元论假设中,身体被理解为与心灵截然不同的广延实体,尽管人是身体和心灵的结合体,但身体的运作却遵循机械的自然规律。然而,格里高尔的遭遇却提示出身体和意识之间更为紧密的关联:意识总是"具身的",或者说,意识恰是在身体的表达——情感好恶、行事方式、信念态度等——之中显现出来;身体并不是可以与意识分离开来的物质基础,而是意识的承载者。对此,比起洛克及其同时代者,当代的哲学家们有着更多的体悟和探索。

第二,人格的同一在于生活在同一个世界中。在洛克的定义中,人格是这样的存在者,他具有自我意识,能够认彼时的人为自己。但自我的同一并不仅仅意味着能够把另一个时间点上的某个人识别为自己，而在于在同一个世界中生存，以同样的关切以及对自身同样的理解去生活。

身体的变形驱迫格里高尔接受一个完全不同的世界，一个属于昆虫的世界，就像被捕猎队捕获迫使红彼得走上成为人的道路——以人的方式行动和思考。但格里高尔却依旧固执地活在曾经生活的地方，对自己的家人有着不变的关切，仍然把自己看作儿子和哥哥，相信自己承担着一份家庭的责任，设想着等一切过去之后能做些什么。正是这一点使得格里高尔在某种意义上未曾真正失去他的人格。事实上，洛克并没有完全忽视自我意识深刻的内涵：自我关切、"愿意使之获得幸福"以及为自己的行动承担责任。在我看来，所谓的"记忆理论"并不能完全概括洛克的观点。

因此，尽管在一种抽象的层面上，我们能够理解，相比于身体，意识或记忆何以构成了人格或自我同一的标准，但卡夫卡的小说却在充满张力的想象空间中向我们展示出如下这一点："我是谁"的问题并不能完全在个体自身中获得解答，身体、他人、社会——简言之，他所处身其间的世界——对其具有构成性的作用，因而任何一个要素的改变都可能如一阵疾风般狂暴地迫使我们重新追问"我是谁"的问题，甚至对这一问题的追问本身就构成了对它的某种解答。

"练习置身死的状态"

格里高尔究竟是在何时死去的呢？或者，死去的是格里高尔还是一只甲虫？"我是谁"的问题不仅关系着生——我的生命究竟意味着什么——也同样涉及死。我的生命何以是我的，这个问题换一种问法就是：在什么样的情形下它将不再是我的，也就是说，我"死"了。

我们时而会听到如下关于死亡的谈论。某人的身体还活着，但他却"死"了。例如，医学上所定义的"脑死亡"——虽然仪器能够维持基本的心肺功能，但脑功能的丧失则使得个体苏醒的概率接近零。

同样，我们也会说，尽管某人的身体已经死亡，但他却并没有"死"，他还生活在我们中间，被怀念和追忆。正如在古罗马人那里，"活着"和"在人们中间"、"死去"和"不再在人们中间"是同义的。

正是在这一意义上，诗人所写下的句子——"有的人活着，他已经死了；有的人死了，他还活着"[1]——才并不像表面看起来那样悖谬。

所有这些都向我们提示着死亡概念复杂的内涵。一个极为自然的问题在于：我们为什么要谈论死亡，既然它还未到来，甚至离我们尚远？死亡对于将要遭受它的个体生命的意义何在？

---

[1] 臧克家，《有的人——纪念鲁迅有感》。

在《斐多篇》（*Phaedo*）这篇对话录中，柏拉图讲述了苏格拉底被判死刑并喝下毒芹汁之前的若干小时内发生的事情。出人意料的是，苏格拉底在临死前显得幸福、平静和安详。在和朋友们的对话中，他试图劝服他们相信，无须害怕死亡，而应当感到喜悦，因为灵魂不灭，当肉体消亡后，灵魂会去到一个更幸福的地方，与神灵同住。苏格拉底说，"一个在哲学中度过一生的人会在临终时自自然然地具有充分的勇气"，甚至"那些真正献身哲学的人所学的无非是赴死和死亡"。

为什么死亡对于我们而言是值得思考和学习的？

假如死亡是我们无法逃脱的命运，难道我们不该在生时尽力忘却它？

但若是对柏拉图（苏格拉底）的哲学思想有所了解，我们就会意识到，这里所说的"死亡"是一种灵魂获得解脱、抵达永恒的状态。

在柏拉图（苏格拉底）看来，哲学家应当关心和追求的并不是与肉体相关的事情，而是灵魂以及仅仅依靠灵魂的沉思才能获得的真知。当活在世上时，我们不得不被肉体的欲望牵累，而死亡才是真正使哲学家摆脱肉体羁绊的时刻，因而从事哲学恰如"练习置身死的状态"，也即尽力消除对肉体欲望的追求而保持灵魂的独立，学习如何成为一个爱智慧（而非一切与肉体相关的事物）的人，学习如何过值得过的人生并最终在肉体消亡后获得灵魂的永驻和幸福。

此外，并不是所有人都能够在死后与神灵同住，唯有那些在此生致力于灵魂自由的人才能在死后幸福，那些贪婪之人则会受到惩罚。在对话的后半部分，苏格拉底提出了若干论证来说服他的两位主要对话者辛弥亚与格贝，教他们相信灵魂是不朽的。

如果仅仅关注论证本身，那么作为现代人的我们或许很难接受柏拉图（苏格拉底）的灵魂观。但撇开有关灵魂不灭以及轮回的观点，我们更应注意到的是，苏格拉底临死之前的劝诫所着眼的并不是死后的世界，而恰恰是此生。对死亡以及死后世界的谈论并不在于轻视此生此世，而恰在于以一种在苏格拉底看来最恰当的方式生活；这种方式要求我们更关心自己的灵魂而非肉体上的事务，追求真理和智慧而非追随欲望和享乐。也就是说，思考和谈论死亡是为了以更好、更值得的方式生活。

"它什么也不是"

古希腊哲学家伊壁鸠鲁在自家花园里创立了"花园学派"，这一学术共同体的主张通常被称为"快乐主义"，认为最高的善或具有最大内在价值的东西是快乐。但与我们通常所认为的享乐——对物质欲望的无限追求——不同，伊壁鸠鲁学派所信奉的快乐在于免除肉体上的痛苦和心灵上的焦灼不安。快乐的来源并非肉体上的穷奢极欲，而是内心的平静、与他人的友爱等。

正是由于把快乐作为至善，伊壁鸠鲁与柏拉图的观点之间存在着根本的分歧：他并不赞同柏拉图在可见世界之上又设定一个不可见的、不变的理念（或理型）世界，也不相信灵魂在死后不灭。如果说柏拉图笔下的苏格拉底试图通过描绘死后永恒而美好的世界来劝诫人们在今世追求灵魂的自由，那么伊壁鸠鲁则通过打破人们对不朽的渴望并驱除死亡焦虑来使人获得今生内心的平静和快乐。

在伊壁鸠鲁看来，对死亡的恐惧来自对死后世界的某种焦虑，而一旦我们意识到死后一切皆无，那么这一恐惧也就荡然无存。因此，在伊壁鸠鲁写给美诺西斯（Menoeceus）的一封信中，他写道，死亡"这一最糟糕的恶对我们而言什么也不是"，"当我们活着时，死亡尚未到来，而当其来临时，我们已经不存在了。因此，无论对于活着的人还是死了的人而言，它什么也不是"。伊壁鸠鲁想要指明的是，我们所害怕的死亡实际上不会为我们带来任何痛苦，因为无论在活着之时还是死去之后，我们都无法真正经验到它：死究竟是一种怎样的感受，对此我们是无法知晓的。

罗马诗人、伊壁鸠鲁主义者卢克莱修在长诗《物性论》中阐发了相同的观点：

> 究竟这是什么大不了的哀痛，以致
> 一个人竟要在永恒的忧伤中憔悴下去，
> 如果说到头来事情不外是睡眠和安息？
> 因为当灵魂和躯体都沉入睡眠的时候，
> 就没有什么人还渴念自己和生命，

> 如果这个睡眠是永恒的也没有关系，
>
> 那时候不会有对任何自我存在的渴望……

卢克莱修把死亡比作睡眠。就像在那些深沉的睡梦中我们并无对自我的任何意识，在死亡的安息中也没有一个主体或自我来承受它。而一旦意识到死亡是个体所不能经验的，那么也就对它无所惧怕，也不会因生命的有朽而感到痛苦。

与苏格拉底或柏拉图不同，伊壁鸠鲁和卢克莱修都认为，恰恰是生命的有朽给予了生者以某种安慰：当我们去除了对不朽生命的期待、对死后无尽世界的不安，也就能够真正享受此刻生命的欢愉。

事实上，这一对死亡的哲学理解和探讨具有某种现实意义。当代著名的心理咨询师欧文·亚隆[1]在《直视骄阳：征服死亡恐惧》一书中就谈及伊壁鸠鲁有关死亡的理解在心理咨询中具有积极的价值。至少，如亚隆所写，与那些具有强烈死亡焦虑的来访者探讨伊壁鸠鲁的观点在某种意义上能够给予他们一些安慰，令他们意识到他们内心深处对死亡的恐惧也曾一样攫住了像伊壁鸠鲁那般伟大的灵魂。

1　欧文·亚隆（Irvin Yalom，1931—　），美国斯坦福大学医学院精神医学荣誉退休教授，当今世界最有影响力、著作流传最广的心理治疗大师之一，美国团体心理治疗的权威、精神医学大师，存在主义治疗三大代表人物之一。另著有《叔本华的治疗》《当尼采哭泣》《日益亲近》《给心理治疗师的礼物》等。

硬币的两面

那么，死亡对活着的我们真的什么也不是吗？它仅仅是一个还未到来的临界时刻、一个一旦降临便无法被体验的事件吗？或者，死亡始终以某种形式出现在我们的生命中？

尽管，对于死亡和死后的世界，柏拉图和伊壁鸠鲁持有相对立的观点，但他们也同时分享了一个基本的洞见，即世人皆有一种对于死亡的恐惧或焦虑，以及这一恐惧不仅决定着我们临死时的状态——是从容赴死还是痛哭哀号——更关系到我们怎样度过今生。

很显然，我们经历死亡的方式不同于经历一次车祸、一场欢宴、一阵病痛；恰如维特根斯坦所说："死亡不是生命中的一个事件：我们并不经历死亡。"人生当中的事件是在生命时间之中被经历的，而死亡作为生命的边界超越了这一有限的时间。

然而，另一方面，死亡却无时无刻不以其他的方式显现：作为对生命之有朽性和有限性的意识，它处在生命中每一个当下的背景之中，并引导着我们此时此刻的行动。

让我们来具体解释一下这一点。一种对自身作为有死者的潜在理解最经常地表现为对死亡本身的恐惧。这一恐惧在大限将至或痛失至亲的人那里或许会更突出地显现出来，死亡在这两种情形下仿佛都变得更加切近了。列夫·托尔斯泰在《伊凡·伊里奇之死》中便描绘了死亡的迫近如何在伊凡·伊里奇心中制造出令人窒息的恐惧，这一恐惧如何令他死前的生活处在痛苦之中。

然而，在更多的时候，死亡焦虑则是弥散性的或潜在的，表现为对不朽（长生不老）的渴望，或是宗教上对永恒之神和彼岸世界的信念。在吃斋念佛、祈愿祷告背后的，恰是某种对死亡和生命的理解。对于一些人而言，皈依宗教的动机之一便是对死亡的惧怕。

但对有朽性的意识也可能以其他形式展现，譬如，一种"及时行乐"的观点——对财富和声誉无节制的追求。尽管，无论柏拉图或伊壁鸠鲁都相信，对有朽性的意识能使人克服恐惧而专注于灵魂在此世的自由或安宁，但它同样有可能把我们引向完全相对的人生态度：因为一切皆逝，我们才拼命试图抓住些什么，比如通过自拍，想要不顾一切地留住每一个瞬间，通过自我肯定和放大来抵抗生命恒常的流逝。

因而，即便我们并不刻意思考死亡，它也总在那儿，并非作为一个尚未到来的时间点和事件，而是某种自我认识——我们知道自己是有朽的，我们的生命有其终点，我们所处的世界不会永远如此。或者说，时间一去不返的流逝本身就是死亡显现在生命中的形式。因而，死亡虽然并不是生命中的一个事件，但它却是构成生命本身的要素，作为生命的边界塑造着我们的人生。

由此看来，生与死的问题紧密相连，是一枚硬币的两面。正如古希腊的先哲所相信的，思考死亡就是在思考生命本身，而正确理解死亡的方式将引导我们在生时获得幸福。哲学家、宗教、科学家提供给我们无数有关死亡是什么的答案，如何选择则完全是一件个人的事情。

假如相信越过死亡的边界我们将抵达另一个世界，那么这一信念或许会使我们更容易面对死亡一些，也更容易接受挚爱亲人的死亡。而如果死亡是彻底的终结，那么这将促使我们思考生命的意义何在，什么才是我们值得珍视的价值，在死后我们想要留给他人和世界的是什么。无论哪一种选择，对生命之有限的思考都应当把我们引向对此生此世的观照，对生命中最美好事物的肯定和赞颂。

菲茨杰拉德[1]在小说《本杰明·巴顿奇事》中讲述了一个奇特的故事：

本杰明出生的时候形同七旬老头，与普通人不同，他的成长是逐渐变得年轻而非变老的过程。当同岁的孩子正流连于玩具时，本杰明却沉浸在大英百科全书中；20岁，在他看起来像个50岁的成熟中年人时，遇到了风华正茂的妻子；他越来越年轻而有活力，而妻子在他眼中则逐渐失去魅力；当他看起来像个15岁的男孩时，他的儿子却要他喊自

1　司各特·菲茨杰拉德（Scott Fitzgerald，1896—1940），美国"爵士时代"代表作家，《了不起的盖茨比》的作者。《本杰明·巴顿奇事》（The Curious Case of Benjamin Button）为菲茨杰拉德1922年写的短篇小说，2008年被搬上荧幕，由大卫·芬奇执导、布拉德·皮特主演。

己为叔叔；步入老年时，他成了孩子，直到在生命的终点，所有的记忆都消失在婴孩般无梦的睡眠中。

菲茨杰拉德所讲述的并不只是一个奇幻的故事，阅读过它的人或许能够觉察出它的悲剧属性。当本杰明参军归来意识到自己不可阻挡地变得越来越年轻时，他首先感到的并非欢欣，而是不安。尽管这一不安和恐惧在生活的享乐中被淡忘，但在菲茨杰拉德对其命运的平静叙述中，这一不安却直抵读者的内心。

我们意识到，尽管本杰明与众不同，他的一切都"不合时宜"，时间之矢在他身上转向，但他的命运却与我们每一个人的无异：作为有死的存在，时间并未在他的生命中停下脚步，唯有失去和遗忘是永恒的。

一系列有意思的问题是：假如我们不会死去，那么我们又会怎样活着？没有边界的生命会以怎样的形式展开，它是否还是生命？它还拥有时间吗？我们的牵挂和爱恨、自由与责任又会是怎样的？或者我们根本就无法设想它？这一系列问题都促使我们进一步去思考和追问自身生命独特的本质和形态。

（丹麦哥本哈根大学哲学博士，上海交通大学哲学系副教授 蔡文菁）

第四讲

科技与我们的生活

对科学和技术的哲学思考

"科技"也许是我们这个时代出现频率最高的词汇之一。我们的衣食住行完全离不开科技成果，不论是通信设备、交通工具，还是各种家用电器、城市建筑，几乎没有任何东西不渗透着现代科技的结晶。然而，无论今天的人们如何定义"科技"这个词，其含义都与最初的用法关系密切——"科技"最初并不是一个意思单一的词，而只是"科学技术"的简称，也可以看作"科学与技术"的总称，亦即英语里的"science and technology"。

　　所以，为了更好地理解"科技"的意思，我们得回到源头上，看看到底什么是科学，什么是技术；了解一下这两个概念是怎么来的，两者又是什么样的关系，二者为何以及如何能结合到一起。

技术是什么

我们先来谈技术，再来论科学。这样做一方面是由于技术的出现远早于科学，另一方面是因为科学的内涵比技术复杂得多，需要在后文中逐步展开。作为人类理智的高级成就，科学只有在文明比较发达的时期才会出现，而技术则不然。考古学家通过对早期人类族群与部落生活进行考察后发现，当人类还处于很初级的文明形态时就已经有了各种手工制作的成果，有些物件甚至非常精良。虽然当时的人并没有"技术"的概念，但那些制作成果都是真正的技术成就。

比如，原始的人们需要取火，他们先是提取自然火，然后学会了保存火种，以人工的技术方式去制造火焰，这整个过程其实就是一种制作与生产技术的过程。再比如，人类为了地盘和食物而斗争，在一次次战斗和捕猎大型动物的过程中，发明了各种近程和远程武器，那些也都是技术产品。

当然，石器、陶器、木器之类的作品仅仅是技术活动的产物，它们能帮助我们对"技术"这个概念有直观的了解，但并不足以涵盖"技术"的全部意义。那么"技术"这个概念，究竟是什么意思，应该如何对它进行更为恰切的解释呢？

一种人类制作活动

古希腊人对这个问题已经有了相当深刻的思考。公元前 4 世纪的时候，著名哲学家亚里士多德提出了一个非常重要的观点。他认为，人类的活动大致可以分成三类：一类是理论（theoria），一类是实践（praxis），还有一类是制作（poiesis）。

"理论"大体上是指我们对于各种各样的事情进行沉思，尤其是思考它背后的机理和本质。进行理论活动的时候，我们自己并不直接投身到事情里面，而是保持一定的距离"观望"和"思索"它，试图分析和总结出一些可言传的经验。

"实践"的含义也和我们今天的看法有所不同。亚里士多德所说的"实践"主要是指在日常的社会生活中和别人打交道，尤其是在政治、伦理等意义上亲身参与社会生活。亚里士多德把政治家从事国家管理、外交等事情叫作实践，也把人和人之间的道德、伦常关系叫作实践性的。比如，一件事情是好是坏由公众来评议，大家关于这些事情进行交流，也是实践活动。

最后，所谓的"制作"不仅可以指通常的物件制造，还可以指我们进行某种艺术创作的行为。比如，写一段音乐，写一个剧本，写一首诗歌等，这些都属于亚里士多德说的"制作"。

亚里士多德还指出，人类活动的这三种类型背后都有着不同的"灵魂"能力在支撑。这里我们不必纠结"人到底有没有灵魂"这个问题，因为亚里士多德关注的焦点也不在此。他最核心的想法完全可以翻译成更容易理解的表述：人类这三种不同类型的活动背后是不同类型的"思维模式"。亚里士多德认为，理论活动背后的思维模式是"理性"，但这仅仅是进行理论分析和沉思时使用的理性，也可以叫"理论理性"或"知识"（episteme）。

进行实践的时候，主导的思维模式虽然也属于理性，但这不是满足于纸上谈兵的理性，而是筹划和投身具体事物中进行决策的"实践理性"，或者叫"实践智慧""明智"（phronesis）。至于制作行为，主导它的是某种"无中生有"的思维模式，也就是要让一个观念从单纯的想法走到具体的现实当中，把它真正地实现和生产出来——亚里士多德称其为"技术"（techne）。

可以看到，这位大哲学家对"技术"的定义与我们的理解有一定距离。在他那里，"技术"并不是指一种创作活动或创作结果，而是指这个创作背后的那种思维方式或精神力量，它决定了我们当前这个行为的性质。这一点非常重要，因为人的行为并不只是一个纯粹的物理过程，而是被有意识的目的和计划所支配的。一种行为到底应该定性成什么，在很大程度上取决于行为背后的意图与设想。技术精神的一个根本特点就是它和一种特定的目的绑定——它就是为了创造某种实物。当然，由于技术和制作活动的对应关系，后来的人们渐渐地不再把"技术"仅仅视为一种灵魂的动力，而是直接与制作活动合二为一。但"技术"概念的核心仍然是指为了某种特定的目的而进行创造，它和理论思考、政治实践有根本差别。

总而言之，技术制作和人类智慧的发展水平没有内在关联。比如，要大家写一篇文章，不同的人文化程度有高有低，文章写得有好有坏，但目的一样，而且只要能写出来就可以。同样，钻木取火和用打火机点火虽然有技术水平上的高低之分，可就技术的本性而言，它们也都是为了同样目的并使用了某种方法达到了目的。正因如此，"技术"在原则上与背后的理论知识类型无关，因为任何人、任何时代、任何文明，都拥有自己的技术，至于他们是如何发展出这种技术的，则是另一个问题了。

一种塑造生活的方式

显然，今天的生活离不开技术，古人的生活、原始人的生活也同样离不开技术。这种"离不开"不仅属于日常活动的层面，而且是源于一个更深刻、更根本的层面，它暗中引导了我们的思维方向。

比如，我现在口渴了，会想到什么？会想去喝水。拿什么东西喝水呢？拿杯子喝水。但这样一来我们就已经和原始人不一样了，因为他们想到水，可能会直接想用罐子或者其他容器去装。这些容器的使用又是和其他用具有关的：如果我要加热水，可能用电水壶加热，那就需要房间里有电，需要整个电力系统的运作，如此等等；古人则必须用火烧水，继而需要柴火，那首先就得有木料、得有斧子去砍木头等。

又比如，我们要到一个地方去，可能会选择坐车，如果远一点就坐火车或飞机。但对古人来说，他要考虑的是步行，还是骑马，抑或坐马车。他的选择甚至都不取决于他有没有看到某辆马车现成地放在他面前，不取决于他有没有足够的经济实力，而是他自然而然地觉得，要到一个地方去的话显然就只有那样一些交通方式，其他办法都不现实，甚至不可设想。

　　上述这些例子是为了表明，选择过程与需求链条不仅反映了人们联想方式上的差别，更反映了人们生存方式上的差别。生存方式一方面取决于整个社会的物质条件的基本架构，另一方面取决于在这个物质世界中生活的人自身的思维认知架构或者说世界观。这两种架构是我们整个生活的背景、基础和限制，它们共同决定了人类生活方式的基本形态，人的一切现实活动都是在这个背景前提下展开的，甚至连想象力也无法超出这种限制。

　　可以说，物质和思想的基本框架正是"技术"的意义在不同层面上的体现。"技术"概念中包含了目的性、理解事物的角度、使用和改造事物的方式、具体的生产活动等诸多内涵，它们在很大程度上决定了一个时代的人总体上会如何看待事物和处理事物，会如何理解不同事物之间的意义关联，从而影响到这个时代的生活方式。

　　在刚才举的例子中，热水在古代生活中可能与火、木柴、斧子等事物关联起来，而在今天的城市生活里会更多地与电子器物关联起来。不同的关联倾向会进一步影响到人们对相关事物的理解，比如今天的人关于水的认知判断、价值评定、利用方式等就与古代大大不同。具体的技术制作活动与世界观的互动相生关系在潜移默化中塑造了我们的实际生存形态，在一定程度上也决定了我们对一切可能的生活方式的基本构想。古人想不到坐飞机并不是因为想象力的缺乏，而是"技术—世界观"架构本身的局限性所致；今天的人一想到联系某个人就会首先想到去拿手机，不可能去想什么心灵感应。这些非常自然的反应正是技术参与塑造了人类生活基本方式的结果，它决定了我们生活的底线和想象力的天花板。

简而言之，人类的整个生活一直都处于技术的大背景之下，技术既是一切可能的生活方式的前提，也是它们的限度。因此，当我们不是从某些特定的具体制作产品角度来看待技术，而是将其理解为人类生活模式的决定性条件时，就会看到"技术"在最终意义上是某种总体性的"框架"。我们的整个生活一开始就坐落其上，这个总体架构对人类的存在方式具有全局性的影响。

科学是什么

今天，各种高科技产品层出不穷，操作起来一个比一个方便、一个比一个智能。不过这些智能产品背后往往是各种高深的科学理论，想搞清楚非常困难。高科技产品显然既是"科学"的产物，也是"技术"的结晶，但这并不意味着我们就能轻易地把科学和技术混为一谈。从严格意义上讲，所谓的科技产品仍然百分百属于"技术"这个大类，只不过它是以当代科学知识为基础的技术产品，这种技术不同于原始人的手工技术或前科学时代的工程技术。比如，爱迪生发明的电灯泡作为照明工具就完全属于技术，尽管它背后需要用一些科学知识，但是归根到底，爱迪生本人的目的从来不是进行理论研究，而是要发明创造一些东西，况且电灯泡本身也完全只是服务于我们使用的目的。所以真正说来，爱迪生是一个技术专家，他的成就也应当归于技术成就而不是科学成就。

可是，这里会立即出现一个非常现实的问题：不论过去如何，至少今天的人类生活已经处于科学高度发达的背景之下了，而当今真正重要的技术产品全都是以科学理论为前提的，那我们是不是可以说，科学和技术已经在实际上合二为一，不需要区分了？

这个问题确实很重要，但不必急着回答。因为无论科学和技术是什么关系，它们都是不同的概念。为了明白其中的关联，必须先阐明"科学"这个词的来龙去脉，弄清楚它究竟是什么意思。

日本式的理解：分科之学

众所周知，"科学"的英文是"science"。这个词的历史不过数百年，当初是沿着两条路进入中国的：一条路是直接从西洋传到中国，另一条路则是先传到日本再进入中国。明清时期的国人看到"science"的时候，一开始并没有直接翻译成"科学"，而多以《大学》中的"格物"或"格致"译之。"科学"这个叫法是后来从日语里拿来的。

日语里的"科学"一词其实源于中国古代的"科举之学"，只不过日本人最初把"科学"用来指称不同门类的学问，即"分科之学"。到了明治时期，science 的观念传入日本，他们发现，这个东西和自己熟悉的"科学"概念很像，因为 science 也不是一个笼统的学问，而是把我们的知识（特别是关于自然的知识）分成一个个部分来研究的。比如，研究植物就有关于植物的 science，研究动物就有关于动物的 science，关于天上的、地上的、海里的各种事物，都有不同的做法，只不过它们最终又会构成一种统一的知识类型。所以，19 世纪日本著名思想家西周就建议用汉字"科学"来翻译"science"一词（把"philosophy"翻成"哲学"也是西周提出的），因为 science 一方面表现为"分科之学"的做法，另一方面也是各门学科的集合。

英语世界中的"science"：从自然哲学到自然科学

然而，英语里的"science"最初并不是要强调分科而治，也没有"科学"的意思。19 世纪以前，"science"这个词主要用于翻译它的拉丁文词源"scientia"。简单来说，"scientia"指的是宽泛意义上的各种各样的知识与经验，和我们今天所讲的"科学"不太一样，因为哪怕是关于日常事物的、非理论性的经验知识，也可以叫作"scientia"。17、18 世纪，英国学者经常同时使用英语和拉丁文写作，所以尽管很多人都说 science，但这个词就是当 scientia 来用的。

直到 19 世纪，science 才从泛指"知识经验"渐渐转向真正的"科学"的含义，而且一开始仅指"自然科学"。换言之，当 science 意指"科学"时，它首先是 natural science（自然科学）

的简称，而社会关系、历史人文、风土人情之类的东西，最初并不属于真正的科学对象。至于 natural science，在 19 世纪以前的英语世界通常称为 natural philosophy（自然哲学）。

"自然哲学"这个概念也可以追溯到亚里士多德。他基本上把理论性的研究活动都视为哲学工作，大体上分成所谓的"第一哲学"（形而上学）和"第二哲学"（自然哲学）。第一哲学研究诸如存在、本质、神之类的概念，非常抽象；第二哲学亦即自然哲学则是探究自然界事物存在与变化的原因和规律。显然，自然哲学的定位就和今天的自然科学非常相似，至少在基本的表述上是很接近的。事实上也是如此，自然哲学的传统从古代一直延续到近代，并直接影响了现代科学的形成。直到 19 世纪，"自然哲学"的说法才逐渐退出历史舞台而让位于"自然科学"或"科学"等用语，也正是在那个时候才第一次出现了"scientist"这个词。

19 世纪中叶，science 的范围开始从自然对象派生到各种社会文化对象上，由此诞生了诸如历史学、经济学、社会学等现代意义上的人文科学（human sciences）与社会科学（social sciences）。人文社会科学中的某些学科，其名称古已有之，但实际内容和 19 世纪发展起来的新模式差别极大。由于当时自然科学的方法与知识结构已经比较成熟，人文社会科学在研究方法上或多或少都受到了自然科学的影响，凡是涉及数量化的部分都是参照自然科学的模式来做的。如今这种情况更加明显，要研究社会学、经济学，不懂数学是不行的。当然，关于自然科学与人文社会科学的关系是一个非常复杂的话题，需要深入学习具体的学科才能有所体会，这里就不继续展开了。

科学是定义问题，还是事实问题？

如果说"科学"意义上的 science 经历了这么复杂的意义转变过程，那么我们平时所说的"科学"究竟是什么意思呢？从历史上看，不同时期、不同地区的文明里都出现过一些具备科学因素的东西，有些好像还挺先进甚至挺正确的，人们可能同样称之为"科学"。比如，中国古代有些技术成就非常杰出，很多人就坚称中国古代有伟大的科学。稍微受过一点教育的人都可以说出几个伟大的古代科学家的名字，甚至会有人把一些发明家如毕昇等人也叫作科学家。在学术界，我们也随处可见诸如西方科学、中国科学、印度科学或者一般意义上的古代科学等说法。问题在于，如果这些说法都是合理且可行的，那么我们非但无法真正弄清"科学"的准确含义，反而会被搞得晕头转向，因为上述不同的用法具有各种不同的含义，有些甚至是冲突的。

那么我们该怎么做？是不是应该先下一个明确的定义然后再加以评判呢？初看起来这好像是最正确的做法，因为一般而言，要想说明一个东西是什么意思，最好先给个定义。所以从定义的角度来看，我们似乎可以把中国古代文明中的某些东西叫作"科学"，从而定义"中国古代科学"，接下来就可以详细阐述"中国科学"的具体内容了。同样，西方人也可以这么定义自己文明里的科学。进而言之，现代人可以讲现代的科学，古代人可以有古代的科学，每家都有自己版本的"科学"，我们甚至还可以去定义某种"超级科学"，把不同类型的科学都放在这个概念下面，它们互有差别但都算是科学。

这个做法可行吗？看似挺好，实则不然，因为它无法让我们真正理解到底什么是科学。关键在于，科学从来不是什么模糊不清的东西，我们不需要什么精确定义也能在最低限度上知道科学大概指什么。这个"最低限度"正是指向科学核心的东西，也就是在历史上确立起"科学"这种观念的一些基本事实。

实际上，无论我们是否有一个关于"科学"的定义，都不可能完全分清楚哪些事物属于科学、哪些事物不属于科学，但人类历史上那些典型的或者说具有典范意义的科学对象始终是没有争议的。伽利略对于落体运动规律的描述，哈维关于血液循环的理论，牛顿的力学体系，拉瓦锡的氧化学说，等等，诸如此类的成就都属于典范，也是"自然科学"这个观念最初形成时所指称的东西。严格意义上的"科学"最初正是由这些典范的工作决定的，深入理解科学的意义也恰恰始于对这些典范进行思考和探究。从现实或事实的角度来看，这些典范性的研究代表了一类特殊的工作方式，按照这种工作方式所进行的活动与得出的成果才被学术共同体视为"科学成就"。

不同于下定义的方式，我们对"科学"概念采取从事实出发的理解角度，也就是遵从历史上那些已经被认定为具有标志性意义的思想家的工作以及他们自己对这些工作的理解。按照这种理解方式，"科学"的含义不是一个定义问题，而是一个事实问题。科学就是由那些典范性的工作以及同样类型的其他工作组成的集合。在此意义上，比起追问科学为什么会这么成功、这么伟大，更有价值也更为基本的问题是：这些典范性工作在方法和认知模式上究竟有什么共同特征，又在哪些方面不同于历史上的其他研究方式？我们将在后面给出回答。

科学性不等同于正确性

值得一提的是，很多人会下意识地把科学和真理混为一谈，说一个东西是正确的、有效的，因为它是"科学的"；反之亦然，说"这不科学"意思就是"这不合理或不正确"。可是一旦明白了科学的定位就很容易发现，将科学性等同于正确性是毫无根据的。如果科学在根本上仅仅意味着一种有特定规范和方法的研究活动，那么它就不可能直接等同于正确或真理，而所谓的"不科学"也就不一定是错误的。

事实上，把科学与正确混为一谈，只是由于几百年来科学的巨大成就导致的一种偏见，这种偏见不仅会神化科学，也会过度贬低其他思维方式。就科学本身而言，它绝不是评判一样东西正确或不正确的唯一标准，也不是评价一种东西好或不好的唯一标准。科学性在根本上仅仅意味着事物符合某种研究方式或看问题的视角、思路，按这种思路进行的研究就是科学研究，按其他方式来思考就是非科学或不科学的做法。

在这里，"科学"和"不科学"的说法与真假好坏无关，科学的成功并不意味着给一切事情都套上了某种终极判断标准，也不意味着一切探究都必须按照科学的视角来做，更不能证明"科学视角"必然比"非科学视角"带来的结果更好、更正确。所以，占星师能够说对一些事情，西医无法处理的疾病在中医那里能够诊治，这些都并不奇怪，我们也不必因为非科学的东西有时候会得到更好的结果而硬把它说成是科学的。

当然，科学确实有着无可比拟的成就，尽管科学理论不是必然正确的，但它在正确性和有效性方面仍然远远高于其他一切思想形式。为什么会这样？是因为科学家特别聪明吗？是因为他们运气特别好吗？显然不是。科学方法独有的要素才是关键。弄清这些要素，既能让我们理解到底什么是科学，也能让我们明白为什么科学方法会比其他方法更接近真理。

从历史的角度看科学的要素

16、17世纪，欧洲人在探究自然的方法和理论上做出了一系列巨大的转变，诞生了很多新知识、新方法，还有许多伟人，史称"科学革命"。这场变革并不是在现成的自然科学内部发生的，而是让自然科学从无到有的一段历史。科学革命就是科学的诞生，其成果确立了我们今天称之为自然科学的方方面面，比如数理科学、化学、生物学、地质学、天文学等。人类在这些方面的认知突飞猛进，不仅知道了很多新东西，而且有把握说这些知识是正确的。

这种信心来自何处？来自一个又一个典范性研究的成功。为什么会有这些成功？无非是源于科学家的世界观和方法论中特有的那些要素。典范性的科学成就为历史学家提供了一条线索，从中逐一解析出这些要素，最终表明一项研究或某种理论至少要符合什么条件才算得上是真正的"科学"。下面我们先按照历史的顺序来简要说明一下科学的核心要素。

自然哲学

正如之前所言，自然科学是西方古代自然哲学传统的延续。古时候，许多民族都诞生过杰出的思想家，他们都思考过关于大自然的问题，比如为什么日有东升西落、月有阴晴圆缺，为什么海水会涨落、四季会变化等。这些问题又重要又困难，就算到了今天，大部分人也未必能用科学知识来解释潮汐和行星轨道的奥秘。

另一方面，古人不是按我们现在思考的方式来理解自然的，他们一开始没有数学也没有物理，而且就算有了某些数学知识，也不意味着他们会把自然界的东西当作可计算的对象。早期，通过和大自然的互动，人类往往会认为自然本身就有生机，万物之中都有生命，每一种自然对象背后或许都有神灵，像树精、草精、山神之类的。后来，思维水平更高的民族会设想某种更为抽象的存在，比如纯粹而普遍的"元素"，它们存在于万物之中，只是以不同的方式组织起来，构成了形形色色、各式各样的东西。古时候的中国人认为自然界可能有金、木、水、火、土五种"元素"，而古希腊人则从单一元素发展出四元素理论，即认为大自然由风、火、水、土这四种元素组成，只要这几种元素排列组合起来就有了丰富的大自然。尽管中国和古希腊文明对于这些元素本身的含义也有不同理解，但元素论的思维方式仍然显示出人类的共同倾向。

更重要的是，一些深刻的思想家不会满足于对某个特殊现象的思考，更不会仅仅靠拍脑袋耍小聪明来提出某些想法。自然哲学家往往深思熟虑，充分利用一切可能的现有条件来提出一种整体性的解释方案，使自己的理论体系化，以此解释整个自然界的变化。尽管具体的解释方案一变再变，但这种认知兴趣和认知方向延续了下来，成为后世自然科学的灵魂。

公理化

到了大约公元前 4 世纪末的时候，伟大的几何学家欧几里得完成了他的集大成代表作《几何原本》。这也许是历史上最著名的学术著作了，它最伟大的成就之一是提出了一种对数学而言具有决定性意义的方法，即"公理化"。

简单来说，公理化就是先确定一些最基本的命题，不对它们的正确性提出质疑；然后从这些命题开始，按照某些确定的规则，得到后续的结论和新命题。《几何原本》开篇就是 23 个定义、5条公理和5条公设，后续的所有几何学命题的意义与正确性都建立在这些定义、公理和公设之上。这些必然正确的命题也叫定理，它们是从公理出发通过推理演绎得到的。推理的每一步所需要的条件只有两类：一类是最基本的那些命题（公理）和已经得到证明的命题（定理），还有一类就是始终不变的逻辑推理规则。

通过这种方式得到的知识很像一座大厦，它是一步一步层叠起来的，每一层都非常坚固，建立在之前的基础上，不会轻易崩塌。对于研究者来说，如果哪里出现了问题，也只需要追溯过去的知识就会知道谬误所在。这种知识建构模式是早期自然哲学所缺乏的，也是追求体系性的思想家最想要的，因此历史上许多的哲学家、科学家都效法欧几里得，希望自己的理论也能以公理化的方式搭建起来。

数学化

公元前3世纪，位于意大利西西里岛的叙拉古城又出了一位大科学家叫阿基米德。阿基米德的重要贡献非常多，其中之一就是把欧几里得确立的公理化方法从纯粹的几何学领域用到现实生活中的对象上。除了纯粹数学方面的工作以外，阿基米德还很关注数学的现实意义。他一方面设法用数学来描述大自然的各种现象，另一方面也用数学来计算各种机械里的力学关系，从而能更好地制造或加工机械。

阿基米德的工作体现了所谓的"数学化"思想。尽管"公理化"的思想源于数学，但它的核心在于知识体系的建构策略，其适用性不仅限于数学。相比之下，"数学化"的要义则是把自然界的各种作用关系加以数量化、几何化，变成可以计算的对象，从而建立起对象之间的关联。这种做法不仅可以提供一种理解自然界的新视角，还可以在工程上用于制造和改进现实的对象。

众所周知，今天所有的自然科学都离不开数学，必须把研究对象数学化，即通过数理方法来构造模型，刻画与分析对象的各种性质。尽管哲学家一直在追问我们凭什么认为事物的各种不同性质都能够被量化处理，但哲学问题的悬而未决并不影响科学家的具体实践。

实验精神

在意大利文艺复兴时期，由于建筑、机械、水利等工程领域高度发展，自然哲学家也开始习惯于用人为创造的条件去检验理论研究的结果。当然，这种做法古已有之，比如阿基米德自己就做过一些实验性的工作。不过古代的实验更多的只是个人行为，并且在方法上也没有太多系统性的反思。古代的人大部分并没有把具体实验看作必不可少的环节，即使是阿基米德亦如此，只有到了文艺复兴时期，实验工作才逐渐脱离个人性，成为一种社会性、共同性的事务。

这就是现代意义上的实验精神。对于科学家来说，一切研究工作最终都是基于某种验证与反馈，任何科学理论都必须要求它的结论能现实地做出来，它所预测的现象必须以某种方式被大家"看到"。如果某个东西仅仅是计算的结果却无法在现实中验证，那就不会被科学家共同体接受，也不会被认为是真正的科学结论。即便是只做纯理论的科学家，也必须想办法设计一个可行的实验方案才能真正表明这个东西是对的，否则的话，用物理学家泡利的经典名言来说，这种理论"甚至算不上是错误"。所以，不管是牛顿的力学体系，还是爱因斯坦的相对论，如果没有任何实验能够检验它们的预测结果，我们就不会视之为科学成就了。总之，实验精神是科学必不可少的要素，如果没有实验，科学就是空谈，我们永远也无法分辨科学家和神棍了。

科学共同体

从历史上看，导致科学出现的最后一大核心要素是共同体的建立。17 世纪的意大利出现了最早的科学研究院，其中最著名的就是 1657 年在佛罗伦萨成立的西芒托学院。今天我们知道的各种科学院，比如中国科学院、美国国家科学院等，都属于这个传统。

尽管大多数"科学院"都有自己的固定场所，但这个词实际上更多地意味着科学家的一个团体或社群，能够让一群自然科学家结成联盟做研究、做实验，发表报告、建立理论。科学家的研究或许看起来有些奇怪费解，得到的结果也许有用，也许没用，但重要的是存在一种社会制度和组织方式能够让科学家们一起讨论、研究，互相交流。

不论何种研究工作，在发展到一定程度之后就很难成为一个人的单打独斗。即便要单打，也至少得在过去的岁月里和一群人组团打过。这就好比玩网游打 MOBA，如果要单打，你就得足够强，否则就得组团。当然，科学家面对的这个怪打不打得过还不知道，但通常都要组团，等级太低、装备不好、技术不行还要去 solo，那肯定没戏。进而言之，就算某个学者足够厉害，可以独立做研究，但他的地位也恰恰是建立在过去的研究资历基础上的，比如曾经有过杰出成就、得到过学术群体的好评等。而且他的研究结果最后也必须向学者群体公布，得到肯定性的反馈了，才能成为客观上的科学成果，否则仍然是无效的。

归根结底，科学成就必须依赖一个群体内部的认可，只有一个人承认而其他人不承认的东西，也终究不属于科学。一个人窝在房间里做实验，那最多只是电影，而不是真正的科学家生活。就算是数学，也少不了这种公共性。虽然数学家可以一个人关在房间里做研究，但发表的成果仍然要大家接受了才算。而且越是高深的数学研究，犯错的可能性就越大。对一个严谨的数学家来讲，一个高难度的、篇幅很长的证明需要经过几周、几个月甚至几年的反复检查才能递交出去，然后还要被同行再次反复检查，或是自己开设讨论班让听众来提问或质疑。

为什么必须这样？有没有可能只有我一个人发现了真理但无法向其他人展示，或者我的实验尽管成功过一次但以后再也无法复制？从逻辑上来说，当然有这种可能，就像很多电影里的疯狂科学家那样，只有他一个人发现了奥秘，其他人都不信他，最后大家都倒霉。但是，现实中真正的科学恰恰就是要拒绝这种可能。一个无法复制、无法再现、无法通达的真理，绝对不是科学意义上的真理。科学除了要追寻真理，还必须保证这种真理对于大家是可及的（accessible），否则我们没有现实的理由来接受这种所谓的真理。

科学院的建立、学术交流中的同行评议机制，正是为了最大限度地确保这种可及性（accessibility）。只有这样，我们才能在知道真理的同时，清楚自己究竟是如何得到这种真理的，尽可能充分地了解这种真理的适用范围和限度，让知识在坚实的基础上前行。

综上所述，从历史角度看，影响科学形成的几个主要因素分别是自然哲学、公理化思想、数学化方法、实验精神和科学共同体的出现。当然，这些因素并不是以同等的方式在今天的科学工作中显现出来的。古老的自然哲学理论已经销声匿迹了，而严格的公理化方法也只有少数学科会真正使用。然而，那些消失了的或不直接起作用的因素仍然以各种方式影响着我们的科学精神，如果没有它们，就没有我们今天的科学。

从方法的角度看科学的结构

有了历史的视角，我们明白了科学文化得以形成的核心要件，但历史并不能直接告诉我们这些要件是以何种方式组合起来变成现实的科学活动的。既然科学的知识和方法有其独特的结构，为了更好地理解什么是科学，我们就得再从知识结构的角度看一下科学的特征有哪些。

预测与证实

众所周知，科学的伟大之处在于它能对尚未发生的事情做出较为准确的预判。就算科学要研究已经发生过的事情，但理论本身必须具备预测能力而不可以永远只做事后诸葛亮。如果我能根据理论来预判会有什么现象发生，并且顺着它的结论去观测，发现结果不出所料，那么这个理论就非常有说服力了。

哈雷彗星的故事充分表明了预测与证实对科学有什么样的意义。在牛顿发现了万有引力并建立起一套完整的力学体系之后，人们开始用万有引力去解释各种各样的现象。天文学家哈雷就是引力理论的支持者之一。哈雷认为，如果牛顿理论是正确的，那么1682年在天空观测到的某颗彗星会在76年以后再飞过来，人们会在大约1758年年底的夜晚上空看到这颗星。

哈雷给出预测的时候，牛顿虽已名声显赫，但他的引力理论还远未被公众接受，甚至知识界也有很多人不置可否。况且对当时的普通人来讲，天上的事情毕竟不是人能够决定的，做出这种预言简直就是在告诉上帝如何行事，而且行的还是自己的身后事。76 年的时间太长了，谁也无法设想对大半个世纪之后的天象做预测意味着什么，因为这不是行星的回归，而是彗星的回归。要知道，人类认识到彗星的真面貌也不过是在牛顿之前几十年的时间，更早的人们根本不知道它是什么，只觉得是不祥的东西，甚至都不把它当作一颗真正的星体。

哈雷使用了牛顿的理论进行计算，断言这颗彗星会在 76 年以后回来。哈雷去世以后，一些科学家进行了更仔细的计算，把这个时间定位得越来越精确，最终确定这颗彗星将在 1758 年年底出现，在 1759 年上半年经过近日点。但无论如何，科学家在几十年前就已经告诉过你，到那个时候你往某个方向看，就应该会看到这个东西。

这是人类历史上前所未有的事情。因为等到这颗彗星来的时候，哈雷早就去世了，牛顿更是去世几十年了，而作为相信上帝的人，他们又凭什么敢妄自尊大充当天界运动规律的代言人？但这并非狂妄或盲信，而是出自科学方法的确信。

到了 1758 年的圣诞夜，德国业余天文学家帕里奇用望远镜观察到了一颗彗星，然后各个天文台都观测到了。轨迹和时间都表明，这就是当年哈雷看到的那颗彗星，它果然在此时此刻回归了。可以想见，在公众对牛顿的理论还不熟悉或不太信服的时候，突然发现上个世纪的预言完全应验了，这是什么样的感受？欧洲的王公贵族、天文学家、普通的老百姓甚至目不识丁的人，往天上一看，都能见到彗星划过长空。

哈雷的预言并不是什么神谕，而是一个凡人用普通人都能掌握的方法找到的一个平平无奇的结论。但这个预言跨越了很多人一生的时间，最终应验了。对知识界而言，这种震撼力难以言表。从那个时期开始，牛顿的整个力学理论才真正地被大家完全接受，科学本身也获得了牢不可破的地位。[1]

演绎与统计

科学的有效性基于理论预测和经验证实，但科学是怎样提出预测又怎样证实的呢？我们做一道物理题，比如算一个东西在水里受到的浮力，我们依据的可能仅仅是阿基米德定律。只要告诉我这个东西的体积和密度是多少，我就能根据水的密度很精确地算出这个东西受到的浮力，能精确地知道这个东西能不能浮起来。哈雷预测彗星的轨迹也是用类似的办法，也就是，根据他手里的观测数据，用万有引力定律算出结果。当然，哈雷的具体计算非常复杂，而且涉及许多修正项，但他的工作总体上还是类似于解题。

概而言之，这种方法就是从原始的事实性数据出发，根据某些规律进行演绎，推断出较为确定的结论。我们一般把它称为"演

---

[1]   关于这段故事的详情，包括整个天文学理论革命的来龙去脉，可参阅：吴以义，《从哥白尼到牛顿：日心学说的确立》，上海人民出版社，2013。——作者注

绎-律则"模式。

然而，现实生活中的大部分情况不是这么简单。大自然千奇百怪、纷繁复杂，很多时候，我们的原始数据不够精确，需要使用的科学定律也比较复杂，无法按照确定的推理过程得到确定的结果。比如，现在要做一个研究，想知道人受到核辐射会不会得癌症。显然，受到核辐射的人未必百分之百都得癌症，而且尽管人们知道辐射导致癌症的物理机制，但对于具体的个例来说，我们根本不可能获得全部的量化信息，因而不可能预先确定这个人是否真的会遭殃。我们最多只能说一种可能性并对可能性进行量化（概率），说这个人或这个群体有百分之多少的人会得病。

当我们说概率的时候，背后也存在着某种规律，但这种规律不像阿基米德定律或万有引力定律那样明确。它往往首先表现为一种经验性的规律，背后的原因我们不完全知道，只能先根据当前的现象归纳出一个模式。对于核辐射导致病变的具体情形，我们首先要进行一个大量的统计，这些统计结果会给后续的工作提供一个比较好的分析基础。这样的研究过程也是发现事情真相的一种策略，科学家需要借助统计与归纳，看看数据之间有什么关联，继而探究现象背后是否可能存在更深层的因果关系。这种方法通常被称为"归纳-统计"模式。

事实上，科学研究的实际过程很复杂，需要综合各种方法，上述两种基本的方法模式一般都会用到。科学家的工作不像是学生做题那样简单，他们涉足的是真正未知的领域，凭借经验与训练对研究对象或许会有一些特别的感觉，知道接下来大致该怎么做，但最多也就这样了。在真相确定之前，研究者必须尝试各种可能的方法，把各种招数都用上，也可能犯各种各样的错误而不自知。这是科学工作最困难也最有魅力的地方之一。

可证伪性

前面所说的"预测—证实"是科学知识的主要特征之一，但仅有这种特性尚不足以称为科学，因为有许多非科学的理论也有这种效果，比如时下流行的占星、塔罗、八字等。它们同样能给出预测，在某种意义上也能"证实"。所以 20 世纪著名的科学哲学家卡尔·波普尔 [1] 就提出，光有证实还不够，真正的科学不仅要能证实，而且要能"证伪"。证伪的意思是说，一种理论包含了自我否定的标准，如果发生了某种现象完全符合理论的条件但不符合理论预测的结果，那么理论就可以被推翻。

波普尔认为，如果一个理论自称是科学理论，它就必须具备可证伪的特征，也就是预先提出一些测试标准，当理论的预测没有通过验证的时候，就得自行宣布理论本身的失败。从这个角度来看，牛顿的引力理论之所以是科学，是因为这种理论不仅可以被证实，而且具备证伪的可能性。如果哈雷预言的彗

---

1 卡尔·波普尔（Karl Popper，1902—1994），出生于奥地利，后迁居英国，致力于对爱因斯坦的思想进行哲学表达。著有《猜想与反驳》《开放社会及其敌人》《历史决定论的贫困》等。

星回归事件没有发生，或者说晚了几年才飞过来，那这个时候牛顿的理论就会遭遇挑战。在理想的情况下，倘若所有因素都考虑到了，算无遗策，但最后的结果发生了错误，那么这种引力理论就可以被推翻。当然，现实中的科学理论通常不会因为一两个反例就被立即推翻，但如果这样的情况越来越多，那就可能真的出问题了。

按照波普尔的看法，如果某个理论一开始就预设了不管什么验证结果都不会违背它，都可以在这个理论中得到解释，那么这种东西就叫作"伪科学"。在这个意义上，所有算命、测字、占卜之类的东西都属于伪科学，因为它们不可证伪，不管碰到什么结果似乎都能够解释一番。所以真正的科学理论一定要存在被推翻的可能性，只不过实际上是否真的有人来推翻就另当别论了。

从证伪主义的立场来看，如果一种科学理论最后被推翻了，也并不意味着它就不是科学了，更不意味着它变成了伪科学。被推翻的科学理论只能算是一个过时的、错误的科学理论，但它仍然属于整个科学史，是科学发展中的一个特定形态。正如前文所说，科学和真假、正确没有直接关系，科学是一种研究方法，只要理论符合这种方法，具有这种知识特征，就是科学。

普遍性与系统性

科学知识的另一个关键特征是"普遍性"。我们通常会说科学的东西应该是普遍有效的。确实如此，但这不是说它可以无条件地放之四海皆准，而是说在某种限定条件下，科学的理论应当能够解释其适用范围内的全部可能现象。这里的关键是"限定条件"，一个没有限定条件的理论决不是科学理论。科学家永远只会说某个结论只有在什么样的前提下才成立、才有效，如果超出这个限定范围，相应的科学命题就没有意义了。比如，我们研究某种病毒的传播和感染能力，靠谱的学者一定会先指出它的传播条件和感染对象群体是什么，抛开限定条件直接说它的潜伏能力和致病能力是毫无意义的。

但一项科学的断言之所以具备普适性，是因为它从来不是孤立存在的东西。在科学中，任何一个命题总是与其他某些命题有逻辑关联，一个理论也总是和某些其他理论有推导性的关系。这种逻辑关联有时候表现为单方面的支撑，比如一个基础理论对应用理论的支持，有时候则是相互支持，比如生物学和医学里的各种知识。因此，在科学的普遍性特征背后的东西，是科学的"系统性"或"体系性"特征，科学知识总是作为一个系统和整体而存在的。

这就意味着，我们日常生活中一点一滴的经验或者零散的知识心得，都不是"科学"的知识。比如，我们并不需要学习物理，光靠日常生活经验就能发现许多事物的热胀冷缩现象，但这不是科学知识。同样，看到"小孔成像""海市蜃楼"之类的现象并记录下来，也不能算是做出科学的发现。从系统性的角度看，这些现象前不着村后不着店，没有办法和其他更多的东西联系起来，也没有更深刻的理论来解释，所以不具有科学意义。同样，利用某些孤立的经验制造出的装置也只能算是经验性的技术成就，而不属于科学性的技术成就。

有人也许会说，像《墨经》《周髀算经》这样的古籍里有许多记载都表明了中国古代有辉煌的科学成就，怎么解释这一点？事实上，这样的看法就是仅仅从定义的角度来理解"科学"的结果。从事实性的角度出发，一个文献是否属于科学文献，并不取决于它说了什么，而取决于它是怎么说的。以欧几里得的《几何原本》为例，我们发现，它的写作和探究方式与今天的数学研究有大体相同的形态，这种几何学是系统性的，没有漏掉任何核心公理。书里所有的结论都可以从它的公理和前置命题推论出来，极其严格，因此有理由冠之以"科学"的名义（尽管几何学不是自然科学）。相比之下，《墨经》和《周髀算经》中的记载缺乏系统性，尽管书里的某些部分具备一定的科学气质，但总体而言这些仍不能算是真正意义上的科学文献。需要注意的是，上述说法只是在阐述一种分类上的差别，而不是在比较孰高孰低。拿《周髀算经》和《几何原本》来争个高下看看哪个文明更先进是毫无意义的。

我们可以通过对比毕达哥拉斯定理和勾股定理来进一步阐明上述特征。通常人们认为这两个定理是一个意思，只不过是希腊版和中国版的区别。但实际上，它们的表述有所不同，发现过程也不尽相同。毕达哥拉斯是公元前 6 世纪的古希腊数学家和哲学家，在思考这个问题的时候，他注意到直角三角形三

条边长之间的平方和关系具有普遍性。因此，他用普遍的方式
证明了这个定理，虽然是靠图形，但不是依赖特殊的图形，而
是使用边长任意的三角形，把相同的几个直角三角形拼贴成一
个新的图形，然后计算出直角边的平方和等于斜边的平方。毕
达哥拉斯定理至今大约有三四百种证明，据说美国前总统卡特
也给出过一个证明，有兴趣的读者也可以自己想几个证明出来。

　　中国古代数学家对勾股定理的理解过程就比较复杂。从西
周时期的商高到魏晋时期的刘徽，不同的学者对这个定理有不
同的阐释与论证。勾股定理最原始的表述就是"勾三股四弦五"
的形式，但假如我们只按流俗的理解把这个表述完全等同于定
理的表达，那就犯了一个基本的错误，因为"勾三股四弦五"
只是定理的一个特例，不具有普遍性。如果停留在这个表述本
身而不在表达和证明上做出普遍的推广，没有彻底明确地表示
出直角边长的任意性，那么整个理论也就不能看作普遍有效的，
我们也不法知道发现者究竟是认识到了一个普遍的定理还是只
看到了一些特例。其实从赵爽和刘徽的注释来看，他们对这个
定理的论证基本上和古希腊人相仿，达到了普遍性和系统性的
高度，只不过汉代以前的人如何想就不那么确定了。当然，我
们不必深究这个话题，也不用关心到底是谁先发现了这个定理，
重要的是明白"科学性"这个概念不能脱离"普遍性"和"系统性"
的特征。

科学与技术："夫妻"关系

至此，我们大致明白了科学诞生的历史条件与内在的结构特征，知道了科学与其他知识文化类型的主要差别，但一开始的问题还没有得到明确回答：科学和技术到底是什么样的关系？所谓的"科技"又该如何理解？

我们仍然从事实的角度来看这个问题。16、17 世纪爆发的科学革命一开始只是纯学术性和理论性的变革，并没有直接对公众和社会产生实质影响。直到 18 世纪下半叶，科学革命的结果才在社会性的层面真正突显出来。这就是工业革命。

关于工业革命的成就，各类书籍和网络资料里随处可见，但归根结底，工业革命只干了一件事，而且是至关重要的事：它让科学在技术领域发挥了广泛的影响，使得科学和技术紧密结合并渗透到整个社会生活领域。

从历史上看，技术本身并不依赖任何一种知识形态，日常经验和理论知识都能为技术创造提供基础。科学与技术的结合自然也不是命中注定的，但它们的结合产生了巨大影响。比如说，杠杆是几千年前的发明，古人很早就知道用棍子可以撬起很重的东西，然而最初他们只是在利用杠杆做事，却并不知道杠杆原理。直到阿基米德在物理层面系统地解释了杠杆原理之后，人们才有了一套普遍的理论去精确计算出要花多大的力气才能把一个东西撬起来，花多大力气才能用滑轮把东西吊起来。在阿基米德建立了杠杆的静力学之后，杠杆技术本身其实并未有实质性的变化，通过阿基米德对这个技术的理论性阐释，人们就可以用这种知识来改良技术，把它变得更高效、更有用，甚至改变人的生活方式。事实上，这类有广泛技术应用的理论工作往往会在相当程度上改变历史，因为它们把一些偶然的经验上升为一种普遍有效的理论，给人们理解事物提供了一种新视角，从而影响到整个社会生活。

不过相比工业革命时期，之前时代的科学与技术并没有大规模的融合趋势。即便在科学革命早期，科学家仍然在使用一些简单的仪器小打小闹，科学知识的推进并未立即与大规模生产、大型技术相结合，甚至可以说连当时研究者自己都没有想到过。至于老百姓的生活方式，在科学革命前后也没有太多改变。换言之，此时的技术还算不上真正的"科学技术"。

但是，到了工业革命时期就不一样了。珍妮纺纱机的出现、瓦特蒸汽机的发明，大幅度提高了生产的效率和规模。而且这些发明本身也可以大规模地批量制造，使得整个社会层面的生产力呈几何级增长，远超过去的整个历史总和。瓦特的发明让19世纪上半叶有了蒸汽动力船、蒸汽机车、锅炉等前所未见的事物，工厂林立，铁路枝蔓，可利用的东西、获得的效益和再生产能力也全都突飞猛进。工业革命带来的爆炸效应让人们逐渐意识到，科学和技术一旦有了这种程度的结合之后，就无法离开彼此而存在了。至此，人们第一次有了真正意义上的"科技"的观念，有了所谓的 science and technology。

显然，科学与技术的关系不像兄弟那样，因为两者并非同出一源。世界上至今还有一些民族只有古老的技术却完全没有科学思想，是"原始"的。同样，科学革命的历史告诉我们，有了科学思想也未必就会出现相应的技术，遑论技术的普及应用。由此可见，技术不必然导致科学，科学也未必引出技术，两者之间没有派生关系。

既非兄弟，亦非亲子，那么科学与技术的关系像什么呢？技术在本质上是创造发明，科学在本质上是理论思考，从各自的内涵当中看不出有什么必要非得产生另一项。直到工业革命出现以后，成熟的科学开始逐步与技术结合起来，这就像是两个人从不认识到认识，最后亲密结合不再分离。这样看来，科学和技术似乎更接近"夫妻"的关系。

确实，一旦科学与技术相融合，就如胶似漆、密不可分，发挥出了巨大的能量。工业革命之后，科学与技术的结合不再是零星的单打独斗，而是整个社会在背后有意识地推动。这种大规模的全面结合还远不只是表现在生产力方面，它更是深刻地体现在对彼此的影响中。今天的科学和技术，无论是在表面形式还是内部结构中都相互渗透。现在用的各种技术产品背后，都有各种复杂的科学知识；而为了学习和理解这些知识，也少不了基本的设备和技术条件。科学家的研究早已不只是在瓶瓶罐罐之间摸索，没有计算机，没有各种复杂的电子设备和工业设施，研究人员会寸步难行。可以说，只要不是天灾人祸让人类"一夜回到解放前"，那么科学和技术将永远密不可分。

虽然我们现在还是可以用一些古老的方式进行制作，但是人类始终是社会性的存在，总体上还是依赖于当下的主流生产方式。作为一个群体，人类离不开科学知识支撑的技术产品，更无法长久生活在脱离科学技术的世界里。如今我们无法想象有哪位科学家可以像古代人那样工作，即便是研究纯粹数学的人也不可能坐在房间里拿一支笔一张纸在那里写，而是一定要用到各种各样的科技成果。

结　语

从概念上讲，"科学"归根到底是一种理论性的活动，以单纯的求知为目的，而"技术"则是一种生产性的活动，为了做出某种实物而进行创造。所以科学家不是发明家，就算是电影里的邪恶科学家，发明了很多奇怪的东西，其目的也仍然是想获得某种知识。邪恶科学家也还是科学家，这是由科学家这个身份的属性决定的，在这个层面上不涉及真假、善恶的评价。只不过作为一个人，他为了某种知识不择手段，才被视为邪恶的存在。反之，像爱迪生和特斯拉那样的技术大师，就算他们掌握再多的科学知识，就其最终目的而言，仍然属于发明家或技术家。

为了充分把握"科学"的含义，我们不能凭主观臆断来定义什么是科学、什么不是科学，而是需要从事实入手，从各个角度去理解科学究竟是什么意思，以及为什么需要这样理解。

科学和技术并非天然合一，但两者的结合确实改变了人类历史。比如，简单机械的发明，包括斜面、轮子等。有一种说法是，当时的埃及人在造金字塔时很有可能使用了斜面，斜面使得他们可以把很重很大的石块一块块拖过来。再比如，机械钟的发明使得我们获得了均匀的计时，我们可以很精确地知道一件事情需要多久完成，这样我们就可以安排一件事情，我们知道以怎样的速度、怎样的节奏去做一件事情，我们的活动范围由此变得越来越大。这对于我们提高生产力以及交流水平是很有帮助的。

科技产品成了现代人的生活背景和基础，对思维方式也产生了潜移默化的影响。今天的人都知道地球是绕着太阳转的，如果有人说太阳是绕着地球转的，大家会觉得他脑子有问题。但古人认为太阳绕着地球转才是基本常识，日心说之类的东西根本就是奇谈怪论，荒谬至极。现代人这种理所当然的、下意识的反应正是科学发展和技术进步的产物。实际上，就连我们的日常用语也充斥着科技的影响。现在的很多词汇是古代没有的，外文里的很多词也是中文里没有的，甚至中文里的许多新词以及表达方式，也只有在新时代的普通话里能看到，用任何一种方言来说都会非常困难。几乎每时每刻都会有新的表达进入我们的日常生活中，大部分拜网络所赐，尽管来得快去得也快。

当然，如今也有很多人在反思：科技的进步是否真的使我们的生活更美好了？互联网和智能手机、各种快速的交通工具，确实让我们的距离更近了、交流更方便了。但"方便"和"美好"不能画等号。私密性的丧失、社群的离散化，都不见得是美好的事情，要真正做到"科技以人为本"没那么容易。用亚里士多德的术语来讲，这个问题超出了理论思考和技术创造的范畴，而属于实践领域，与我们生活的终极目的有关。其实，人类能够提出的所有问题，在某种意义上都可以通向实践领域，因为所有的提问背后都有一个"为什么要这么问"的动机在那里。当然，和实践有关的话题已经超出了本文的限度，我们点到为止，就此打住。

（复旦大学哲学博士，上海社会科学院

哲学研究所助理研究员 钱立卿）

第五讲

幸福的可能

亚里士多德的幸福观

人的本性：追求幸福

　　幸福不是生活的甜味剂，而是根植于人性的一种追求。英国哲学家密尔曾经提出过这样一个问题："你愿意做快乐的猪，还是愁眉苦脸的苏格拉底？"也就是说，人和动物的追求是不同的。当我们探讨幸福时，我们探讨的是人的幸福，而非动物的快乐。

　　在中国哲学中，被尊称为"亚圣"的孟子也说过"食色，性也"。不可否认的是，"食色"不仅是人的本性，也是大多数动物的本性。但孟子认为，人作为天地间的万物之灵还拥有良知，良知或者说道德可以被看作人的一种独特本性，"人之异于禽兽者几希"。

　　西方哲学对于人性的规定和中国哲学有着很大的差异，其中最著名的定义来自亚里士多德，他将人规定为"理性的动物"，理性是人区别于动物的本质特征。此外，他在《形而上学》这本书的开头还说了一句很著名的话："所有人按其本性都在追求知识。"这句话也许会令我们感到困惑：追求知识怎么可能是人的本性呢？在亚里士多德看来，在追求幸福与追求知识之间有着一条看不见的红线，而这两种追求都根植于人的本性。如果我们将上面这句话改为"所有人按其本性都在追求幸福"，那么想必反对的声音就会小很多了。

对于一个幼儿来说，吃零食与看动画片也许是最幸福的生活方式，即便他甚至不知道"幸福"这个概念，但追求这种生活方式的自然倾向是很强烈的。

对于一个少年来说，放寒暑假也许是最大的幸福。

对于一个青少年来说，学业有成也许是最大的幸福。

对于一个青年来说，成家立业也许是最大的幸福。

对于一个中年人来说，孩子乖巧懂事与事业成功也许是最大的幸福。

对于一个老年人来说，身体健康与儿孙满堂也许是最大的幸福。

不同年龄的人都在追求着一个或多个大的人生目标，这些目标最终都指向他们所理解的"幸福"。但为什么所有这些追求都指向同一个东西，即幸福？什么是幸福？幸福与人的本性之间有着什么样的关联？

对幸福的反思：摆脱童稚状态

追求幸福与对幸福进行反思是不一样的。苏格拉底有句名言："未经审视的人生是不值得过的。"当我们还处于童稚状态的时候，我们还不具有反思能力。童稚状态是一种天真烂漫的状态，而对幸福的反思意味着我们已经摆脱了童稚状态。

毋庸置疑，童年这个生命阶段是非常美好的，我们即将成年时或者成年以后偶尔怀念一下它也是一件乐事，但试图返回到这种状态中去就不现实了。如果一个人在生活中总是沉溺于过去，那他的人生多半会成为一个悲剧（或是喜剧）。

当今市面上充斥着各种成功学、各种心灵鸡汤，它们向人们提供了种种获得成功与幸福的方案，但都回避了一个严肃的问题：什么是幸福？如果关于幸福有着五花八门的定义，那么我们应该去追寻哪种"幸福"呢？是财富、荣誉、快乐，还是健康？抑或这些都不是真正的幸福？

在一个商业社会里，各种各样的文化消费品，例如电视剧、电影、流行歌曲甚至是各种各样的广告，都在给我们"洗脑"或者说兜售幸福：幸福是住在一个大房子里，有一个美丽的妻子或帅气的丈夫，最好还要有两个可爱的孩子，然后一家人其乐融融地生活在一起。这种图景早已成为我们时代的精神鸦片，大多数人都很难摆脱这种鸦片的麻醉作用。

处于学生阶段时，我们都不喜欢单调与枯燥的学习，都恐惧和讨厌一个又一个没完没了的考试，直到高考完，那些书本和试卷才从我们眼前消失不见。但人类是一个奇特的物种，拥有理性思考的能力。今日的汗水是为了明日的欢愉，有付出才会有回报（当然付出和回报并不总是对等的），所以今天我们还是要洒下汗水，无论是在学习中还是在工作中。为了美好的幸福愿景，任何辛苦与劳累都值得忍耐。

孔子说自己"十五志于学，三十而立"，这句话讲得真好。在十来岁的时候，人进入了多愁善感的青春期，有了困惑和迷茫之后才"志于学"，才开始反思生活、追求智慧。如果说"哲学"这个词的希腊文"philosophia"的原意是"爱智慧"，那么十来岁的青少年就开始爱智慧了，换句话说，开始思考哲学问题了。

"十五志于学"，这里所学的东西是指如何做人、如何生活、如何去追求幸福。但这件事很难，即便孔子也要经过十多年的反思与学习，到了三十岁左右，才真正成人了，或者说在人生的道路上"站立了起来"。成人并不意味着不再有烦恼与困惑，恰恰相反，一个三十岁左右的成年人肩上的担子甚至更为沉重：上有父母下有孩子，旁边有人生伴侣，在生活中还有各种各样的朋友，在工作中还有领导、同事；再往大了点说，每个人都是国家与社会的一员，都是宇宙中的一朵浪花。

每一种身份都意味着一份责任。例如，作为父母，就有抚养子女的责任；作为朋友，就有在朋友有难时伸出援手的责任；作为宇宙的一分子，我们都应该保护环境；等等。每一份责任都是一副重担，这样想来做人真的是挺累的。正如宋朝诗人辛弃疾在一首词中写的那样："少年不识愁滋味，爱上层楼。爱上层楼，为赋新词强说愁。而今识尽愁滋味，欲说还休。欲说还休，却道天凉好个秋。"

而立之年的成年人被各种生活琐事困住了，对一些问题反而不如十来岁的青少年来得敏感，在这个意义上，青少年甚至更加爱智慧，更加符合"哲人"的定义。当年苏格拉底是因为"腐蚀青年"的罪名被处死的，他探讨哲学问题的伙伴主要是青年人，大概他也意识到了只有青年才真正地充满了对智慧的爱吧。

幸福的答案：没有标准

当我们摆脱童稚状态、"因知而求学"的时候，我们能够获得人生的智慧吗？"幸福是什么？"这个问题有没有一个明确的答案？我想先来讲两部电影。

在 20 世纪 90 年代有一部经典的爱情电影——《泰坦尼克号》，它的导演是后来拍《阿凡达》的詹姆斯·卡梅隆，里面的男女主人公是由莱昂纳多·迪卡普里奥与凯特·温斯莱特扮演的。在电影中，男女主人公初识于泰坦尼克号这条船上，然后他们相爱了，但不幸的是，浪漫的爱情遇上了无情的灾难。当泰坦尼克号撞上冰山并最终快要沉没时，男主人公把逃生的机会让给了女主人公。现实世界中的爱情消失了，但他们的爱情并没有消失，不仅在幸存下来的女主人公心里一直存在，直到今天，通过电影它还能感染我们。现代人歌颂爱情时会说"爱情是永恒的"，似乎所有爱情都是柏拉图式的，都不仅存在于现实世界中，还存在于一个永恒的理念世界中。[1]

---

1 柏拉图在《理想国》一书中提出了"理念论"，他认为，在我们能感觉到的现实世界之外还存在一个永恒的理念世界，我们只能通过理性才能认识到它。

实际上，这个爱情故事向我们传达了一种幸福观：浪漫的、至死不渝的爱情是一种幸福，甚至高于一家人其乐融融地生活在一起的幸福。人是一种奇怪的动物，在悲剧式的爱情中也能感受到幸福，它甚至比各种兜售幸福的广告更能触动我们的心灵。我们也许会想："什么是幸福？"这个问题是没有标准答案的，各种各样的答案都是对的。

虽然《泰坦尼克号》是根据真人真事改编的，但里面所颂扬的爱情毕竟经过了艺术的升华。十几年后，迪卡普里奥和温斯莱特又合作了另外一部电影——《革命之路》[1]。它所讲述的则是另外一种爱情故事：一开始和在《泰坦尼克号》中一样，男女主人公相遇相知相爱；他们最终走入了婚姻殿堂，但婚后的生活却矛盾重重、争吵不断。当女主人公怀孕之后，他们打算一起迁居浪漫之都巴黎重新开始他们的生活，然而最终计划没能实现，女主人公选择了流产并死在了医院里，男主人公后来生活在无尽的悔恨之中。

艺术的魔力在于，同样都是荡气回肠的爱情悲剧，一部电影让爱情上升到了云端，另一部则让它沉到了海底。也许后一个故事对于年纪小一点的朋友来说还有点隔阂，懂得世事无常是需要时间的，但有一个道理是显而易见的：有时幸福就像水中月、镜中花，当你想去抓住它的时候，它就消失了。

1　2008年上映，由萨姆·门德斯执导，根据美国作家理查德·耶茨同名小说改编而成。

"像狗一样活着"

"什么是幸福？"虽然这个问题是没有标准答案的，但这并不是说每个答案都是正确的与合理的。例如"幸福就是像猪一样活着"这个答案在我看来就不合理，虽然我们有时很羡慕猪不知忧愁、没心没肺地活着，但想必没有人愿意成为猪。

有趣的是，哲学史上有一个学派叫作"犬儒学派"[1]，它之所以获得这个名称是因为这个学派的代表人物，例如著名的第欧根尼，号召"人应该像狗一样活着"。为什么呢？

首先，狗对生活的条件是无所谓的。对于狗来说，住在繁华的大都市还是住在偏远的乡村并没有什么分别，狗更不懂得名牌衣服和包包为何物，温饱解决了就可以了，没追求也就没烦恼。

其次，狗是没有羞耻感或者说虚荣心的。假如狗有羞耻感或者虚荣心，那么就无法做到对生活条件无所谓，这对于人来说也是一样。有时我们追求名牌产品并不是因为产品本身的使用价值有多高，而是虚荣心作祟。

据说第欧根尼住在一个木桶里，拥有的所有财产只包括这个木桶以及一件斗篷、一个棍子、一个面包袋。有一次他正在晒太阳，这时亚历山大大帝前来拜访他，问他需要什么，并保证会兑现他的愿望。第欧根尼回答道："我希望你闪到一边去，

1　犬儒学派（Cynicism）是古希腊的一个哲学学派，由苏格拉底的学生安提西尼创立。该学派否定社会与文明，提倡回归自然，鄙弃俗世的荣华富贵；要求人克己无求、独善其身，近于中国的道家。

不要遮住我的阳光。"亚历山大大帝后来说："我若不是亚历山大，我愿是第欧根尼。"

这个故事形象地说明了犬儒学派的基本特点，他们蔑视权力与财富，将生活欲望减到最低，过着无所事事、合乎自然状态的生活。犬儒学派认为，这种生活方式使得人能够不动心，也就是说，不为欲望所困，不受情绪的干扰，因而这样生活的人是幸福的。在犬儒学派这里，幸福意味着不动心或者说灵魂的平静。

这种幸福也意味着对于日常生活的否定。在日常生活中，我们时时刻刻都受欲望的驱使，欲望的无法满足给我们带来了痛苦，欲望的满足给我们带来了短暂的快乐以及随之而来的空虚，因而犬儒学派认为，最好的生活方式是舍弃欲望的、与日常生活相对的生活方式。

这种观点对于受佛教文化影响很深的中国人来说并不难理解，佛教的基本教义之一就是"诸漏皆苦"。犬儒主义的幸福观对于我们来说是有启发意义的，我们的生活之所以充满烦恼，原因在于有过多的欲望，因而欲望的节制是幸福的必要条件之一。

但在我看来，犬儒主义的问题在于，就像佛教一样，它无法与我们的日常生活相契合。它主张的是对日常生活的舍弃，人活在世上既不需要家庭，也不需要社会与国家，更不需要去创造过多的物质财富与精神财富，任何外在的目的对于人生来说都是无意义的，人仅仅"自然地"活着，"像狗一样活着"。说到底，犬儒主义是一种消极主义的人生哲学，无法指导我们的日常生活。

虽然犬儒主义主张像狗一样生活，无法成为一种普适性的伦理学，但它实际上是一种高贵的人生哲学。当代艺术之父杜尚[1]回顾他的一生时说：

> 首先，我很幸运，因为我基本上没有为了糊口去工作。我认为从实用的角度看，为了糊口而工作是挺傻的。我希望有那么一天我们可以不必为糊口而生。感谢我的运气，使我不必"下海"挣钱。我从某个时候起认识到，一个人的生活不必负担太重和做太多的事，不必有妻子、孩子、房子、汽车。幸运的是我认识到这一点的时候相当早，这使我得以长时间地过着单身生活。这样，我的生活比之于娶妻生子的通常人的生活轻松多了。从根本上说，这是我生活的主要原则。所以我觉得自己很幸福，我没生过什么大病，没有忧郁症，没有神经衰弱。还有，我没有感到非要做出点什么来不可的压力。绘画对于我不是要拿出产品，或要表现自己的压力。我从来都没有感到过类似这样的要求：早上画素描，中午或是晚上画草图，等等。我不能告诉你更多的了，我是生而无憾的。[2]

1　马塞尔·杜尚（Marcel Duchamp，1887—1968），生于法国，1954年入美国籍。20世纪实验艺术的先锋，纽约达达主义团体的核心人，代表作有《下楼的裸女》《泉》等。
2　皮埃尔·卡巴纳，《杜尚访谈录》，王瑞芸译，广西师范大学出版社，2001，第3页。

　　杜尚叙述了他自己的幸福观，幸福意味着无欲无求的、心态平和的世俗生活，按照这种生活方式生活的人无须工作、妻子、孩子、房子、车子，也无须做出什么成就或者说实现自我，不难发现，杜尚的幸福观与犬儒主义非常接近。但正如杜尚所承认的那样，他的幸福是建立在他的幸运基础之上的，年轻的时候他受到了父亲的慷慨资助，后来他依靠出售自己的作品为生，并且他也没生过什么大病，老了以后还领着美国政府的养老金。

　　杜尚的幸福观代表了一种温和的、世俗的犬儒主义。他不执着于任何世俗的价值观，但也不强烈地反对它们，在这个意义上，他的生活态度很接近于我们中国人所说的"明哲保身"，生活于世俗社会中并且能做到全身而退，这无疑需要高超的生活智慧。

　　杜尚的名言是："我最好的艺术作品就是我的生活。"可见，他对生活与艺术都保持着清醒的、深刻的认识。犬儒主义，尤其是世俗版本的犬儒主义，是颇具诱惑力的，但在哲学上我们很难赞同它。

超越城邦生活：高贵的可能

　　在关于幸福的各种哲学论述中，我比较欣赏的是亚里士多德的幸福观。让我们先来看看亚里士多德的生平。

　　公元前384年，亚里士多德出生于色雷斯，这座城市是希腊的一个殖民地，与正在兴起的马其顿相邻。他的父亲是马其顿国王腓力二世的宫廷御医。

17 岁时，他赴雅典柏拉图学园就读，直到柏拉图在公元前 347 年去世后，他又继续待了两年，但由于学园的新首脑比较赞同柏拉图哲学中的数学倾向，令亚里士多德无法忍受，便离开了雅典。此后，他开始游历各地。

离开学园后，亚里士多德先是接受了先前的学友赫米阿斯的邀请访问小亚细亚。赫米阿斯当时是小亚细亚沿岸的密细亚统治者。亚里士多德在那里还娶了赫米阿斯的侄女为妻。但在公元前 344 年，赫米阿斯在一次暴动中被谋杀，亚里士多德不得不离开小亚细亚，和家人一起到了米提利尼。

公元前 343 年，亚里士多德又被马其顿国王腓力二世召回故乡，担任当时年仅 13 岁的亚历山大的老师。正是在亚里士多德的影响下，亚历山大大帝始终对科学事业非常关心，对知识十分尊重。

公元前 335 年，腓力二世去世，亚里士多德又回到了雅典，并在那里建立了自己的学校。他所创办的吕克昂学园，占有阿波罗吕克昂神庙及其附近广大的运动场和园林地区。他在这里创立了自己的学派，这个学派的老师和学生习惯在花园中边散步边讨论问题，因而得名为"逍遥派"。

当亚历山大去世的消息传到雅典时，那里立刻掀起了反马其顿的狂潮。雅典人攻击亚里士多德，并判他为不敬神罪，当年苏格拉底就是因不敬神罪而被判处死刑的。因而亚里士多德逃离了雅典，他说自己逃离的目的是为了"不让雅典第二次对哲学犯罪"。

　　公元前 322 年,亚里士多德因身染重病离开人世,终年 62 岁。亚里士多德是西方哲学的第一位集大成者,整个科学体系及其划分是由他奠定的。如果浏览他的全集,我们会惊讶地发现他的著作包含物理学、天文学、气象学、动物学、伦理学、神学、政治学、心理学、家政学、逻辑学、修辞学、诗学、形而上学等。

　　从亚里士多德的生平不难发现,他终其一生都过着贵族式的生活,不仅衣食无忧,而且受到了当时最好的教育。他与马其顿宫廷有着紧密的联系,并且是亚历山大大帝的老师,但他并没有很大的热情直接参与政治。虽然他认为伦理学只是政治学的一部分,因为伦理学探究的是个人幸福,而政治学探究的则是城邦中所有人的幸福,但他认为最好的、最幸福的生活方式是超越于城邦生活或者说政治生活的,在这个意义上,他的伦理学不仅是贵族式的,而且是带有个人主义色彩的。

　　下面我们具体来介绍一下他的幸福观。首先,亚里士多德区分了人的三种生活方式。

享乐的生活方式

　　亚里士多德认为,享乐的生活方式是人与动物共享的。人也有动物性的一面,需要满足肉体的基本需求,快乐是需求的满足所带来的。但肉体的快乐或者说享乐的生活方式等于幸福吗?

　　如果我们问很多人什么是幸福,他们的回答都会是快乐。甚至美国宪法里都讲人天生拥有追求"happiness"的权利,在英语中，"happiness"既有"幸福"的意思，也有"快乐"的意思。由此我们可以看到，"幸福等于快乐"的观点受到了多么广泛的认可。

但什么是快乐呢？大家也许会想这是一个多么愚蠢的问题。当我们快乐的时候，我们就会知道自己是快乐的，并且知道快乐是什么样的，追问"快乐是什么"这样一个抽象的哲学问题干吗呢？

那让我们先放下这个问题。但接下来我们又会碰到"像猪一样的幸福生活是否值得过"的问题。

当代美国著名哲学家诺齐克曾经提出过一个"体验机"的思想实验[1]：

> 我们可以给某个人的身上插上各种营养管以维持他的生命，并且给他的大脑接上各种电极，通过刺激他的大脑皮层让他不断产生快乐的感觉，例如让他看到各种美景、听到各种美妙的音乐等。值得指出的是，电极人的生活与猪是不一样的，猪看不到各种美景，大概也听不到各种美妙的音乐，还时时面临着被屠宰的危险，所以看上去电极人的生活是比猪的生活更值得一过的。

---

1 "体验机"（The Experience Machine）思想实验来自《无政府、国家和乌托邦》（姚大志译，中国社会科学出版社，2008）一书的第三章。也可参见第一讲"幸福体验机"思想实验。

今天在技术上实现这个思想实验应该没有多大的困难，但诺齐克提出了这样一个哲学问题：这个"电极人"的生活值得一过吗？

电极人的生活与猪的生活在本质上是没有多大分别的，我们很难接受它的一个原因在于，这种生活看上去不怎么像人的生活。大家也许能够赞同的是：虽然我们都追求快乐，但我们追求的快乐既不是电极人的快乐，也不是猪的快乐，而是人的快乐。

这就是说，快乐是有很多种的。听一首莫扎特的音乐所产生的快乐与吃一个冰激凌带来的快乐是不一样的，对于后一种快乐，我们可以简单地认为是肉体快乐，而前一种快乐则是精神上的。即便对于没受过教育、生活贫苦的人来说，仅仅追求肉体快乐也是不够的，他也需要家庭带来的快乐（这被传统中国人认为是最高的快乐，即天伦之乐）、与朋友交往带来的快乐等其他"属于人的快乐"。

如果我们明白了这一点，那么我们就可以进入亚里士多德所讨论的第二种生活方式了。

政治的生活方式

在亚里士多德看来，在享乐的生活方式之外，人还在城邦或者说社会中追求荣誉，这构成了第二种生活方式——政治的生活方式。[1]

对于当时的古希腊人来说，追求荣誉是生活中一个非常重要的目标。如果大家看过布拉德·皮特主演的电影《特洛伊》的话就会知道，《荷马史诗》中最受推崇的英雄阿喀琉斯去特洛伊打仗不是为了抢夺财宝，甚至也不是为了保卫家园，因为他自己的城邦没有受到威胁，他去打仗的真正原因是追求荣誉（glory）。古希腊人认为在战争中赢得荣耀的英雄接近于不朽的神，这有点像中国人把关公奉为神一样。

另外一个追求荣誉的例子是奥林匹亚运动会。它对于古希腊人来说重要到什么程度呢？古希腊人会拿它来做纪年的标志，当时公元纪年还没有产生，因此古希腊人纪年的方式是"第 × 届奥林匹亚运动会前（或后）× 年"。

奥林匹亚运动会这么重要是因为古希腊人崇尚身体的强壮，这种观念直到今天还是奥林匹克运动会的口号：更快、更高、更强。如果说古希腊人推崇身体强壮有其现实目的，例如打仗，那么我们今天为什么还要推崇它呢？例如刘翔在雅典奥运会上获得金牌令全国人民都那么激动，有什么道理呢？在 2021 年东京奥运会上，中国田径运动员苏炳添以 9.83 秒的成绩顺利晋级决赛，并打破亚洲纪录，成为首位闯进奥运男子百米决赛的中国人。我们认为他们都非常了不起。但为什么呢？我们可以回

1　古希腊社会是一种城邦社会，以一个或几个城市为中心形成了政治共同体，其中最有名的城邦是雅典和斯巴达。"城邦"的古希腊语是"polis"，亚里士多德所说的"政治的生活方式"实际上是指在城邦或者说社会中的生活方式。

答说，是因为他们获得了巨大的荣誉，但这个回答并没有告诉我们：为什么人类直到今天还推崇身体上的强壮。

对于古希腊人来说，答案是不言自明的：在奥林匹亚运动会上获得桂冠是至高无上的荣誉，而之所以把荣誉赋予运动员是因为他们实现了身体上的卓越（excellence）。也就是说，古希腊人推崇奥林匹亚精神是在推崇一种卓越或者说优秀，正如他们推崇伟大的悲剧诗人与艺术家一样。

在古希腊语中，人们将卓越称为"德性"（arête）。在哲学中，我们需要区分"德性"与"道德"这两个概念，德性是一个含义更广泛的概念，道德实际上只是一种卓越或者说德性，亚里士多德将它称为"伦理德性"。在这个意义上，我们就能理解亚里士多德在《尼各马可伦理学》里说的：追求荣誉实际上是在追求德性。荣誉是社会共同体对于具有德性的、卓越的人的奖赏。在亚里士多德看来，追求荣誉或者说追求德性的生活方式是社会性的，只有在社会中才能培养个人的德性，成为卓越的人，并且获得荣誉。如果我们都像孤岛上的鲁滨孙一样生活，那么我们是不需要追求德性与荣誉的。

小时候我们经常会被问一个问题：长大后想做什么？我们的回答往往是科学家、宇航员、消防员、企业家等。但其实这个问题很愚蠢，因为小孩子还不懂得要成为一个什么人的意思，或者说他们还没有开始思考人生，只有到了差不多青春期的时候人才开始有了反思能力，才会开始思考各种人生问题。而当我们思考要成为一个什么样的人或者说将来做什么的时候，我们会考虑很多因素，例如，能挣多少钱、自己的兴趣、社会的需求等。而古希腊人的生活智慧是，人活着应该追求卓越与荣誉。卓越与荣誉应该是一个比快乐更值得我们追求的目标。你认为亚里士多德的这个观点有道理吗？

接着我们来谈第三种生活方式。

沉思的生活方式

第三种生活方式是沉思。在具体介绍这种生活方式之前，首先需要说明的是，在亚里士多德看来，三种生活方式是层层递进的。

"层层递进"包含两层意思：首先，它意味着后一种生活方式是好于前一种生活方式的，追求卓越与荣誉的生活方式好于享乐的生活方式，而沉思的生活方式又好于追求卓越与荣誉的生活方式；其次，后一种生活方式是以前一种生活方式为基础的，这就是说，追求卓越与荣誉的生活方式要建立在享乐的生活方式基础之上，而沉思的生活方式则要建立在前两种生活方式的基础之上。下面我们来稍微解释一下这两点。

关于哪种生活方式更好的问题在亚里士多德看来是很重要的。因为大多数人对生活的看法都来自社会中的流俗意见，而所谓有独立思考能力的现代人常常是这样来思考问题的："我要怎样生活？我所选择的生活方式对我来说就是最好的。Over！"

但在亚里士多德看来，生活方式是有好坏之分的。前面我们讨论过猪与电极人的生活为什么不值得过的问题，我们的一个理由是，它们看上去不怎么像人的生活方式。对于人来说，要有家庭、工作、朋友等才能过上好的生活，也就是说，只有在社会中才能过上美好生活。

当然也会有这样一种观点，即认为离群索居的生活方式是最好的。一个人躲到深山老林中去修行，或者和爱人一起私奔到天涯海角，从此过上神仙眷侣般的生活。在年轻的时候，很多人都会有这样的冲动。但这种想法其实是一种虚构的浪漫，大家可以设想一下：如果你的家人或者朋友都孤立你，你会有什么样的感受？很多哲学家都告诉我们，他人对于我们的意义常常比我们所认为的更加重要。

亚里士多德告诉我们，人是一种政治或者说城邦动物，这个观点是很高明的，人在本质上就是一种社会性动物。我们不仅要在社会中获得各种生活必需品，也只有在社会中才能实现各种卓越，例如成为科学家、企业家等。但更重要的是，人对同类有着一种本能的心理依赖感，只有当我们爱着别人，也同时被别人爱着的时候，我们才能感到幸福。所谓的离群索居的生活梦想恰恰是在我们被他人深深伤害之后才会产生的一种想法，它其实是一种对于生活的逃避，而我们应该主张的是一种斯巴达式的生活精神，"彪悍的人生不需要解释"，对吗？

上面讲的也许可以说明亚里士多德的一个主张，那就是政治的、社会的生活方式要好于享乐的生活方式，因为这种生活方式更符合人的本性。那接下来的问题是：什么是沉思的生活方式？为什么沉思的生活方式要好于政治的、追求卓越与荣誉的生活方式？

因为在亚里士多德与古希腊人看来，人与动物的本质性差异在于拥有理性，"人是理性的动物"，因而如果说在社会生活中我们能够实现身体上、情感上与勇气上的卓越，那么还有一种卓越是没有实现的，那就是理性的卓越。

简而言之，在亚里士多德看来，成为一个拥有强壮、勇敢、正义、大方、节制等德性的人还是不够的，人生的最高理想在于实现理性上的卓越，而这意味着过上沉思的生活。当然，我知道这一点对于大多数人来说是难以理解、难以接受的，也有点不切实际。在后面我会具体地解释这种生活方式，为亚里士多德做一点辩护。

接下来我们先讲一下，为什么后一种生活方式要以前一种生活方式为基础。当人作为一个婴儿呱呱坠地的时候，需要喝奶、睡觉，也需要穿衣，婴儿和一个小动物并没有什么两样，为了维持生命都需要解决温饱问题。只有在这个基础之上，人才能够生存与发展。有人也许听说过著名心理学家马斯洛[1]提出的需求理论，他将人的需求分为五个层次：

---

1 亚伯拉罕·马斯洛（Abraham Maslow，1908—1970），美国社会心理学家，人本主义心理学的主要发起者，著有《动机与人格》等。

生理需求

生理需求是人最原始、最基本的需求，如空气、水、吃饭、穿衣、性欲、住宅、医疗等。如果得不到满足，人类的生存就会成问题。这就是说，它是最强烈的、不可避免的最底层需求，也是推动人们行动的强大动力。

安全需求

安全需求要求劳动安全、职业安全、生活稳定、希望免于灾难、希望未来有保障等。安全需求比生理需求较高一级，当生理需求得到满足以后就要保障这种需求。每一个在现实中生活的人，都会产生安全感的欲望、自由的欲望、有防御实力的欲望。

社交需求

社交需求也叫归属与爱的需求，是指个人渴望得到家庭、团体、朋友、同事的关怀、爱护和理解，是对友情、信任、温暖、爱情的需求。社交需求比生理需求和安全需求更细微、更难捉摸。它与个人性格、经历、生活区域、民族、生活习惯、宗教信仰等都有关系，这种需求是难以察觉、无法度量的。

尊重需求

尊重需求可分为自尊、他尊和权力欲三类，包括自我尊重、自我评价以及尊重别人。尊重需求很少能够得到完全的满足，但基本上的满足就可产生推动力。

自我实现需求

自我实现需求是最高等级的需求。满足这种需求就要求完成与自己能力相称的工作，最充分地发挥自己的潜在能力，成为自我所期望的人物。这是一种创造的需求。有自我实现需求的人，似乎在竭尽所能，使自己趋于完美。自我实现意味着充分地、活跃地、忘我地、集中全力全神贯注地体验生活。

我们可以看到，马斯洛对于需求的分层与亚里士多德关于生活形式的划分基本是对应的，处于最底层的都是人的生理需求，其次是人的各种社会性需求，安全、社交以及尊重需求都只有在社会中才能得到实现。而只有当这些需求被满足后，人才能够很好地去追求自我实现。用亚里士多德的话来说，沉思生活的前提是闲暇，只有当人既不为物质生活，也不为家庭生活、社会生活所迫时，才能够很平静地去过沉思的生活。在亚里士多德看来，沉思的生活是人的最高的、最好的生活方式，它意味着幸福。

亚里士多德说的沉思不是佛教、基督教以及各种神秘主义所主张的那种沉思，而是指一种理性认知活动；并且它不是泛指一切理性认知活动，而是指与日常生活需要无关的、对永恒不灭的对象的沉思活动，亚里士多德将这种对象称为"高贵的、神性的事物"。古希腊人把数学对象、天体以及神都归为这一类对象，因为这三类对象在他们看来都是永恒不灭的。与之相应，数学、物理学以及形而上学都属于亚里士多德所说的沉思活动。

沉思的古希腊语是"theoria"，就是英语"theory"（理论）一词的来源。对于古希腊人来说，理论的目的不是为了指导实践或者说生活，恰恰相反，实践或者说生活的最终目的是理论或者说沉思。

也许大家会感到惊讶的是，为什么亚里士多德赋予这三种学科以如此崇高的地位，难道关涉人类生活的经济学、伦理学、政治学等学科不重要吗？这些学科当然也很重要，但是它们所研究的对象都是属人的事物，人的情绪、意志、欲望等因素都是这些学科所必须考虑的，因而它们无法达到数学或物理学那样的精确性与普遍有效性。

此外，它们研究的对象是"人的事物"，而不是"神性的事物"。人类是一种有限的存在者，我们出生、生活、死亡，只是世界的过客而已，而世界本身即便不是永恒的，它的持续时间和人类的寿命也不是一个量级的。因而，从研究对象上来看，经济学、政治学等与人类生活相关的学科不如数学、物理学或者形而上学来得高贵，至少古希腊人是这样来看待人类知识的。

在这里，我们看到一种了不起的西方思想。在人类的蒙昧时期，科学还没有诞生，人类精神的最初表现形式是图腾崇拜以及与之相关的艺术创作；接着在各个民族之中产生了各种各样的神话以及原始宗教；直到西方哲学出现，人类对于世界的认识并不是理性的，而是与各种各样的信念、想象混杂在一起的。

　　西方的第一个哲学家是古希腊的泰勒斯（公元前 7 世纪出生），他生活在小亚细亚的古希腊城邦米利都（现在土耳其境内），他所提出的第一个哲学问题是："世界的本原是什么？"而他的答案是："水。"由此人类精神上升到了抽象理性的阶段。在纷繁复杂的现象背后，哲学家们认为这个世界是由一种或几种本原而生成的，无论他们所找到的本原是元素（自然哲学）、数（毕达哥拉斯学派），还是理念（柏拉图），他们对于世界的解释都不再是凭借信念与想象，而是凭借理性。

　　正是在这样一种历史背景下，作为古希腊哲学集大成者的亚里士多德，才自然而然地认为物理学、数学以及形而上学是最高贵的科学。人类对于知识的追求是超越于日常生活的需要的，数学研究的最终目的不是为了丈量土地与收税，物理学研究的最终目的也不是为了制造蒸汽机或者火箭，它们的最终目的都是为了认识世界本身。

　　亚里士多德有一句名言"吾爱吾师，吾更爱真理"，对于知识与真理的追求在他看来是人生的最终目标，在这个意义上，我们也才能理解《形而上学》的第一句话："所有人按其本性都在追求知识。"这句话的意思并不是说"所有人都在追求知识"，在现实生活中，显然很多人追求的并不是知识。对于这句话的正确理解应该是：如果按人的本性自然发展，那么人生活的最高目标是追求知识与真理。

　　通过上面的阐述，也许大家能够赞同将追求知识或者说沉思作为最高的生活形式，然而大家也许会问："它与幸福有什么关系呢？"

这个问题是很有意义的。如果说沉思意味着人的幸福，那么它仅仅作为最高贵的、最好的生活方式是不够的；所有人追求的是幸福与快乐，最高的、最好的生活方式不一定就适合我们，毕竟我们不是像亚里士多德一样的贵族，还得为柴米油盐奔波。

虽然亚里士多德并不赞同"幸福是快乐"这种快乐主义的观点，但他认为"幸福应该包含快乐"，并且"幸福并不仅仅应该包含快乐"。简而言之，快乐只是幸福的一部分，我们还应该追求卓越与荣誉，甚至还必须有闲暇，以便能够进行沉思。那么幸福是不是快乐、德性（荣誉）以及沉思活动的总和呢？

也不是。因为在亚里士多德看来，不仅吃喝玩乐能够给人带来快乐，拥有德性、获得荣誉同样能够给人带来快乐，即便没有获得其他人的赞许，成为一个优秀的田径运动员或者钢琴家也是一件人生乐事，难道不是吗？同样，在亚里士多德看来，沉思活动也是伴随着快乐的，解决哥德巴赫猜想或者发现相对论这种巨大的科学成就会令科学家感到快乐，甚至回答出一个几何学难题也会令一个中小学生感到快乐，这种快乐与肉体快乐并不相同，而是"智性的愉悦"。因而亚里士多德认为，沉思活动不仅是最好的、最高贵的活动，而且是能够带来快乐的活动，在这个意义上，它确实能够被称为幸福。

此外，亚里士多德还提出，沉思活动是"最自足的"，因而意味着一种完满的幸福状态。但正如前面所讲到的那样，沉思活动是以物质生活以及政治生活为基础的，即便再伟大的哲学家也没办法饿着肚子搞哲学，假如不是生活在一个安定与繁荣的社会中，而是不断地颠沛流离，那么闲暇这种进行沉思活动的前提条件也就不具备，沉思活动也就不可能了。从这个角度，我们当然可以对亚里士多德的观点进行质疑，但他也是承认沉思活动的这些前提条件的：

> 人的幸福还需要外在的东西。因为，我们的本性对于沉思是不够自足的。我们还需要有健康的身体、得到事物和其他的照料。但尽管幸福也需要外在的东西，我们不应当认为幸福需要很多或大量的东西。因为自足与实践不存在于最为丰富的外在善和过度之中。做高尚（高贵）的事无须一定要成为大地或海洋的主宰。只要有中等的财产就可以做合乎德性的事……有中等的财产就足够了。因为，幸福的生活就在于德性的实现活动。梭伦也对幸福做过很好的描述。他说，那些具有中等程度的外在善，做了自己认为是高尚（高贵）的事，并节制地生活了的人们是幸福的。因为，有中等程度的外在善就可以做高尚（高贵）的事。阿那克萨戈拉也似乎认为富有的人和有权势的人并不就幸福。[1]

亚里士多德很清楚地认识到了沉思活动或者说幸福的前提

---

1 亚里士多德，《尼各马可伦理学》，廖申白译，商务印书馆，2003，第310—311页。

条件，但他认为这些前提条件并不难达到，拥有了中等程度的外在善，用我们今天的话来说，成为中产阶级就足够了，这个标准在当今时代并不难达到。只不过沉思实际上是很费脑细胞的，在现实生活中，衣食无忧并且有闲暇时，大多数人还是更愿意进行一些轻松的娱乐活动。在今天，大部分的科学研究需要借助于高精尖的仪器设备，因而很难说是自足的；但对于一个普通人来说，读书和思考并不依赖于很多外在条件，而更多地取决于个人的兴趣与意愿，在这个意义上，亚里士多德说的依然是对的，"沉思活动是最自足的"。

结语：幸福与友爱

最后我想介绍一下亚里士多德关于幸福与友爱之间的关系的论述，来作为结语。

上面的介绍也许使得我们产生了这样一个印象，那就是亚里士多德的幸福观是个人主义的。在他看来，幸福既非物质上的满足或者说肉体上的快乐，也非在社会生活中获得荣誉，而是自足的沉思活动，它是无须依赖他人的。从这个角度看，亚里士多德确实持有一种个人主义的幸福观。但他的个人主义却是相当温和的，虽然他认为幸福在于沉思，但是他承认幸福的人也需要朋友。

人们说，享得福祉的、自足的人不需要朋友。因为，他们自身已经应有尽有，并且——因为自足——不可能再增添什么了；而朋友作为另一个自身，只是在补充一个人不能自身产生的东西。所以有这样的话："若有神佑，谁还需要朋友？"[1]

亚里士多德是反对这种观点的。在他看来，持这种观点的人预设了这样一种想法：朋友意味着对自己有用的（例如生意上的伙伴）或者是能给自己带来快乐的人（例如牌友），因而如果一个人已经是幸福的，那么他就不再需要朋友了。

亚里士多德认为，真正的友爱存在于有德性的人之间。我们与朋友建立真正的友谊，是因为他们本身是卓越的、杰出的，或者拥有高尚的品德，而不是因为他们能给我们带来利益或者快乐。其实，这种友爱就是中国人说的"君子之交"，和高贵的人在一起本身就是一种莫大的幸福。据说苹果公司的创始人乔布斯曾经说过："我愿意用我所有的科技去换取和苏格拉底相处的一个下午。"

在上面的引文中有一句话是："朋友作为另一个自身。"柏拉图在《会饮篇》里曾借助喜剧诗人阿里斯托芬之口提出了这样一个观点：爱人是自我的另一半。只有拥有另一半的时候，我们每个人才是完整的。这个观点到现在还很流行，但它其实蕴含了一种自恋情结，即我们每个人在寻找爱人的时候都只是在

1　亚里士多德，《尼各马可伦理学》，2003，第277—278页。

寻找自己。简单来说就是，同类相吸，相类似的人才会相互吸引。这个观点在当代社会心理学中也得到了证实。亚里士多德也赞同这个观点，他认为友爱的本质是自爱，我们对朋友的友爱实际上是在爱"另外一个自身"。

我们中国人把真正的朋友称为"知己"或"知音"，伯牙、子期高山流水的故事广为流传。只有心灵相通的人才能成为真正的朋友，这也是一种常识。但亚里士多德指出，坏人之间是很难成为朋友的，因为他们会为了自身的利益而损害他人的利益。我们设想一下，两个喜欢在背后讲他人八卦的人能够成为真正的朋友吗？如果他们成了朋友，那么他们的友谊能够持久吗？答案是否定的，因为我们都不喜欢其他人在背后讲自己的八卦，即便喜欢讲八卦的人也不喜欢被讲，也就是说，喜欢讲八卦的人之间除非"约法三章"，否则他们是无法成为朋友的。但在这种情况下，他们其实已经是作为"好人"才成为朋友的了；并且他们的友谊要保持下去，必须在其他方面也成为"好人"，否则友谊的小船就会说翻就翻。亚里士多德的观点是很有道理的，真正的友谊只能存在于有德性的人之间，或者说君子之交才是真正的友谊。

上面的讨论也已经蕴含了这样一个观点：自爱和自私是不一样的。亚里士多德指出，虽然对朋友的友爱意味着一种自爱，但自爱并不意味着自私自利、损人利己。相反，自私自利的人是很难和其他人做朋友的，因为友谊是一种"爱"，一种对他人的善意，并且是相互的，而一个人越是自私自利，对他人的善意就越少，反过来能够获得的他人的善意也就越少。所以，适度的自爱或者说"自恋"并不会妨碍友谊，自私自利才会。我们也可以思考一下：如果一个人连自己都不爱，他怎么会爱其他人呢？一个自尊自爱的人才会获得他人的尊重与友爱。

关于友爱或者说友谊，亚里士多德还提出，幸福与快乐是需要与朋友分享的，独乐乐不如众乐乐。此外，他还认为，真正的朋友不可能有很多，每个人的时间与精力都很有限，并且知音难觅，人生得一知己足矣。

对于亚里士多德的幸福观，也许大家并不完全赞同，我自己也有一些保留意见。例如，在我看来，现代人已经不可能有一致的幸福观了，幸福的意义必然是复数的，并且对于现代人来说，自愿的选择是幸福的必要条件；而在亚里士多德那里，对于幸福的探讨是从对于人的本质的规定出发的，这在今天已经是很难行得通了。但我们也看到，亚里士多德的幸福观一方面是很接地气的，他强调幸福的物质基础与社会基础，另一方面体现了一个伟大的心灵对于人类生活的思考。希望这一讲能给大家一些关于幸福的启迪。

（德国海德堡大学哲学博士，上海交通大学哲学系副教授　陈勇）

第六讲

柏拉图式的爱

美与智慧的同一

导　言

在古希腊文化中，爱与美两大主题有着难以割舍的关系。古希腊神话中的爱神厄洛斯（Eros）被认为是最美的。诗人赫西俄德在《神谱》中描写厄洛斯时说："在不朽的诸神中数她最美，能使所有的神和所有的人销魂荡魄呆若木鸡。"书中描写的我们更为熟悉的另一位爱神阿芙洛狄忒（Aphrodites）也兼具"爱"和"美"的特征，全名是"爱与美之神"。

但在哲学家柏拉图[1]的笔下，厄洛斯却被描述为本身不美却

1　柏拉图常被视为西方哲学史上开天辟地式的人物，后世的哲学家对他的评价很高。比如20世纪德国哲学家雅斯贝尔斯（Karl Jaspers）说哲学始于他、终于他；美国哲学家怀特海（Alfred Whitehead）说整个两千多年的西方哲学都是柏拉图的注脚。作为第一个最重要的哲学家，他的著作与我们现在通常所看到的哲学著作有很大不同，采取的都是对话体的形式。柏拉图的对话一般都以其老师苏格拉底作为主角，在不同的对话中，苏格拉底与其他对话者往往就某一论题，如"美""爱""正义"等展开对话。文中所引柏拉图的著作皆依据朱光潜先生翻译的《柏拉图文艺对话集》（商务印书馆，2013）。——作者注

很爱美的精灵，而且他认为在厄洛斯所追求的各式各样的美中，数智慧最美，由此他得出了"爱美"本质上便是"爱智慧"这一重要结论，这便是我们所知道的"哲学"（philosophia）一词的本义了；爱神也由此最终化身为了爱智慧的哲学家。

这样，悖论式地，外貌丑陋的苏格拉底由于其爱智慧的特征，似乎幻化为了通常被赋予了"最美"这一特征的爱神形象。在柏拉图看来，对智慧的爱是一切爱中最好、境界最高的，爱智慧的生活是最值得过的生活。通过这一讲，大家可以对古希腊文化中——特别是柏拉图著作中——爱与美的主题有所了解，从而理解我们通常所说的"柏拉图式的爱"（Platonic love）的由来及其爱智慧的精神本质。

美的哲学化

虽然在古希腊文化中爱与美这两大主题总是紧密相关，但我们在此有必要分别对爱和美进行考察。首先来看美这一主题。

我们每个人多多少少都有感知美的能力，对吗？一般来说，我们会觉得盛开的花朵美、某个人长得美（美人）、一幅画的构图和色彩美（美图）、一首歌的旋律美（美乐）、一篇文章的构思和行文美（美文）。我们甚至会说某种食物味美，称其为"美食"，还会说一个人的心灵美、某个地方习俗或政治美，所谓"美俗""美政"[1]。

但是，大家有没有发现，我们用同一个"美"字形容的东西可以是迥然不同的，可以是一朵花、一道菜，甚至心灵、风俗和制度。这些种种不同的事物都被称为"美"的，用以形容它们的"美"的含义是一样的吗？"美"到底是什么意思呢？你会怎么为"美"定义呢？

"金苹果"之争

事实上，古往今来，"谁／什么（最）美？"几乎是一个所有人都在意、关注的问题。它甚至会引发战争，正是关于谁（最）美的争论为特洛伊战争埋下了伏笔。大家都知道特洛伊战争的原因是特洛伊的王子帕里斯诱拐了斯巴达的王后海伦，但此事件如果再追溯的话，其源头就是"金苹果"之争，即关于"谁最美"之争。

奥林匹亚神系诸神中最著名的三位女神——智慧女神雅典娜、爱与美之神阿芙洛狄忒、天后赫拉都竞相争夺"金苹果"，因为它上面写着"献给最美丽的女神"。由于特洛伊王子帕里斯被认为是当时人间最美的男子，因而被指定裁决三位女神谁最美。三位女神为了获胜，向他做出了不同的承诺，分别是：赋

1　如荀子："无国而不有美俗。"（《荀子·王霸》）"儒者在本朝则美政，在下位则美俗。"（《荀子·儒效》）——作者注

予他智慧、使其拥有世界上最美的女人、赐予其权力。帕里斯最终选择了阿芙洛狄忒，并因此得罪了另外两位女神。

后来虽然阿芙洛狄忒履行承诺，使他获得了世界上最美的女人海伦，却因此引发了特洛伊战争，并使他在战争中受到另外两位女神——雅典娜和赫拉的惩罚，雅典娜所护佑的希腊军队最终击溃了特洛伊，而帕里斯也因受伤不治而亡。这一广为流传的神话故事或多或少体现了在古希腊人的理解中，美是一个重要却棘手的难题。

在这个神话中，帕里斯选择了阿芙洛狄忒，实际上就是选择了海伦，即形体、容貌的美。如果是你面临帕里斯的难题，你会怎么选择呢？哲学家又会如何选择呢？带着这个问题，我们可以来看看柏拉图会如何选择。

《大希庇阿斯篇》："美的"与"美"的区分

《大希庇阿斯篇》（*Hippias Major*）的副标题就是"论美"，这一对话发生于苏格拉底和自认为很有智慧的智者希庇阿斯之间。苏格拉底提出了"什么是美"或者说"美是什么"这个问题，对此问题表示信心满满的希庇阿斯多次做出了回答。他首先说美就是漂亮小姐，接着又依次给出了美是漂亮母马、美丽的竖琴甚至好看的汤罐等回答。

的确，希庇阿斯给出的回答从人到动物到人造物，它们似乎是风马牛不相及的事物，却又具有某种共同之处，即它们都是美的。但可以说,希庇阿斯并没有准确把握苏格拉底提出的"什么是美"(what is the beautiful?)这个问题,而一直在"什么是美的"(what is beautiful?)这个层面上进行回答。

那么,苏格拉底到底追问的是什么呢?

应该说是一个更一般性的、更普遍的"美",他把它称为"美本身"。

在他看来,"美本身"是一种更为根本的"美",不同于我们可以无穷列举的、各种美的具体事物。关于美本身的追问根本不同于对"什么(东西)是美的"的具体判断。"什么(东西)是美的"与"什么是美"两个问题其实对应的正是具体美的事物与美本身的区分。

但"美本身"与各种具体美的事物并非毫不相关,苏格拉底认为,恰恰是"美本身"使得各种各样美的事物成其为美的:"凡是美的那些东西真正是美,是否有一个美本身存在,才叫那些东西美呢?"

由于能使各种具体美的事物成其为美,那么"美本身"必然不会是具体的某种美的事物:"我们问的是美本身,这美本身把它的特质传给一件东西,才使那件东西成其为美,你总以为这美本身就是一个年轻小姐、一匹母马,或一个竖琴吗?"

苏格拉底不断强调"美本身"使具体事物成其为美的特点:"我问的是美本身,这美本身,加到任何一件事物上面,就使那件事物成其为美,不管它是一块石头、一块木头、一个人、一个神、一个动作,还是一门学问。"

美本身不仅使外表上看起来为美的具体事物美，还使哪怕外表上看不出美的事物美："我们所要寻求的美是有了它，美的事物才成其为美，犹如大的事物之所以成其为大，是由于它们比起其他事物有一种质量方面的优越，有了这种优越，不管它们在外表上什么样，它们就必然是大的。美也是如此，它应该是一切美的事物有了它就成其为美的那个品质，不管它们在外表上什么样，我们所要寻求的就是这种美。"

对此，我们可以理解为，在苏格拉底看来，"美本身"仿佛类似一种元素式的东西，美的东西——无论在外表上看起来美或不美——都是由于包含了这个内核、这种元素，才得以成为美的。有了这种内核、元素，哪怕是风马牛不相及的花朵、动物、人造的雕塑、音乐等具体事物都可以被称为美的。

各种不同的美的具体事物在美的程度上存在等级差别，一些事物可能较之于另一些事物更美。赫拉克利特有一句名言：最美的猴子比起人来还是丑的。苏格拉底依据同样的道理在这里也说：最美的年轻小姐比起女神还是丑的。但他同时认为，对于"美本身"而言，则不存在这样的问题，它不存在等级差别，它本身就是一种普遍的、永恒的、"不拘哪一种时境的美"。

在《大希庇阿斯篇》中，柏拉图虽然借苏格拉底之口发出了关于不同于具体美的事物的"美本身"的追问，并初步描述了其普遍、永恒、存在于"伟大的真实界"的特点，但实际上并没有得出什么建设性的答案。在此篇结尾处，苏格拉底的结论是诚实谨慎的："美是难的。"但他没有放弃关于"美本身"的探寻，这一主题在《会饮篇》和《斐德若篇》中得以继续展开。

《会饮篇》：美的理念

柏拉图在《会饮篇》（*Symposium*）中更详细地说明了"美本身"的特征：不依赖于任何具体事物而永恒不变；是具体美的事物成其为美的根本原因；对于任何审美者而言都绝对美。

> 这种美是永恒的，无始无终的，不生不灭的，不增不减的。它不是在此点美，在另一点丑；在此时美，在另一时不美；在此方面美，在另一方面丑；它不是随人而异，对某些人美，对另一些人就丑。还不仅此，这种美并不是表现于某一个面孔、某一双手，或是身体的某一其他部分；它也不是存在于某一篇文章、某一种学问，或是任何某一个别物体，例如动物、大地或天空之类；它只是永恒地自存自在，以形式的整一永与它自身同一；一切美的事物都以它为泉源，有了它那一切美的事物才成其为美，但是那些美的事物时而生，时而灭，而它却毫不因之有所增、有所减。

如果结合柏拉图哲学的核心范畴"理念"（eidos，英译idea，也常被翻译为"理型"或"理式"）来理解这段引文的话，可以说，柏拉图在此提出了"美本身"就是一种理念。这种观点将作为"美的本质"的"美"从具体美的事物中抽离出来，作为一种客观绝对、普遍永恒的理性形式。

在这种观点的观照下，一切具体美的事物之所以美，是因为"分有"了绝对的美的理念，但由于它们只是"分有"美的理念，因而本身并不就是绝对的美或美本身，这就解释了为何具体事物的美会有等级之分而并非永恒不朽。美丽的花会枯萎、凋谢，漂亮小姐的容貌和形体终会衰老、皱纹遍布、不再挺拔，但春去春来、花开花谢，美的理念却不因此而产生变化或消失。

不仅如此，在柏拉图这里，美的理念就如同几何学的公理、定理一样，具有绝对客观的特点。几何学的公理，如"两点之间直线距离最短"，对于身处任何文化和时代、无论具有何种偏好的人而言都是没有争议的。对柏拉图而言，美的理念与此类似，也能解决关于美的问题的种种难题纷争。

一般来说，美是一个富有争议性的议题，一个人看来美的事物也许在另一人看来就不美。有人觉得花瓣层层叠叠、颜色艳丽的大朵牡丹是花中最美，而有些人可能觉得单瓣、颜色淡雅的小朵樱花最美。"肥环瘦燕"，某个时代的人觉得美的东西和样式，可能在另一个时代并不被认为美，时尚圈审美潮流的风向更是瞬息万变。

这也在一定程度上解释了"金苹果之争"为何如此难以裁定。如果现在进行一个关于世界上最美之人的裁决，可以料想的是，没有任何一个人会被世界上所有的人公认为最美的，人们最多只能推选出自己所认为最美的人，然后依据票数进行裁决，即便如此，获得票数最多的人肯定也不会获得所有的选票、被所有人普遍承认为最美。

而在柏拉图这里，美的理念不会受到审美主观性的影响和限制，而是对于一切时代的所有审美者而言都是最美的，正如我们不能否认"两点之间直线距离最短"，或者不能否认"1+2＝3"那样。

《斐德若篇》：真实界

到此为止，很多人可能会纳闷说，对于具体的美的事物，我们是可以感知、把握到的。比如，看到春天团团簇簇的樱花，我们自然而然、不经思索就会产生美的感受，会情不自禁地感慨："真美啊！"听到一首优美的旋律，我们也会自然而然产生共鸣，甚至跟着节拍哼唱、手舞足蹈起来。而美的理念是我们眼不能见、耳不能听，也触摸不到的，仿佛不是此世之物。

在柏拉图看来，确实如此，"美本身"的存在与美丽的花、漂亮小姐等事物不同，它并不存在于我们可以目见耳闻的感官世界，而存在于一个所谓"真实界"。柏拉图在《斐德若篇》(*Phaedrus*)中以形象的语言对"美本身"及其存在的那个"真实界"进行了描述。

这个真实界也被他称为"真理大原"或"永恒本体境界"，存在于天外，其中存在着"真实体"，这些真实体的特点是"无色无形，不可捉摸"。而"美本体"或者说"美本身"与"本然自在的绝对正义、绝对美和绝对真知"等一并存在于这个真实界。

如果是这样，我们怎样才能把握到美本身呢？在这里，柏拉图是在故弄玄虚吗？我们在开篇的时候就提到，古希腊人通常把美与爱两个主题紧密连在一起，美是爱的对象，是引起爱的原因，在柏拉图这里也不例外，他对美和对爱的探讨也都是紧密相连的：爱指向的是美。现在我们再转向爱这个主题，来看看柏拉图认为爱如何能够把握美的理念。

爱的哲学化

在古希腊日常用语中，关于"爱"的表达形式多样，主要体现为三个重要的基本词汇："philia"、"agape"和"eros"。虽然都表示"爱"，但这三个词语却各有差异，各自适用于不同的场合和语境。

下面我们先分别来看看这三种日常用语中的"爱"，然后再来看柏拉图如何把"爱"哲学化，使其成为一个永恒的哲学主题。

作为友爱的"philia"和作为圣爱的"agape"

在这三个表示"爱"的词语中，我们最为熟悉的可能就是"philia"（动词形式为 philo）了，其本义为"兄弟之爱"，还常被翻译为友谊、友爱，有别于性欲之爱，同时它也不同于表示家庭成员之爱的"storge"。它是一系列现代英语词汇的词根，如我们所熟知的美国城市费城的名称"Philadephia"

本义就是"兄弟之爱之城"；还有如表示"博爱、慈善"的"philanthropy"（love+humainity）、表示"爱乐团体、爱好音乐的"的"philharmonic"（love+music）都包含了 philo 这个词根。

"agape"一词也很重要，意指一种最高形式的爱，常被翻译为"圣爱"，包括神对人的爱，以及人对神的爱等，包含了一种普遍性的、无条件的爱的内涵。它在根本上不同于性欲之爱，也不同于意指友谊、兄弟之情或一般意义上的非性爱关系的爱（philia）。

后来，"agape"一词在基督教的经文和著作中得到了广泛使用，其核心含义为"上帝之爱"，即上帝对人的爱。比如，在古希腊语的《圣经·新约》中，"神爱世人"（《约翰福音》3:16）这句著名经文中的"爱"就是用"agape"一词来表达的。同时，"agape"相应也指人对上帝的爱。总之，"agape"所表达的爱不同于或者说超越了人与人之间的爱。

作为肉欲之爱的"eros"

除了上述的友爱、圣爱之外，"eros"也是古希腊语中表达"爱"的重要词语。与其他两个词不同，其本义是性欲之爱，包含了浓厚的肉欲含义，偏重爱的感官性和欲望内涵。从今天的一系列英语词汇如 erotic、eroticism、erotica 中还可以看到这一词根所包含的肉欲本义。"eros"一词的本义来源于古希腊神话中的爱神厄洛斯（Eros）。赫西俄德的《神谱》不仅把厄洛斯列为最原初的一批神祇，而且就像我们在一开始讲的，他特别突出了其"最美"的特征以及由此而具有的强大感官冲击力：

> 最先产生的确实是卡俄斯（混沌），其次便产生该亚——宽胸的大地，所有一切（以冰雪覆盖的奥林匹亚山峰为家的神灵）的永远牢靠的根基，以及在道路宽阔的大地深处的幽暗的塔耳塔罗斯、爱神厄洛斯——在不朽的诸神中数她最美，能使所有的神和所有的人销魂荡魄呆若木鸡，使他们丧失理智，心里没了主意。[1]

在古希腊神话的一些旁枝中，厄洛斯有时被描述为男性，而且是爱与美之神阿芙洛狄忒的儿子。这一种形象后来在古罗马文化中变成了广为人知的爱神丘比特（Cupid）。文艺复兴时期一些画作的描绘塑造了我们对他的想象，现在他通常被联想为一个胖乎乎的有翅膀的小男孩，还经常冷不防地向人射出爱之箭，是连接爱的纽带的重要神祇。当人们说自己被丘比特的爱之箭射中时，表达的是关于爱的强烈感受体验，超出了理性的掌控。

爱能令人"丧失理智"是很容易理解的，很多人对此有过体验。比如美国电影《教父》（*The Godfather*）[2]第一部中有这样一

---

1 赫西俄德，《工作与时日 神谱》，张竹明等译，商务印书馆，1991，第29—30页。
2 美国黑帮史诗巨片，由弗朗西斯·福特·科波拉执导，改编自马里奥·普佐的同名小说，共三部。其中第一部由马龙·白兰度、阿尔·帕西诺等主演，于1972年在美国上映。

个场景：阿尔·帕西诺饰演的小教父第一次见到后来成为他第一任妻子的那位美丽女子的时候，整个人一下子呆若木鸡，后来回忆起这种感觉时，他说："像被雷击中了。"这个典型场景就很好地再现了赫西俄德所描述的爱神凭借"美"对人的感官的、超出理性预料和把握的强大冲击力。

柏拉图对厄洛斯的论证

　　"爱"也是古希腊哲学家感兴趣并多有讨论的哲学主题。比如，前苏格拉底时期的哲学家恩培多克勒将"爱"与"憎"解释为宇宙万物生成、变化的一对基本力量。在古希腊哲学家中，柏拉图关于"爱"的讨论可以说是最为详尽、影响最为深远的，其观念的深刻甚至使他的名字永远镌刻在了"柏拉图式的爱"这一广为人知的表达中。一个人即便从未读过柏拉图、对哲学毫不感兴趣，很可能也听说过"柏拉图式的爱"这个词，并大概知道它主要指一种不关乎肉体、不含肉欲的精神恋爱。那么，以柏拉图冠名的爱的这种特定含义从何而来呢？

　　其实，如果我们看柏拉图的相关讨论就会发现，他在展开关于爱的讨论时运用的恰恰是我们刚才看到的日常用语中用以表达肉欲之爱的"eros"这个词，而并非"philo"或"agape"。还未深入了解柏拉图思想的人可能容易产生质疑，因为人们会推想：不涉及肉欲的精神恋爱可能应该用包含了圣洁含义的"agape"来表达，或者至少应该用不包含肉欲之义的"philo"

来表示。

那么，柏拉图在这里是否用词不当呢？或者说他是不是有特别用意呢？

我们现在结合柏拉图关于"爱"这一主题的两篇著名对话《斐德若篇》和《会饮篇》来一探究竟。《会饮篇》的主题就是厄洛斯。在这篇对话里，柏拉图发展出了一个关于厄洛斯的论证，得出了与一般人对于厄洛斯的性质和特征看法极为不同的结论。

首先，他指出，爱总是指向、针对某个对象的。

其次，他指出，既然如此，那么爱所指向或者说追求的对象就是其还没有得到的，也就是缺乏的。

由此，他指出，既然爱指向的对象是美，那么，爱就是缺乏美的，即不美的。我们可以看到，这个结论与以赫西俄德为代表的认为爱神本身就是美的甚至最美的观点已经迥然不同了。

接着，柏拉图说，如果神都是美的是一个前提，如果厄洛斯本身并不美，而只是爱美，那么就是说厄洛斯本身并不是神。

但这并非此篇关于厄洛斯性质特点的最终结论。柏拉图继续指出，虽然厄洛斯本身不美，但这并不等同于说他是丑的，不如说他是介于神与凡人之间的一种存在，他称之为"精灵"。

他借女祭司第俄提玛之口讲了一个关于精灵厄洛斯诞生的有趣故事：厄洛斯是在众神设宴庆祝阿芙洛狄忒诞生时，丰富神和贫穷神结合所生的，"因为他是在阿芙洛狄忒的生日投胎的"，所以"生性爱美"，又由于其父是丰富神，其母为贫穷神，因而他永远在贫乏中过活，但又想追求美和善，"在同一天之内，他时而茂盛，时而萎谢，时而重新活过来……可是丰富的资源不断地来，也不断地溜走，所以他永远是既不穷又不富"。

柏拉图试图借这个故事辅助他关于厄洛斯性质的论证，旨在说明厄洛斯本质上就是一种不懈追求美的动力和力量。

将美作为爱的对象这一点是不难理解的。所谓"爱美之心人皆有之"，很多美的事物能直接激起我们的喜爱，比如美丽的花朵惹人喜爱，使人甚至忍不住要去折枝，试图"占有"这种美丽；美妙的音乐使人流连忘返、"三月不知肉味"；容颜俏丽的姑娘也常常追求者甚众。这些美的事物或人主要作用于我们的感官，使我们产生美的感受，刺激我们产生喜爱的情感。

但是，我们前面在讲"美"这个主题时已经看到了，在柏拉图看来，美有美本身（美本体）与具体美的事物的区别，而各种具体美的事物也在美的等级上各有不同。那么，在他说爱以美为对象时，以不同的美为对象的爱在他那里是一样的吗？他具体怎么看待针对各种不同美的"爱"呢？他赞同的是爱何种美呢？

爱美与爱智慧的同一

爱的阶梯

在柏拉图看来，美有不同等级，那么指向不同种类和层次的美的爱也不同，爱美有层次、境界之分。总的来说，指向感官可见的肉体美、形体美的爱层次不高，甚至会产生种种不良后果。

柏拉图在《斐德若篇》中对指向形体特别是肉体美的爱进行了反思批判。他突出了其肉欲内涵以及非理性甚至狂热的特征："有一种欲念，失掉了理性，压倒了求至善的希冀，浸淫于美所生的快感，尤其是受到同类欲念的火上加油，浸淫于肉体美所生的快感，那就叫作'爱情'。"

不难看出，这种爱与表达肉欲之爱的"eros"特征一致，而与"理性"和"求至善的希冀"相对立。在柏拉图看来，由于这种爱所指向的对象是肉体的美，而不是"心灵的修养"，因而爱的主体不关注对方的心灵和修养，只为攫取肉体上的快感，"设法从他的爱人方面取得最大限度的快感"，所以往往会导向不良后果，比如，为了自私地占有对方，阻止对方心灵的成长和人格、精神的独立；或者在对方的肉体美不再（或找到其他肉体美）的时候不再爱对方，甚至无情抛弃对方。

基于这种爱产生的种种负面效应，一种观点就对爱本身进行了全面否定，所谓"情人爱爱人，有如狼爱羊"。中国有首流行歌曲唱道，"不爱那么多，只爱一点点"[1]，这在某种程度上也预设了对爱的一种常见看法，把爱与许多负面的事情联想在一起，如过度狂热，死去活来，令人备受折磨，看似轰轰烈烈，实则难以持久。

柏拉图确实认为对肉体美的爱境界较低，但他认为并不能就

---

1 歌曲《只爱一点点》，由巫启贤、方丽仪演唱，原为李敖写于 1974 年的一首诗。

此完全否认爱，或者说他认为被批判否定的应该是只专注于肉体美、形体美的爱。爱的境界是可以得到提升和推进的，提升的途径便是使爱不断脱离低层次的美，指向更高层次的美，其所指向的美越是高级，那么爱的境界就相应更高，而这种境界的最高级别便是指向美本身。

　　柏拉图形象地把针对各种不同美的对象的爱描述为一个"爱的阶梯"，从爱具体的美的形体到爱更抽象的美的行为制度，再到美的学问，从爱具体的美的事物一直上升到对美本身的爱。

　　　　通向爱情的正确道路是：从个别美的事物开始，为了美本身的缘故上升，从一个两个到所有美的形体，从美的形体到美的行为制度再到美的学问之时，最后达到只以美本身为对象的完美学问，认识最完美的美。

　　　　如果他依向导引入正路，他第一步应从只爱某一个美形体开始，凭这一个美形体孕育美妙的道理。第二步他就学会了解此一形体或彼一形体的美与一切其他形体的美是贯通的。这就是要在许多个别美的形体中见出形体美的形式。假定是这样，那就只有大愚不解的人才会不明白一切形体的美都只是同一个美了。想通了这个道理，他就应该把他的爱推广到一切美的形体，而不再把过烈的热情专注于某一个美的形体，就要把它看得渺乎其小。再进一步，他应该学会把心灵的美看得比形体的美更可贵，如果遇见一个美的心灵，纵然他在形体上不甚美观，也应该对他起爱慕，凭他来孕育最适宜于使青年人得益的道理。从此再进一步，他应学会见到行为和制度的美，看出这种美也是到处贯通的，因此就把形体的美看得比较微末。从此再进一步，他应该受向导的指引，进到各种学问知识，看出它们的美。于是放眼一看这已经走过的广大的美的领域，他从此就不再像一个卑微的奴隶，把爱情专注于某一个个别的美的对象上，某一个孩子、某一个成年人，或是某一种行为上。这时他凭临美的汪洋大海，凝神观照，心中起无限欣喜，于是孕育无量数的优美崇高的道理，得到丰富的哲学收获。如此精力弥满之后，他终于一旦豁然贯通唯一的涵盖一切学问，以美为对象的学问。

从这两段著名引文中可以看出，对柏拉图而言，在爱的阶梯中，只要人不断提升自己的修养，那么他的爱的境界就会越来越摆脱对肉体、形体美的沉迷，走向越来越抽象的层面，越来越摆脱感官的束缚，变得融会贯通、越来越自由，使人"不再像一个卑微的奴隶"。

爱的顶峰：爱智慧

一个人不断努力，在爱的阶梯上不断上升，最终达到的最高境界便是爱"美本身"。柏拉图同时指出，位于这个美的阶梯顶端的美本身就是智慧，他说，"智慧是事物中最美的"。两千多年后的英国浪漫派诗人济慈（John Keats）所说的"真即是美，美即是真"实际上也就是概括了柏拉图的这种观点。

对智慧的爱具体有什么特点呢？

柏拉图认为，包括"美本体""美本身"在内的各种真实本体，是感官所不能把握而只有理智才能观照到的，因为只有通过理性的抽象能力才能使人透过所有具体美的事物，把握到它们所分有的那个美的理念。对于"正义"等其他理念也是如此。

> 正义、智慧以及灵魂所珍视的一切在它们的尘世仿影中都黯然无光，只有极少数人借昏暗的工具，费极大的麻烦，才能从仿影中见出原来真相。过去有一个时候，美本身看起来是光辉灿烂的。

> 她在诸天境界和她的伴侣们同放着灿烂的光芒。自从我们来到人世，我们用最明朗的感官来看她，发现她仍旧比一切更明朗，因为视官在肉体感官之中是最尖锐的；至于理智却见不着她。假如理智对她自己和其他可爱的真实体也一样能产生明朗的如其本然的影像，让眼睛看得见，她就会引起不可思议的爱了。但是并不如此，只有美才赋有一种能力，使她显得最出色而且最可爱。

这样，爱美与爱智慧在柏拉图这里得到了统一，而爱神与哲学家也相应得以同一："因为智慧是事物中最美的，而爱神以美为他的爱的对象，所以爱神必定是爱智慧的哲学家，并且就其为哲学家而言，是介乎有知与无知之间的。"

神本身就是智慧的，这是柏拉图视为前提的一个命题，而凡人没有智慧却自认有智慧和知识，因而不求知；哲学家则是介于神与人之间的：虽然并不像神那样已经拥有智慧，但却渴求智慧、执着于求知。

如此，作为爱智慧者的哲学家（philosopher）和厄洛斯（Eros）在本质上就变得一致了，或者说爱智慧的"philo"与日常用语中充满肉欲内涵的"eros"在此也变得一致了。值得一提的是，《会饮篇》甚至特别着力描述了这个爱智慧的苏格拉底的悖论式形象：一方面他相貌极其丑陋；但另一方面，他却又因爱智慧而与厄洛斯在精神上无二，极富魅力。

但这就涉及我们之前提出的一个问题：按照我们一般的理解，对抽象的美的理念既然是通过理性来把握的，那么，为何柏拉图对这种爱还要使用日常用语中充满了肉欲意味的"eros"一词来表达呢？

我们知道，第一个用"哲学家"，即"爱智慧者"这一名称来称呼自己的人是毕达哥拉斯，他将哲学——爱智慧——的生活方式形容为一种"静观"的生活。毕达哥拉斯使用的爱智慧之"爱"正是"philo"，这与我们前面说的爱好音乐的、爱人类的词汇包含的词根相同。

柏拉图并非不熟悉这种用语习惯，他依然使用"eros"一词，其深刻之处在于：他一方面揭示了对美等理念需要理性的静观来把握；另一方面又揭示了爱智慧的迷狂、非理性特征，这就是他所谓的"爱情的迷狂"。

凝视本体的迷狂

之前我们已经看到，柏拉图在《斐德若篇》里反对专注于肉体美的爱情时，给出的一个重要理由就是认为有爱情的人、陷入爱情的人会像走火入魔一样，陷入所谓的"迷狂"，做出种种不理性的举动来，对自己和他人造成困扰与不良后果。但柏拉图实际上并不否定"爱情的迷狂"本身，他否定的是那种专注于肉体美的迷狂。

他着手对"迷狂"进行了分析，指出迷狂可以是非常美好且给人带来益处的东西。他区分了四种迷狂，其中有比如诗的迷狂，指出这是使诗人创作出真正伟大作品的必要条件，因为单凭作诗的技艺，一个人不足以成为真正的诗人，作出好诗来。其实这里讲的诗的迷狂就相当于我们通常所说的"创作灵感"，它往往来去无踪，是理性难以把握的，但却是非常好的东西。特别是对于从事文学艺术创造的人而言，灵感的迸发常常使其突破构思上的困境，化腐朽为神奇，豁然贯通。诗的迷狂虽好，但柏拉图说，在所有的迷狂中，爱情的迷狂才是最高、最好的。

这种最好的爱情的迷狂是怎样一种状态呢？柏拉图解释说，美本体是灵魂中理智的那部分才能看到、肉眼无法看到的，灵魂看到了光辉灿烂的美本体便会陷入"爱情的迷狂"。

他形象地描绘了这种迷狂状态：又打寒战，又发高热，浑身发汗，"灵魂遍体沸腾跳动"，灵魂的羽翼因此开始生长，初生的羽毛穿透张开的毛孔，使人产生如同婴儿长出新牙时那种牙根又痒又疼的感受。

当得以长久顺利地凝视美本体时，灵魂的毛孔便张得比较开，灵魂的羽翼则能顺利得到滋润和生长，"于是他得到滋润，得到温暖，苦痛全消，觉得非常快乐"。

而当不能凝视美本体时，灵魂就失去滋润，灵魂羽翼的毛根干枯、毛孔窒塞，"灵魂遍体受刺，疼得要发狂"，但是只要关于美本体的回忆回到记忆中来，"他就转痛为喜了。这痛喜两种感觉的混合使灵魂不安于他所处的离奇情况，彷徨不知所措，又深恨无法解脱，于是他就陷入迷狂状态，夜不能安寝，日不能安坐，只是带着焦急的神情，到处徘徊"，而一旦再目睹美本体，他就又"享受到甘美的乐境"。

看似神秘，但这种爱智的迷狂对我们来说并不难理解。可能大家在专心致志、苦思冥想解出某道难题的时候，在那种豁然开朗的快乐感中或多或少对此有所体会。许多我们熟知的科学家就是在这种爱智的迷狂中做出了重大的科学发现。比如，阿基米德思考发现浮力定律（也以他的名字命名为"阿基米德定律"）的过程就充分体现了这种爱智的迷狂，他一直茶饭不思、冥思苦想，乃至于在洗澡的时候陷入沉思，并因为澡盆中溢出的水而突然有了灵感，于是连衣服都忘记穿了，跳出澡盆狂喜大喊"尤里卡！尤里卡！"（意思是"找到了"）。

　　可见，理性的求知与激情、迷狂并非截然对立，智慧同样能激起爱智慧者的强烈的激情。而在柏拉图看来，这种迷狂与那种沉迷于肉体之美的迷狂不同，对智慧的爱是最可贵的、最高境界的爱，在强度和深度上都远胜于那种低层次的爱的迷狂。他笃信这种观照美本身、爱智慧的生活是最值得过的：

　　　　这种美本身的观照是一个人最值得过的生活境界，比其他一切都强。如果你将来有一天看到了这种境界，你就会知道比起它来，你们的黄金、华装艳服、娇童和美少年——这一切使你和许多人醉心迷眼，不惜废寝忘餐，以求常看着而且常守着的心爱物——都卑卑不足道。

　　当然，柏拉图也认识到，人的灵魂不仅有理性部分，还有非理性部分——特别是欲望部分，后者会干扰前者的爱智生活，他形象地把灵魂比作马车，驾车的便是良马"理性"与劣马"欲望"，良马听话而劣马容易受到肉欲的吸引，影响对整部马车的驾驭。他认为，为了灵魂能够顺利起驾，飞至高天，到达美本体存在的真理大原，并得到滋养和喜乐，人就必须使劣马听从良马的指引，即要以理性作为生活的主导。关于理性应当作为灵魂主导这一主题，在柏拉图的《理想国》（*Republic*）里还能看到更详细的展开，在此我们不再展开。

结　语

现在我们可以看到，在柏拉图这里，美和爱实际上都被哲学化、理性化了。

一方面，他把感性意味极其浓厚的"美"哲学化为抽象的、只能用理性思维才能把握的美的理念。另一方面，他把同样肉欲意蕴的"爱"哲学化为一种对智慧、对理念的理性认知。可以说，他把爱与美都理性化了，爱美与爱智慧在他这里得到了同一。

但让人更觉得饶有趣味的是，这并不说明他把爱美就变成了单纯的抽象静观，而是同时揭示了其中包含的"迷狂"、持久热烈的一面。在柏拉图看来，在这种意义上的爱美和爱智慧是最值得过的生活，是人生的最高境界。

由此，我们便能更好地理解"柏拉图式的爱"一词的来源及其内涵了。它并非一种冷冰冰的爱，而是一种极为深刻而热烈的灵魂之爱、智慧之爱。将爱美归结为爱智，将厄洛斯塑造成哲学家，柏拉图的哲学体现了一种深刻的理性精神。这种强调理性主导的精神贯穿于后世两千多年的西方哲学，也对怎样的人生才值得过这个与我们每个人息息相关的根本性问题做出了深刻回答，值得我们参考和反思。

（清华大学哲学博士，上海交通大学哲学系副教授　武云）

心灵难题

从机器人与丧尸谈起

有关机器人与丧尸的两个问题

从你们这个年纪，也就是中学时候开始，一直到现在，我都很喜欢看科幻电影、读科幻小说、打游戏，其中有两个主题是我特别喜欢的，一个是机器人，另一个是丧尸。不知道大家喜不喜欢？

首先，我想问问大家看过哪些有关机器人的电影、动画？在你们的心目中，机器人是什么样子的？我这里有 10 张机器人类型的电影海报，它们分别是：

1984 年的《终结者》(*The Terminator*)，1987 年的《机械战警》(*RoboCop*)，1999 年的《机器管家》(*Bicentennial Man*)，2001 年的《人工智能》(*AI*)，2004 年的《我，机器人》(*I, ROBOT*)，2007 年的《变形金刚》(*Transformers*)，2008 年的《机器人瓦力》(*WALL·E*)，2013 年的《环太平洋》(*Pacific*

Rim），2014 年的《超能陆战队》（*Big Hero 6*），不知什么时间才会上映的《机器人启示录》（*Robopocalypse*）。

机器人类型的电影非常多，其中包含的机器人也各式各样。有像《机械战警》那样，将人改造成机器的；有像"高达系列"、《环太平洋》那样，是人在其中操控机器人的；还有像《变形金刚》那样，看上去是机器人，其实是外星人的机器人；最后，就是纯粹人工制造出来的 AI 机器人，这种机器人才是我们这一讲主要讨论的机器人。

对于最后这类机器人，最近的电影讨论得非常多，主要就是在思考如果这类 AI 机器人有了自主意识、自由意志，或者说有了灵魂，还会不会遵守"机器人三大法则"[1]？它们会不会变成"坏机器人"——比如，反抗人类的统治，甚至是反过来统治人类？它们会不会清除（屠杀）人类？一旦个别机器人或者甚至全部的机器人都获得了自主意识、自由意志，或者说有了灵魂，它们是不是可以算作人类？如果它们想要争取人类的权益，你们会同意吗？这些问题其实都涉及一个关键问题：AI 机器人有没有心灵或者说自主意识？将来会不会有心灵？

1　由艾萨克·阿西莫夫（Isaac Asimov, 1920—1992）提出。阿西莫夫是美国科幻小说家，在科幻历史上的地位极高，其作品《基地系列》、《银河帝国三部曲》和《机器人系列》三大系列被誉为"科幻圣经"。所谓"机器人三大法则"（或"机器人三定律"），是由他在 1942 年发表的短篇小说《转圈圈》（*Runaround*）中首次提出的，被称为"现代机器人学的基石"。其大致内容如下：第一条法则，机器人不得伤害人类；第二条法则，在不违反第一条法则的前提下，机器人必须服从人类的命令；第三条法则，在不违反第一及第二条法则的前提下，机器人必须自我保护。

让我们暂且记住这个问题，接下来，我想问问大家看过哪些关于丧尸的电影、动画，或者玩过哪些丧尸主题的游戏？在你们的心目中，丧尸是什么样子的？

再让我们来看 10 部有意思的丧尸类影片，它们分别是：1968 年的《活死人之夜》（*Night of the Living Dead*）；1978 年的《活死人的黎明》（*Dawn of the Dead*）；1992 年的《群尸玩过界》（*Braindead*），由彼得·杰克逊执导，比较血腥暴力；2002 年的《惊变 28 天》（*28 Days Later*）；2002 年的《生化危机》（*Resident Evil*）；2004 年的《僵尸肖恩》（*Shaun of the Dead*），搞笑片；2005 年的《活死人之地》（*Land of the Dead*）；2007 年的《我是传奇》（*I Am Legend*）；2013 年的《僵尸世界大战》（*World War Z*），吐槽神片；最后，再加一部美剧《行尸走肉》（*The Walking Dead*）。

由于丧尸类的题材在一开始的时候是血浆片，所以不论是电影还是游戏，都是以血腥暴力作为卖点的。因此，比起机器人类型的电影来说，其中蕴含的思考要少很多。关于丧尸形成的原因，有的是因生化感染，有的是因辐射，有的是因域外生物的寄生，情况各种各样、五花八门。由于丧尸的设定就是吃人，因此通常是人类的敌对方，与人类进行厮杀。不过，我看到最近的一些电影还有小说已经开始思考这一设定，比如经常提到的丧尸的进化，还有饲养丧尸等问题。

如果较严肃地思考一下，可能会有这些问题：丧尸是否还保留着人类的理智？它们能否恢复理智？这涉及对丧尸的整体看法，它们到底是得了病的人，还是转变成了非人？假如丧尸不攻击人，那么没有变成丧尸的人到底会把它们当作患有精神疾病的病人，还是会继续杀死它们？假如丧尸不只吃人，还可以吃动物的尸体，那么我们是否可以喂养它们？丧尸会不会进化出理智或者说心灵？这些问题的基础或者说核心是这样一个问题：丧尸到底还有没有心灵？

问题背后的大众图景

乍一看，银幕上的机器人与丧尸好像位于两个极端——一个是没有人类的身体却似乎有了人类的心灵，另一个则是尽管有人类的身体却丧失了人类的心灵。然而，深入思考一下，我们就会发现，这些对机器人与丧尸的思考及讨论其实反映了当今人们的某种非常一致的、近乎根深蒂固的思想，这种思想植根于数千年的西方传统哲学中，尽管不断遭到各种哲学家的批评、反驳与质疑，却始终作为大众的主流思想而屹立不倒。

我把这种大众图景归结为以下三句话：

1. 人是由心灵与身体组成的。
2. 心灵与身体是两个不同的东西。
3. 心灵比身体更加重要与根本。

这种大众图景既符合西方的传统思想，也符合东方的传统思想。

在西方哲学的源头——古希腊时期，柏拉图就用一个神话故事描述了这样一种关于灵魂与身体的大众图景。

> 宙斯率领诸神去赴宴，次等的神以及灵魂跟随在后面。装载它们的马车由一些劣马拉着，车夫也技术堪忧。在经过陡峭天路时，车夫失去了对马车的控制，灵魂也由此坠入了凡间。在坠落过程中，灵魂折断了翅膀，不能飞上神界，最终只能附着于肉体作为暂居之地。[1]

在柏拉图看来，由于灵魂本就来自天上，所以其中包含了天赋知识，只是在灵魂依附身体之后，由于受到身体的干扰或者说"污染"而遗忘了。因此，柏拉图认为学习就是"回忆"。又因为人在死后，或者说身体死亡后，灵魂将会脱离身体再次回到天上，而那个时候它就会回忆起所有的知识，因此，柏拉图又说回忆就是"死亡练习"。

在西方，柏拉图的这套灵魂学说，开启了上述的大众图景之先河。可以说，整个西方传统，包括基督教的灵魂学说，也都是沿着这个思路开出来的。

在东方，情况也十分类似。过去（甚至现在），有许多人相信灵魂出窍以及转世投胎。这些以及所有关于鬼魂的各式说法，

---

[1]　柏拉图，《斐德若篇》。

其实都暗示了上述这样一种大众图景。

所以，正是根据这样一种大众图景，才有了热衷于探讨机器人与丧尸的各种电影、小说。它们似乎一个是没有人类的身体但有人类的心灵，而另一个则是有人类的身体却没有人类的心灵。身体是物理的、机械的，而心灵则是非物质的、无形的。

更为重要的是，这些思考往往通向了这样一个方向：不论它们有没有人类那样的身体，是否有心灵才是最为重要的，才是它们是否得以为人的关键标准（甚至是唯一的标准）。人们对大白、威震天等机器人的态度与对待丧尸的态度截然不同，就清楚地表明了这一点。因此，关键问题就是：机器人与丧尸有没有心灵？

哲学的进路：身心关系

但是，上述思路仅仅是一种大众思路，哲学家们对这个问题的思考则更加根本，也复杂得多。从哲学的角度来说，真正的问题其实是：心灵到底是什么？这个问题之下包含了许多子问题。其中，最重要的一个问题是：心灵与身体的关系到底是怎样的？在哲学家看来，我们不仅可以追问机器人或者丧尸到底有没有心灵，甚至可以追问我们人类到底有没有心灵？如果有的话，心灵是什么？心灵与身体是一样的吗？如果不一样，那么两者的差别在哪里？如果是一样的，那么到底是心灵是身体，还是身体是心灵（这两个表述看似同义反复，其实所蕴含的意思是不同的，后面会具体分析），或者其实心灵与身体的本质是另外的东西？

对这些问题进行讨论的一门哲学，叫作"心灵哲学"。它是当代哲学中的一个分支。根据对"心灵与身体是否一样"这个问题的回答，我们可以大体上将哲学家们的思想分为两类：回答"否"的那类思想可以被称作为"（身心）二元论"；回答"是"的那类则可以被称作为"（身心）一元论"。

二元论下面又有许多不同流派，包括：笛卡尔主义的实体二元论、平行论、偶因论、副现象论，非笛卡尔主义的属性二元论等，待会儿我会详细讲。

而一元论又可以分为：

1. 唯物主义一元论。这一哲学理论主张"心灵就是身体"，即两者的本质都是物质性的。

2. 唯心主义一元论。这一哲学理论主张"身体就是心灵"，即两者的本质都是非物质性的。

3. 中立一元论。这一哲学理论则主张心灵与身体是一种东西，但这种东西既不是身体也不是心灵，而是不同于它们的第三类东西。至于这个东西是什么，不同哲学家又有不同的看法。这类哲学家的思想，我们通常称作中立一元论。

接下来，我将简要介绍一下这四类理论，然后分别根据这四类理论来考察我们一开始提出的问题：机器人与丧尸到底有没有心灵？

在这四类理论中，我主要介绍前两者。二元论是传统哲学中的主力，接近如今的大众思想，尽管在当代的哲学界遭到了长期而又广泛的批评与否定，但是这种理论毕竟是心灵哲学的开端，对后世的哲学以及大众的思路都影响深远，因此我会对此做重点介绍。另一个重点就是唯物主义一元论，这是当今心灵哲学尤其是英美哲学的主流思想，随着科学主义的兴盛而逐渐占据王座。

请大家带着上述问题，来听听我对这些心灵哲学中不同学派的极为简要的介绍。

二元论

二元论的最基本思路可以概括为一句话，那就是"心灵与身体不一样"，换而言之，非物质性的心灵与物质性的身体是两种完全不同的东西，心理事件及现象与物理事件及现象也完全不同，分属两个完全不同的领域。

这种身心二元论思想是非常符合常识的。从日常的角度来看，心灵与身体的区别主要体现在三个方面：

1. 身体是空间性的，占据空间；而心灵是非空间性的，不占据任何空间，心灵的观念也不占据任何空间。

2. 在性质上，身体具有物理性质，遵循物理法则；而心灵具有的是心理性质，遵循心理法则而非物理法则。两种性质不可相互归属，比如，我们会说我们的身体有多重，我们的皮肤是白或黑，但是我们不会说我们的灵魂有多重、是什么颜色。反之亦然。

3. 在认知上，身体是公共的，或者更准确地说是公共可观察的；而心灵则是私人的，只有当事人才能接触到。这就是我们常说的"子非鱼，安知鱼之乐""你不是我，怎么知道我的感受"。

二元论之下包含许多不同的哲学分支，最经典的二元论是笛卡尔主义二元论。但是，这种二元论自身蕴含了严重的理论困难。在哲学史上，一些哲学家试图挽救这种二元论而提出了不少修正方案，包括平行论、偶因论与副现象论等。这些修正方案并未如期望的那样成功挽救笛卡尔主义二元论。之后，又产生了非笛卡尔主义二元论。接下来，我将简单地介绍一下这几种理论。

笛卡尔主义二元论（实体二元论）

笛卡尔主义二元论承认现象主要有两类：一类是思想之类的心理现象或属性；另一类是广延、大小、动静之类的物理现象或属性。现象或属性不能独立自存，必须依赖于一定的基质或承载物即实体而存在。比如，没有白色，只有白的东西；同样地，没有思想，只有在思想的思想者。而经验又告诉我们，物质不会思想。因此，笛卡尔主义二元论主张必定存在两类实体，一类是精神实体，即心灵，它是思想之类的心理属性之承载物；另一类是物质实体，即物体（包括身体），它是广延之类的物理属性的承载物。一言以蔽之，笛卡尔主义二元论的基本主张就是，心灵与身体是两种完全不同的实体。

最早完整地提出笛卡尔主义二元论框架的哲学家自然就是笛卡尔（1596—1650）。在他看来，心灵与身体是两种完全不同的实体。作为属性承载物的实体，是独立自足、不生不灭、永恒存在的东西。所以，心灵不朽，物质不灭（只会转化变形，是守恒的）。身体不过是一堆物质，当心灵与其结合时，这堆物质才变成了身体，才能够活动；当心灵离开身体后，身体又变成了死物，然后变形、转化。因此，死亡不过是心灵与身体的分离，生命不过是心灵与身体的结合。

在笛卡尔看来，每种实体都只有一种本性，或者说本质、本质属性。心灵的本质属性是思想，身体的本质属性则是广延。换句话说，心灵会思想但无广延，身体有广延但不思想。本质属性可以有不同的样态，这些样态就是这个实体的具体存在方式。思想的样态包括理智、感觉、想象等，而广延的样态则包含大小、动静等。这样一套理论通常被称作"笛卡尔主义二元论"，或者叫作"实体二元论"，因为笛卡尔主张心灵与身体是两种不同的实体。而人则是由心灵与身体这两种完全不同的实体组成的，或者说，非物质性的心灵居住在物质性的身体之中。

一方面，笛卡尔主张二元论，强调心灵与身体是两种完全不同的实体，将心理现象与物理现象完全割裂开来，仿佛二者是两个不同的世界；但是，另一方面，他又承认心灵与身体之间能够产生因果互动。举例来说，我的脚不小心踩到了钉子。按照笛卡尔主义二元论的解释，我的脚踩到了钉子这一物理事件因果地造成了我感觉疼痛这样一个心理事件，随后这个心理事件又因果地产生了我想要抬起脚这样一个念头，或者说心理事件，最后我想要抬起脚的念头又因果地造成了我实际上抬起脚这样一个物理事件。从我的脚踩到钉子到我抬起脚，是一串连贯的因果事件。

但是，这样一种身心因果互动的说法，违反了现代科学的一项前提预设，那就是：物质世界是一个因果闭合系统。这句话的意思是说，任何一个物理事件的原因或结果只能是另一个或多个物理事件。你们在中学学习的物理学、化学等都是建立在这么一个预设之上的。这个预设也蕴含了能量守恒定律。当一个球推动另一个球时，对于所有的力都可以进行精确计算，某个东西不可能凭空出现或者消失。这就是物理法则。但是心灵并不在其中。既然心灵与身体是两种完全不同的实体，既然心理事件与物理事件分属两个不同的世界，那么非物质性的心灵与物质性的身体如何能够进行因果地相互作用呢？这个问题通常被称作"身心互动问题"。笛卡尔主义二元论无法很好地回答这样一个问题。

笛卡尔主义二元论的修正：平行论、偶因论与副现象论

笛卡尔主义二元论在 17 世纪一经提出就受到了广泛关注。尽管笛卡尔的学说面临了上述困难，但是他的哲学的不少追随者仍旧不愿意放弃二元论，他们开始提出各种关于笛卡尔主义二元论的修正学说，试图来挽救这种二元论。

他们认为，既然笛卡尔主义二元论的困难就在于身心的因果互动，那么最简单的方法就是放弃身心因果互动，从而保留二元论的核心思想，这也许会是一种较好的策略。采取这种策略的笛卡尔主义二元论的修正理论包括：平行论、偶因论以及副现象论。

但是，身心因果互动不是想放弃就放弃的。我们在日常生活中确实经验到了心灵与身体之间的相互作用，那么就必须要对此做出解释。接下来，让我们来看看笛卡尔主义二元论的三种修正理论是如何对此做出解释的。

1. 平行论。平行论保留了笛卡尔主义二元论的核心部分，那就是坚持非物质性的心灵与物质性的身体是两种完全不同的东西，心理事件及现象与物理事件及现象分属两个完全不同的领域。但是，平行论放弃了身心因果互动的说法，否定了心灵与身体会发生因果作用，转而主张心灵世界与物理世界是平行关系。

还是以脚踩到钉子为例。在平行论看来，上述笛卡尔主义二元论的解释统统是错觉，真相是我的脚踩到钉子因果地导致了我抬起脚，与此同时，我心灵中疼痛的感觉因果地造成了我想要抬起脚的愿望。我们之所以产生那样的错觉，是因为这两种因果系列发生了"系统性共变"。

让我用另一个例子来解释什么是"系统性共变"。假如我制作了这样一个装置，这个装置包含一个灯与一个铃。我可以设定灯每分钟闪一次，同时设定铃每分钟响一次。如此一来，闪灯和响铃的速度一致，两者会同时发生，但是它们之间并没有任何因果关系。闪灯与响铃之间就是"系统性共变"。在平行论看来，我们的心灵与身体之间的关系就如同我那个装置中的灯与铃。

至于为什么心灵与身体处于平行的两个世界却会发生这样的系统性共变，对此平行论者要么没有做出进一步的解释，要么引入了上帝（比如上帝的持续干预，或者上帝一劳永逸的创造、设定的自然规律）。

主张平行论的最有名的哲学家是斯宾诺莎（1632—1677）和莱布尼茨（1646—1716，提出前定和谐说）。

2. 偶因论。同平行论一样，偶因论也保留了笛卡尔主义二元论的核心部分，同时否定了身心间的因果互动。不过，比起平行论，偶因论走得更远，这一理论不但认为身心因果互动是一种幻觉，而且认为心心因果互动与物物因果互动也是一种幻觉。用后来休谟的理论来说，世界上（不论是物理世界还是心理世界）根本没有任何因果作用，有的只是事件之间的恒常连接。我们的因果概念不过是一种联想与期待。

假如我将前面所说的那个装置稍做修改，将闪灯与响铃设定前后顺序，比如先闪灯，一秒后再响铃，那么假如有人看到我的这个装置，不明就里时往往会以为是闪灯造成了响铃，但是其实两者之间并无任何因果关系。在偶因论看来，不但心灵与身体之间的关系如此，所有事件之间的关系都是如此，即并无任何关系或者因果力的存在。

但是，如果偶因论是对的，所有事件在本质上都是离散的，它们之间并不存在某种实在的因果纽带或者因果力在发挥作用，那么我们为什么会产生因果联想呢？如果偶因论是对的，休谟也是对的，能让我们产生因果联想的只是事件之间的恒常连接，那么，为什么会有这样的恒常连接呢？

为了对此做出解释，偶因论同平行论一样，被迫引入了上帝，并且让上帝发挥了更大的作用。他们主张，上帝才是一起事件的真正原因，其他的不过是偶然原因，也就是"偶因"。回到身心互动上来说，我的脚踩到钉子不过是让我感觉疼痛的偶因罢了，所有事件背后真正的原因是上帝。

偶因论的提出者是马勒伯朗士（1638—1715）。

平行论与偶因论对笛卡尔主义二元论的挽救在如今看来显然是比较失败的，现在也只有哲学史的意义了，在当代几乎看不到任何哲学家或学者严肃地持有这样的立场。就像富歇[1]曾经说过的那样，在哲学上，任何为了解释而对上帝的引入其实都是对严肃的哲学解释的一种放弃。

  3. 副现象论。笛卡尔主义二元论的困难就在于它违反了物质世界因果封闭这样一种假设，副现象论为了保留这一假设，转而主张所有心理事件及现象不过是物理事件及现象的副产品或副现象。

  什么是副产品或副现象呢？比如，你们在物理课上研究两球相撞的运动、速度以及力等，而将两球撞击时发出的声音仅仅作为撞击运动的副产品而并不加以研究；再比如，你们在化学课上研究化学物质的燃烧、氧化过程以及物质转化，而将火焰燃烧时显现的颜色仅仅作为燃烧过程的副产品来处理。类似地，副现象论主张心理事件不过是物理事件的副产品、副现象。

  还是以脚踩到钉子为例。副现象论主张，我的脚踩到钉子这一事件因果地导致了我的大脑处于某种状态之中，而大脑的这一状态随后又因果地导致了我抬起脚这一事件。从踩到钉子到抬起脚，这一串事件是一个在物理世界中的完整的、封闭的因果链条。但是，副现象论毕竟还是二元论的一种，而非唯物主

---

1 西蒙·富歇（Simon Foucher，1644—1696），法国哲学家，持怀疑论立场，是马勒伯朗士和莱布尼茨的尖锐反对者。

义一元论，它仍旧主张非物质的心理现象的存在。为了解释这些非物质的心理现象，副现象论把它们当作物理现象的副产品。

副现象论的困难也有很多。最简单的一条就是，副现象论非常反常识，它彻底取消了心灵对身体的作用，取消了人的主观能动性，人的所有行动都变成了本能反应。举例来说，根据副现象论，我走进一家餐厅，这一物理事件的原因并不是我想要吃东西这样一种心灵的念头，而是由大脑的某种状态决定的，我想要吃东西的念头不过是某种大脑状态的副产品罢了。并且，我的这种大脑状态可能是我饥饿的身体状态导致的。同样地，我感觉饥饿这种心灵的感觉观念也不过是那种身体状态的副产品罢了。

不过，不像已经消失在历史河流中的平行论与偶因论，在当代哲学界，副现象论虽然很边缘，但是仍旧还有一些支持者，比如澳大利亚哲学家杰克逊[1]、坎贝尔[2]等。

不论是平行论、偶因论还是副现象论，它们对笛卡尔主义二元论的内部修正，非但没能成功挽救笛卡尔主义二元论，最后反而导致了这一理论的崩溃。而二元论最后也逐渐走向了非笛卡尔主义二元论。

1　即第一讲"黑白玛丽"思想实验的提出者。
2　基思·坎贝尔（Keith Campbell, 1938—　），澳大利亚唯物主义学派的奠基人之一。

非笛卡尔主义二元论（属性二元论）

非笛卡尔主义二元论同样认为现象主要有两类：一类是思想之类的心理现象或属性；另一类是广延、大小、动静之类的物理现象或属性。这两类现象或属性完全不同，不能相互还原。但是，同笛卡尔主义二元论不一样的是，这种非笛卡尔主义二元论否认存在两种二元异质的实体，只承认一种实体。

简而言之，非笛卡尔主义二元论主张，人不是两种实体的组合，而是一种实体，只不过具有两种不同的属性，即心理属性与物理属性。就实质而言，这种二元论并非严格的传统意义上的身心二元论，而是一种实体一元论，或者可以说，是介于二元论与唯物主义一元论之间的一种折中理论。

当代英国牛津学派的哲学家 P. F. 斯特劳森[1]是这种非笛卡尔主义二元论（也即属性二元论）的代表人物。他最大的批评对象就是我们上面介绍的自笛卡尔以来的实体二元论。他认为，这一理论最大的错误就在于把人当作复合体，因而也就把人当作了派生的概念。

为了避免这一错误，斯特劳森主张，我们必须把人当作一个原始的或原初的概念，也就是把人当作非复合的统一体，同

---

[1] P. F. 斯特劳森（P. F. Strawson，1919—2006），英国哲学家，日常语言哲学牛津学派的重要代表人物。前期着重研究意义、指称、真理等问题，在 20 世纪 50 年代末期转向"描述的形而上学"，主张要深入研究语言背后的事物，描述我们关于世界的思想的实际结构，从而揭示出我们的概念结构的最一般特征。

时把意识状态之类的心理属性和物理属性都归之于这同一个实体，而不是在人之内去寻找哪些部分是心理属性的依托或实体，哪些部分是物理属性的依托或实体。

简而言之，在斯特劳森看来，人同时具有心理和物理两种独立的、不能相互还原的属性。从认识和描述的角度来说，我们同时可以用心理谓词和物理谓词来描述人，而且只有人才同时适合做这样的描述和归属。

小结

简单小结一下，所谓（身心）二元论就是主张心灵与身体是两种不同的东西。其下主要包含两个分支：笛卡尔主义二元论与非笛卡尔主义二元论。笛卡尔主义二元论主张心灵与身体是两种完全不同的实体，因此也被称作"实体二元论"；非笛卡尔主义二元论主张心灵的心理属性与身体的物理属性是同一种实体的不同属性，因此也被称作"属性二元论"。

唯物主义一元论

请大家继续带着"机器人与丧尸有没有心灵"这个问题，听我简单介绍一下唯物主义一元论。需要注意的是，我这里谈的唯物主义一元论是当代心灵哲学中的一个分支，与马克思主义的唯物主义并不同一。

一言以蔽之，唯物主义一元论主张心灵与身体是一样的，心灵就像身体一样是物质的。

唯物主义一元论的基本主张是否认存在心理现象与物理现象这两类现象，也否认存在心灵与物质这两种实体；主张所有的现象都是物理现象，没有心灵实体只有物质实体。就心灵与身体而言，唯物主义一元论主张，心灵不是某种与身体相分离的、非物质的实在，而是同身体一样也是物质性的东西，与身体遵循一样的物理规律。

唯物主义其实有着非常长的历史。在古希腊时期，有德谟克利特[1]，在近代有17世纪的霍布斯[2]，以及18世纪的拉美特利[3]。之后，随着科学的迅猛发展，科学主义也席卷了整个思想界，导致到了当代，唯物主义几乎独占鳌头、一枝独秀。在中国，唯物主义几乎占据全部江山；在其他地方，比如英美，尽管出于不同的理由，情况也是如此。不过他们更多的是将这种唯物主义称作物理主义或者自然主义[4]。

一般来说，任何势力越是庞大，其内部的分歧往往也越多。

1　德谟克利特（Democritus，约前460—约前370），古希腊哲学家，原子论的创始人之一。

2　托马斯·霍布斯（Thomas Hobbes，1588—1679），英国哲学家，机械唯物主义者，且开创性地将新科学与政治哲学相融合，著有《利维坦》等。他与笛卡尔生活在同一时代，两人还发生过辩论，可参见笛卡尔的《第一哲学沉思集》中的《反驳与答辩》。

3　拉美特利（La Mettrie，1709—1751），法国哲学家，批判性地继承了笛卡尔"动物是机器"的思想，提出"人是机器"的结论，著有《人是机器》等。

4　所谓自然主义，简单来说，就是主张用自然科学的方法来处理一切。

在唯物主义一元论这股庞大的势力内部，存在着许多不同的流派，主要有：行为主义、同一理论、功能主义、解释主义、取消主义等。接下来，我将分别简要地介绍一下这些理论。

行为主义

20 世纪初期兴起的行为主义给了古老的二元论思想以及对心灵的传统研究以重创。

行为主义最初起源于一个非常古老的问题——他心问题。我们都只直接经验到了自己的喜怒哀乐（与心灵），但是我们怎么能够知道别人也有和我们一样的喜怒哀乐（与心灵）呢？既然我们不能直接经验到他人的心灵，那么他人心灵的存在就无法得到证明，不过是哲学上的假设罢了。

当代一位非常著名的哲学家维特根斯坦在他的《哲学研究》（1953）一书中做出了一个很有意思的比喻——"盒中甲虫"[1]。

他假设，有一个世界，所有人一出生就有一个盒子，但是每个人只能看自己的盒子，而不能看别人的盒子。这个世界上的人从小就被教导说，盒子里装的东西叫"甲虫"，每个人只能通过观察自己盒子里装的东西来了解什么是甲虫。也许每个人盒子里装的甲虫都不一样，有的是金龟子，有的

1　也可参见第一讲"甲虫游戏"思想实验。

是瓢虫，颜色、个头也都不一样。甚至有的人的盒子里装的是青蛙或者金鱼，还有可能有的人的盒子里什么都没有。但是，这无关紧要，因为每个人的盒子里所谓的"甲虫"到底是不是甲虫谁都不知道，包括他自己，因为他只见过自己盒子里的东西，并且把那个东西称作"甲虫"；重要的是，所有人都学会了使用一套语言模式，能够毫无障碍地相互谈论自己或他人的"甲虫"，这就够了。

在维特根斯坦看来，所谓心灵，其实就是这样一个"盒中甲虫"罢了。

当代行为主义进一步借用"盒中甲虫"的比喻来批评笛卡尔主义的实体二元论。笛卡尔主义二元论主张心灵实体的存在，其理由就是，我们每个人虽然不能经验到他人的心灵，但我们都能够直接经验到自己的心灵，从而来证明心灵实体的存在，由此笛卡尔将"我思"作为哲学的起点以及最为坚实的基础。然而，"盒中甲虫"的思想实验让我们注意到，有可能我们不但不知道别人盒子里的"甲虫"，我们甚至不知道我们自己盒子里的东西到底是不是甲虫。

行为主义由此而主张，笛卡尔主义二元论所宣称的作为实体的那个心灵以及心理事件与现象，其实是人们在语言的运用中杜撰、虚构出来的，而不是真实存在的。在行为主义看来，行为就是对刺激的反应，人就是对环境刺激做出反应的行为者。而连接刺激与反应的则是某种复杂的机械机制。因此，人不过就是机器而已。笛卡尔主义二元论所说的心灵实体，就像幽灵一样是一种迷信，应当被科学所破除。在这个意义上，当代著名哲学家吉尔伯特·赖尔[1]将心灵称作"机器中的幽灵"。

哲学行为主义是行为主义中较弱的一个版本，它主张，心灵有没有，我们并不知道，只能存疑，但是，我们知道，所有关于心理状态的描述其实都可以被分析、翻译以及转述为关于行为或行为倾向的论述。谈论一个人的心灵状态其实就是谈论他做某类事情时所表现出来的行为及倾向。因此，心理状态可以"被还原为"行为或行为倾向。

在中文中，我们经常会用"子非鱼，安知鱼之乐"来表述这一古老的他心问题，这句话出自《庄子》。有意思的是，面对这一问题，庄子做出了有点行为主义意味的回答。故事是这样的：

> 庄子和惠子一道在濠水边游玩。庄子说："小白鱼游得多么悠闲自在，这就是鱼的快乐。"惠子说："你不是鱼，怎么知道鱼的快乐？"庄子说："你不是我，怎么知道我不知道鱼的快乐？"惠子说："我不是你，固然不知道你；你也不是鱼，你不知道鱼的快乐，也是完全可以肯定的。"庄子说："还是让我们顺着先前的话来说。你刚才所说的'你怎么知

1　吉尔伯特·赖尔（Gilbert Ryle，1900—1976），英国哲学家，日常语言哲学牛津学派创始人之一，著有《心的概念》等。他反对身心二元论，否认心灵是某种不同于身体而且只能通过反思而认识的实体，并试图从行为主义观点解释心理活动的性质。

道鱼的快乐'这句话，就是已经知道了我知道鱼的快乐而问我，而我则是在濠水桥上知道鱼的快乐的。"

20世纪60年代盛极一时的行为主义，也遭遇了很多困难，包括行为或者行为倾向界定问题、刺激－反应模式的多样性问题等。研究表明，刺激与反应并不是一一对应的，同一人的刺激－反应模式并不始终如一，不同人的刺激－反应模式更是大相径庭。

（心脑）同一理论

20世纪40年代以来，随着物理学、计算机科学、人工智能、神经科学等的迅猛发展，同一理论逐渐兴盛起来。在20世纪50年代由费格尔[1]、普赖斯[2]、斯玛特[3]分别建立。

当代心灵哲学中所谓的"同一理论"，表述完整的话，应该叫作"心脑同一理论"，其核心思想就是一句话：心即是脑。在同一理论看来，人类复杂的心理活动实质上就是大脑的物理运动或物理技能，心理状态就是大脑神经系统的状态。因此，独立

1　赫伯特·费格尔（Herbert Feigl，1902—1988），奥地利哲学家，逻辑实证主义者，师从石里克，是维也纳学派最早的成员之一，1930年移民美国。
2　U.T. 普赖斯（U.T. Place，1924—2000），英国哲学家，曾师从赖尔，后放弃其逻辑行为主义，转向类型同一论（type-identity theory）。
3　J. J. C. 斯玛特（J. J. C. Smart，1920—2012），澳大利亚哲学家，1959年发表著名论文《感觉和脑过程》，提出中枢状态唯物论。

的心灵实体、不可还原的心理属性、超出物理因果链的原则都是不可能的。所有的心理现象或事件都是物理现象或事件，所有的因果关系都是物理事件之间的关系，在物理事件之外不存在独立的心理事件，不存在独立的心灵王国。比如，同一理论就将疼痛归结为 C 类神经纤维的激活。

具体来说，第一，从语言的层次来看，心理语词与表示大脑神经状态的语词具有同样的指称（有的学者甚至认为两者具有同样的意义）。我用一个例子来说明"指称"（reference）与"意义"（sense）[1] 这两个术语。大家知道鲁迅是周作人的哥哥，也是《狂人日记》的作者。"周作人的哥哥"与"《狂人日记》的作者"这两个词的指称是一样的，即指称鲁迅，但是很明显，这两个词的意义是不同的。第二，从认识的层次来看，我们可以从心理学和物理学（包括生理学、神经科学等）两个方面观察大脑内部的过程和现象，但这两种认识所观察到的是同一个对象。第三，从实在的层次来看，心就是大脑的中枢神经系统，人类的心理活动实际上就是人脑中枢神经系统的物理运动。

同一理论曾经影响很大，但是这种理论也遭遇到了不少理论困难。其中最重要的一项困难叫"可多样实现性困难"。所谓"可多样实现性"就是指一种作用可以由不同的东西实现，因此"可多样实现性困难"就是指一种作用无法由不同的东西实现这

---

1 指称和意义的区分是由德国哲学家、数学家弗雷格（Gottlob Frege）在 1892 年做出的。

样一种困难。同一理论主张心理状态与大脑状态的关系是一一对应的关系（不论是类型的一一对应还是个例的一一对应）。根据这一理论，假如在某个时刻，"相信天要下雨"这个心理信念是你大脑中某些神经的激活，那么在其他任何时刻，这个心理信念都应当是你大脑中这些神经的激活，在他人身上也是如此，即都是同样的这些神经的激活。但是，不论是脑神经科学的研究还是我们的日常经验都不支持这种设想。

不仅如此，人与其他动物在大脑神经构造上有很大不同，如果我们像同一理论那样认为心理状态总是与某种大脑神经系统的状态存在一一对应的关系，比如把"疼痛"这种心理感受与"C类神经纤维的激活"同一起来，那么这就否定了那些大脑构造和人类很不同的动物有心理活动。比如，那么萌的喵星人、汪星人，它们和我们人类的大脑构造很不一样，难道就能因此而否认它们有心灵、有情感了吗？章鱼呢？科幻小说中的非碳基生物[1]呢？在某种程度上，同一理论陷入了人类中心主义的错误。

功能主义

为了克服同一理论的人类中心主义，有的学者主张，我们

1　地球上的全部生命，而且很可能宇宙中大部分的生命形态都是以碳和水为基础的，但也有很多人相信碳以外的元素和水以外的介质也可以为生命提供基础。1891年，天体物理学家儒略·申纳尔（Julius Scheiner）便提出硅基生命的可能性。此外还有氨基生命的假说。

不应把心理状态等同于大脑中的某一种神经状态，而是最好把它等同于因果作用或功能作用。只要某一系统处在像 C 类神经纤维被激活因而起着同样的因果状态，哪怕这种状态所依赖的材料与结构不是人脑神经系统的材料与结构，那么也可以认为它处于疼痛这一心理状态。换句话说，与心理状态相同一的不是人脑神经系统的生理状态，而是某种功能作用。因此，一些学者走向了功能主义。

功能主义的基本思路是用功能属性说明心理属性，用功能状态解释心理状态。换句话说，功能主义的目的就是要将心理状态还原为功能状态，用后者对前者进行自然化。根据功能主义，人的心理活动、状态和事件就是大脑功能的表现或类似的表现，而这种功能与计算机对输入信息的储存、加工、计算、输出的功能类似。功能有自身的独立性，它既不同于物理性质与化学性质，也不是非物质的、超自然的属性。因此，心灵与身体就好比计算机的软件与硬件。正如计算机的功能是通过物质性的方式表现出来一样，人脑的功能也是通过物质性的方式实现的。

让我们以疼痛为例来比较三种唯物主义理论之间的差别。行为主义认为，心灵可以归结为行为或行为倾向。因此，所谓疼痛的感觉不过是表现出疼痛的行为（比如抽搐、呻吟）或趋向于表现出疼痛的行为倾向。同一理论认为，心灵就是大脑，心理状态就是大脑的神经系统的状态。因此，你感到疼痛其实就是你大脑中 C 类神经纤维所受到的刺激。而功能主义则认为，心灵其实是功能。一个物理系统的任何状态，只要它与输入刺激、与系统的其他功能以及与输出系统有直接的因果关系，那么它就是一种心理状态。因此，所谓感到疼痛就是出于一种周边神经末梢的刺激所引起的状态，这种状态反过来又会引起某些行为和其他功能状态，这个功能是作为典型疼痛输入（比如组织损伤、外伤）与典型疼痛输出（比如抽搐、呻吟）之间的因果媒介物而存在的。

　　功能主义受到当代认知科学、人工智能、信息学等学科发展的启发，代表着心灵哲学的一个重要发展方向，但是这种理论仍然存在一些自身无法解决的困难，比如，功能的界定问题、感受性质问题等。在这些困难中，比较有意思的是约翰·塞尔[1]于 20 世纪 80 年代初提出的"中文屋"思想实验。

　　　　想象一位只会说英语的人身处一个房间中，这间房间除了门上有一个小窗口以外，全部都是封闭的。他随身带着一本写有中文翻译程序的手册。房间里还有足够的稿纸、铅笔和橱柜。通过显示屏，外界会将中文显示给屋中之人。房间中的人可以使用他的书来翻译这些文字并用中文回复。（比如，显示屏显示"恭喜发财"，屋中之人根据翻译程序手册找到对应的"谢谢"二字，写下并传递给屋外。）

1　约翰·塞尔（John Searle，1932—　），美国哲学家，以研究语言哲学问题著称，著有《意向性》《言语行为》《心、脑与科学》《心灵、语言和社会》等。

　　虽然屋中之人完全不会中文，塞尔认为，通过这个过程，房间里的人可以让任何房间外的人以为他会说流利的中文。按照功能主义，这个房间里的人是理解中文的，但其实真相根本不是这样的。这就体现了功能主义的反常识，因为如果按照功能主义的理论来理解心灵，那么手机上的 Siri[1] 也有心灵。

解释主义

　　解释主义起源于当代欧洲大陆哲学中的一个学派——解释学。解释学曾经席卷欧洲大陆，后来也逐渐影响到了英美哲学。在当代心灵哲学中，解释主义独树一帜，正越来越多地发挥着它的影响力，其代表人物是当代哲学界数一数二的大牛，比如戴维森[2]、丹尼特[3]。

　　作为一种心灵哲学理论，解释主义独辟蹊径，为解决传统的身心问题提供了一种新颖的、耐人寻味的思路。它不直接思考心灵是什么、有什么结构和功能、其物理机制和基础是什么、

1　Siri 是苹果公司在其产品上应用的一项语音控制功能，可使产品变身为一台智能化机器人。
2　唐纳德·戴维森（Donald Davidson, 1917—2003），20 世纪下半叶最重要的分析哲学家之一，其著述多为简短、雅致、艰深的论文，但具有一种高度的统一性，试图为人类思想的本质、行动和言语以及它们与自然世界的关系提供一种系统的解释。
3　丹尼尔·丹尼特（Daniel Dennett, 1942— ），美国哲学家、认知科学家，其研究集中于科学哲学、生物学哲学，特别是与演化生物学及认知科学有关的课题，著有《意识的解释》等。

与身体的关系是什么等问题，而是把回答和解释人的言语行为如何可能这一问题作为它的出发点，经过对解释条件、根据的丝丝入扣的探讨，最终形成了一种全新的心灵哲学理论。

解释主义的基本观点是，主张人本无心灵，本无意向状态，所谓心灵是我们的解释性投射或规定的产物，换言之，心灵是我们为了解释人的行为而强加给人或归属给人的。不是因为人先有信念和愿望之类的命题态度而后才依次产生关于它们的认识和相应的心理语言，而是相反，我们先有心理语言，先有一种解释理论，然后将这些语言用于对人的解释，最后才将命题态度归属于人的实践，进而人才有了心灵。简而言之，心灵不是像自古以来人们天经地义地认为的那样是实在地进化出来的，而是人们为解释的需要而设定的。

我们先来看看戴维森的投射解释主义。传统的实在论的心灵观主张，我们关于心灵、信念、思想等命题态度的观念是对客观存在的心理状态、心理属性、心理过程的反映，但是戴维森认为这都是错误的。在他看来，根本不存在信念之类的心灵状态。也就是说，我们说"某人有某个信念"，并不像我们说"桌子上有本书"那样，反映了客观存在的事实。"某人有某个信念"不是陈述句，而是归属语句，它是解释者为了解释他人的言语行为而"强加"给他人的，或者说"投射"给他人的。

戴维森发起了一场"哥白尼式的革命"，即认为心灵观念不是人的认识、反映的结果，而是人为了解释的需要而虚构出来并强加于人或归属于人的。他说："在思考和谈论物理对象的重量时，我们用不着假定存在着对象所具有的重量之类的东西，同样，在思考和谈论人的信念时，我们也没有必要假定存在着信念之类的东西。"

例如，28°C 热、5 米长、18 斤重，这样的度量数字，其实都不是物体本身所具有的属性，而是我们出于解释的需要而强加在这些物体上的。同样地，经度、纬度、时区等，也并非地球本身所具有的东西，它们都是我们强加在地球上的。在戴维森看来，心灵、信念之类的命题态度也是一样的，它们不是实在存在的东西。如果有人要去追问心灵是否实有、心灵是什么，那么他就同某人用经纬线描述了地球上的某一地方后再去地球上寻找经纬线一样愚不可及。

我们再来看看丹尼特的规范解释主义。同戴维森一样，丹尼特心灵哲学的实质和特征就是"去除心灵的神秘性"。他明确提出："人的心灵本身是人们在重构人脑时为了方便而创造出来的人工制品。"他说："我们对机械的以及从根本上来说生物的细节讨论得愈是深入，那么我们不得不抛弃的假说就愈多。"显然，在他看来，身心二元论、心灵神秘论等理论都应在他所说的"抛弃"之列。

但是，需要注意的是，解释主义并没有滑向取消主义的极端。因为解释主义强调，心灵以及信念、愿望这类东西虽然是我们设定的，但"又是不可缺少的"。

取消主义

取消主义是 1968 年由考恩曼（James Cornman，1929—1978）提出的，得到了不少学者的喝彩，随后在心灵哲学与认知科学中广泛流传开来。它是当代心灵哲学本体论变革中最激进的尝试，是最极端的唯物主义一元论形式。

取消主义包含"破"与"立"两个方面：一方面，是破弃民间心理学的理论原则及其假定；另一方面，则是力图用神经科学或认知科学来取代民间心理学。

我们先来看取消主义"破"的一面。取消主义认为，民间心理学确实存在于日常的解释、预测活动中，并渗透到了心理学、哲学和古典认知科学中。但是，它是完全错误的，它所设想的信念、愿望等心理状态是不存在的，其概念也是错误的。

首先，从本体论的角度来看，取消主义主张民间心理学所断定的实在根本不存在。举例来说，对于我前往餐厅吃饭这件事，根据民间心理学，我们一般都会提到感觉（比如饥饿的感觉）、愿望（比如想要吃东西的念头）、信念（比如相信食物会缓解饥饿）等心理状态。但是，取消主义认为，根本不存在这些心理状态，心理状态同民间化学、民间物理学以及巫术所相信的燃素、热质、妖魔等概念是一样的，都是虚假的，是无知的设定。

其次，从语言哲学的角度来看，取消主义认为，既然人身上根本就不存在信念、愿望等心理状态或心理实在，那么表达它们的那些概念、语词也都是一些没有指称的空概念。随着科学的发展及其术语的常识化与普及化，这些概念以及大众心理学的语言必将退出历史舞台，而被精确的科学语言所取代。比如，以太、燃素、生命精气等这样一些前科学的概念如今已鲜为人知了。

最后，从方法论的角度来看，民间心理学的解释与预测模式以及内在于其中的规律、原则等也必将会被抛弃。民间心理学通常是根据某人相信什么、期望什么、意欲什么、喜欢什么或害怕什么来解释或预测此人的行为。但是，在取消主义看来，这种解释与预测模式及其原则的基础是类比、隐喻，而不是对内在过程及其与行为关系的科学认识，因此它们难逃被淘汰的命运。

我们再来看取消主义"立"的一面。如果民间心理学真的被取消了，那么我们又该如何与他人进行交流呢？我们如何去描述、解释、预测人的行为呢？取消主义回答说，我们要超越民间心理学，去建立与自然语言表征的形式和范畴相分离的新概念图式。为此，取消主义提出了三种构想。

第一种构想是建立新的认知运动学和动力学。丘奇兰德夫妇[1]设想，随着我们对大脑微观和整体结构与活动的深入研究，最终会产生一种新的认知科学。这种新的理论不仅可用于人类，也适用于所有陆生动物，而且与进化生物学以及非平衡态热力

1　保罗·丘奇兰德（Paul Churchland, 1942— ），加拿大哲学家；帕特里夏·丘奇兰德（Patricia Churchland, 1943— ），加拿大裔美国哲学家。两人的主要领域都在神经哲学和心灵哲学，研究很相似，因此经常被一起讨论。

学保持着概念上的契合。

比如，一个人说出他确信不疑的陈述句，这个句子只是一个一维的投射，即通过布罗卡区[1]和韦尼克区[2]的复合透镜投射到那个人的特殊的语言表层。这个一维的投射是他真正的运动学状态的一个因素。由于这些句子是内部实在的投射，它们就携带了与实在相关的重要信息，从而成为在交流系统中起作用的因素。但由于它们只是子维的投射，即只是四维或五维实在的一维投射，因此它们只反映了所投射的实在的一小部分，因而不适合表征这种实在的所有运动学、动力学和规范性方面。

第二种构想是构建超语言。乔姆斯基[3]认为，人的心灵或大脑中包含着一种先天的结构，正是由于它，人们才能学会和使用一门自然语言。根据对这种内在结构的新理解，我们就可以建立一种与自然语言完全不同的新的语言交流系统。这种新语言可以被称为"超语言"。一旦这种语言被建立起来，那么，到时候，"超语言态度"在其中起主导作用的图式就会彻底取代民间心理学的语言图式。

第三种构想是制造人工"胼胝体"。大脑两个半球在功能上

---

1 布罗卡区（Broca's area），是运动性言语中枢，主要功能是编制发音程序，是由法国医生皮埃尔·保尔·布罗卡（Pierre Paul Broca，1824—1880）发现的。

2 韦尼克区（Wernicke's area），1874 年由德国医生卡尔·韦尼克（Carl Wernicke，1848—1905）发现的大脑左半球一个不同于布罗卡区的重要语言区域，此区域可以控制语言理解技能。

3 诺姆·乔姆斯基（Noam Chomsky，1928— ），美国语言学家、公共知识分子，转换生成语法的创始人。其代表作《句法结构》被认为是 20 世纪理论语言学研究上最伟大的贡献。

各有侧重，但两个半球却可以使用从对方那里得到的信息，信息传递的通道就是胼胝体。既然左右大脑作为两个物理上不同的认知系统能以一种系统的、学习的方式交流信息，那么大脑与大脑之间为什么不行呢？设想有朝一日我们能制造这样一种转换器埋在大脑中，这种转化器可以将神经活动转换为微波信号，并通过前额上的天线发射出去，反过来也可以接收外来的微波信号并转换为神经信号。这种转化器就能起到胼胝体的作用，一个人的大脑就能和另一个人的大脑直接交流，这样一来，日常语言交流也就纯属多余了。

总之，取消主义虽然剑锋直指的是民间心理学，但是其醉翁之意却在传统的心理概念图式乃至整个传统的心灵哲学研究。

小结

综上所述，（身心）一元论主张心灵与身体是一样的，唯物主义一元论认为心灵与身体的本质都是物质性的。其中，行为主义主张，心灵可以被分析、归结为行为，即刺激－反应模式；同一理论主张，心灵即大脑；解释主义认为，心灵及心理状态不过是我们为了解释人的行为而强加给人的一种设想；最后，取消主义主张，取消民间心理学的所有概念，包括所有关于心理状态的说法，并主张用现代认知科学来取代传统认识。

唯心主义一元论

我们之前说过，身心二元论（尤其是笛卡尔主义二元论）的困难就在于心灵与身体之间的因果互动问题，而身心一元论则能很好地避免陷入这一困境。尽管与唯物主义路径相比，在当代，很少有严肃的哲学工作者真的采纳唯心主义一元论的路径，以至当代心灵哲学基本不讨论这一思路。我在这里就非常简要地介绍一下唯心主义一元论的大体思路。

唯心主义的基本主张是，世界只是由心灵及其内容构成的。换而言之，只存在心灵这样的非物质的东西，物质不过是一种幻觉。就心灵与身体而言，唯心主义一元论主张，身体的本质也是心灵的。既然根本就没有非心灵的物质对象或物理事件，那么也就无须担心身心互动问题了。

需要注意是，唯心主义并不等同于唯我论（solipsism）。因为唯心主义所主张的构成世界的心灵既可以是我的心灵，也可以是他人的心灵，或者说上帝的心灵。只有主张世界是由我的心灵所构成的，这种理论才被称作唯我论。

乍一看，唯心主义非常反常识。但在电影、小说中却并不少见。大家可能都看过《黑客帝国》系列电影，也可能已经听说过"缸中之脑"这样一个思想实验。"缸中之脑"[1]是美国哲学家希拉里·普特南于1981年在他的《理性、真理与历史》（*Reason,*

1　也可参见第一讲"缸中的大脑"思想实验。

Truth, and History）一书中所阐述的一个假想。他设想：

> 一个人（可以假设是你自己）被邪恶科学家施行了手术，他的脑被从身体上切了下来，放进一个盛有维持脑存活营养液的缸中。脑的神经末梢连接在计算机上，这台计算机按照程序向脑传送信息，以使他保持一切完全正常的幻觉。对于他来说，似乎人、物体、天空还都存在，自身的运动、身体感觉都可以输入。这个脑还可以被输入或截取记忆（比如，截取掉遭受大脑手术的记忆，然后再输入他可能经历的各种环境、日常生活）。他甚至可以被输入代码，"感觉"到他自己正在这里阅读一段有趣而荒唐的文字。

这一思想实验是不是和《黑客帝国》的设定很接近呢？

但是，不论是《黑客帝国》还是"缸中之脑"思想实验，都还设定了某种物理机制作为基础。让我们再来看看另一种更加接近唯心主义的思想实验以及相似的电影。

"梦的怀疑论证"是由我们前面提到过的 17 世纪的哲学大神笛卡尔在他的《第一哲学沉思集》一书的"第一个沉思"中提出的。这个思想实验可以归结为一句话——"你如何确定你不是在梦中？"看过《盗梦空间》[1]的都知道，男主角用旋转的陀

---

1 2010 年上映的美国电影，由克里斯托弗·诺兰执导、莱昂纳多·迪卡普里奥和玛丽昂·歌迪亚等主演。

螺来作为区分梦与现实的标志。但凡读过并且好好思考过笛卡尔《第一哲学沉思集》或者对笛卡尔以来的知识论有所了解的人，都知道"你如何确定你不是在梦中？"是个非常难以回答以及论证的问题。在某种程度上，甚至可以说，笛卡尔的《第一哲学沉思集》以及近代以来的知识论都是在试图回答这个问题。这个问题远非一个陀螺的旋转可以解决的，《盗梦空间》的开放式结局其实也暗示了这一点。

不论是"缸中之脑"与《黑客帝国》，还是"梦的怀疑论证"与《盗梦空间》，这样的设想再往前推一步就不难走到唯心主义。也许我们始终活在梦中，自己的梦、他人的梦抑或上帝的梦。最近经常有"穿书"这类的网络小说，书中的人物是二次元，我们是三次元，但是，难道我们没有可能也是活在别人的书中吗？我们所谓的现实难道不可能只是高位面作者心灵中的东西吗？这些设想或怀疑其实已经非常接近唯心主义了。然而，在现实中真的那么坚信并主张唯心主义的人其实非常罕见。

但是，在哲学史上，有哲学家认真地对此做出过论证。这个哲学家就是17、18世纪的贝克莱。简单来说，他对唯心主义一元论的论证是这样的：我们其实并没有办法知道桌子存在，我们只是看到了一些颜色与图形，手感觉到了阻力。换句话说，我们只有一些心灵中的感觉观念而已。谁都不知道，这些感觉观念的背后到底有没有实在。也许所有的一切都只是观念而已。因此，"存在就是被感知"。他做的这个论证在某种程度上来说近乎无懈可击，以至和他同时代的人对他的学说咬牙切齿却又无可奈何，最后只好称他为"一台发疯的钢琴"。

中立一元论

所谓中立一元论，是指那些既不能被严格地划归为唯物主义一元论阵营，也不能被判定为唯心主义一元论的身心一元论。

简而言之，这种理论主张，心灵与物体（包括身体）在性质上是同一的，都是由非物质也非心灵的中立元素构成的，并且把人的心理活动与生理活动当作由中立元素所派生出来的东西。其形式多种多样，我们接下来就简要介绍两种，大家感受下就好。

马赫的"中立要素论"

恩斯特·马赫（Ernst Mach，1838—1916）是 19 世纪著名的物理学家，他在哲学上也颇有建树，在当时影响非常大。他提出了"中立要素论"。在马赫看来，世界是一个复合体，自身又由许多复合体组成，这些复合体最后可以被分解为要素。心灵、身体以及物体都是由要素构成的。

什么是要素呢？所谓要素，就是"复合体的最后组成部分，也就是到目前为止我们不能再做进一步分解的成分"。马赫认为，要素既不单纯是物理的东西，也不纯粹是心理的东西，而是一种非心非物的东西，是构成世界上的一切事物的最基本的东西。它自身是单一的、不可分的，一切要素又都是同类的。正是基于这一点，不同的事物才可以相互联系、相互作用，相互交换各自的成分；也正是基于这一点，世界才是统一的、连续的。

马赫的理论十分类似于莱布尼茨的"单子论"（平行论）。不过，不同的是，为了说明心理现象与物理现象的平行和谐，莱布尼茨求助于上帝的"前定和谐"，而马赫则求助于能量守恒原理。但遗憾的是，马赫完全没有把事情说清楚。

罗素的中立一元论

伯特兰·罗素（Bertrand Russell，1872—1970）是 20 世纪最有名的哲学家之一。他和上面我们提到的提出"盒中甲虫"的维特根斯坦（以及弗雷格）等共同开创了当代最大的哲学流派——英美的分析哲学。分析哲学主要关注的是对语词的分析，比如罗素就写了《心的分析》《物的分析》，因此有时也被称作语言哲学。

罗素也曾提出过一套中立一元论。在他看来，常识的观点所说的心灵与物体（身体）都是推论出来的，是我们无法认识的，因而对于我们来说其实是不真实的。真实存在的、可以认识的心灵和物体其实是由要素或者"事素"集合而成的。所谓物质或物理世界并不是世界的基本构成材料的一部分，而是把种种事素集合成束的便利方式。心灵也是像物体一样的概念，"是给事素分组的便当方式"。

什么是"事素"呢？所谓"事素"，就是我们不借助推论而

直接知觉到的材料，是被给予我们的知觉经验。事素在性质上
是中立的、中性的，换句话说，既是精神的又是物质的。总之，
事素是一种比物质、精神更加原始的东西，是构成心灵、物体（身
体）的材料。心灵与身体是由相同的事素构成的，没有质的不同，
因而两者必然是同一的，没有根本性的不同；两者的不同只是
分组的方式不同而已，或者说，心灵与身体的不同主要是由事
素按照不同的因果规律分别地参加到不同群体中造成的。用罗
素的话来说，就是"按照我们的看法，集合起来形成一个心灵
的事件与集合起来形成一个大脑的事件是完全相同的事件。也
许，说这些事件是形成大脑的事件中的某一些更加确切些。重
要的是，在心灵与大脑之间并没有性质的区别，而是一种安排
的不同"。

中立一元论的困难有很多。比如，大脑事件与心理事件并
不一一对应，如果它们都是由一种要素或事素构成的，又该如
何解释？此外，另一个最关键的困难是，中立一元论根本无法
解释清楚所谓的那种中立要素到底是什么。

小结

综上所述，（身心）一元论主张心灵与身体是一样的，中立
一元论主张心灵与身体（物体）的本质是一样的，但是它们既
不是物质性的，也不是非物质性的，而是由既非物质又非心灵
的中立元素构成的。

结　语

在这一讲中，我们从"机器人与丧尸有没有心灵"这样的问题出发，极为简要地了解了关于心灵与身体的不同的哲学思想。还记得在这一讲开始的时候，对应"机器人与丧尸有没有心灵"的问题你是怎么想的吗？现在，你的想法有没有发生变化呢？我这一讲的目的并不是要灌输给大家一个唯一的答案，而是想要开阔大家的眼界与思路，希望大家在课后能够进一步阅读与思索。

（北京大学哲学博士，上海社会科学院哲学研究所副研究员　施璇）

自我、生存与居所

从笛卡尔、海德格尔到列维纳斯

不知道大家有没有经历过这样一个时刻，就是忽然有一个瞬间会问自己："我是谁？我如何知道我存在？"

　　对于这个问题，我自己在七八岁的时候就想过，上大学后仍会想这个问题。如果我以前叫刘媛，现在改名叫冷欣，这个名字就不能代表我了，因为名字改变了。那么我到底是谁？我是我父母的孩子。但如果父母当年不结婚就不会有我，而他们的成婚也是很偶然的。如果当初相遇的人错了，我也不会出生在这个世界上。

　　哲学的发问就起始于这样一种惊讶和疑问："为什么是存在而不是虚无？"这个问题与自我的问题相关联，即"我是谁？我如何知道我存在？"。不单单是我在思考这个问题，古往今来的哲学家也都思考过这个问题。

笛卡尔：我思故我在

第一次正式提出这个问题的哲学家叫笛卡尔。他是法国非常有名的哲学家，曾被印到他们国家的明信片上。他不仅是一位哲学家，还是数学家、物理学家，他的哲学代表作叫《第一哲学沉思集》。在这本书中，笛卡尔一开始就问了这样一个问题：我如何知道我的存在，这样一个自我存在的确真的起点是什么？

通过刚才的提问，我们可以知道，名字、外貌、国籍、父母，我的这一切东西都不能作为自我存在的一个确真、不可动摇的哲学根基。哲学中的一个问题就是对自我存在的根基发问：我如何知道我存在？在这个基础上，如果我们找到了一个确真的根基，就可以真的相信这代表我，不以外部环境的改变、时空的改变、他人力量的改变而改变。

这是一种什么意义上的自我呢？这里存在两个问题：第一，我如何知道我存在？第二，如果找到了这样一个确真的自我，我相信这就是我，不是他人，不是其他东西，这个时候，这个确真的自我到底是什么？

对自我的确证：怀疑之路

大家如果去国外的大学会发现，很多系的同学会在 T 恤衫上设计系标，而很多大学哲学系的系标是"I think, therefore I am"（我思故我在）。这样一个标志性的命题是怎么推论出来的呢？其实非常简单，它始于一个怀疑。哲学家都是爱发问的、好怀疑的一类人。所以，笛卡尔提出的第一个命题就是，我可以怀疑我所看到的一切外部世界的存在，包括我的身体、我的感觉。这个命题能否成立？

请大家思考一下，自己有没有这样怀疑的权利和能力？也就是说，我看到的这些书可能都是假的，我看到的这些同学也可能是假的，我可能现在在做梦，对于在梦中写过的作业肯定不能当真。我可以怀疑一切外部世界的存在，包括桌子、椅子、电脑。但如果现在我摸摸旁边的同学，说"他是假的"，这样做可以吗？答案是"可以"。虽然这是一个怀疑，但它的问题是成立的。我们可以怀疑一切外部世界的存在，包括自身的感觉和肉体。

这个命题本身就代表了先前的那些追问，外部世界的存在、我的父母、我的家、我在的小区、我的国籍，包括我的感觉，这些都不可以作为一个确切自我的起点。如果怀疑成立，大家设想一下，现在我们怀疑同学的存在是假的，怀疑桌子、椅子的存在是假的，那么究竟什么是真的？

怀疑本身。怀疑活动本身是真的，也就是说，怀疑活动是不可置疑的。我们可以怀疑一切外部世界的存在，我们可以怀疑旁边同学的存在，但这种怀疑活动是不是真的？在怀疑同学存在的时候，发生的怀疑活动是真的。

如果怀疑活动是真的，就表明怀疑活动背后要有一个怀疑者。"谁在怀疑？"这就是第二个命题。回答是，在怀疑的我是不可怀疑的。因此，我们就得到了结论："我思故我在。"

1. 我怀疑我所看到的一切外界事物的存在（包括我的感觉和身体）。

2. 在怀疑的这个"我"是不可怀疑的。

3. 我思故我在。

这里的"我思"指的是我所有的思维、我的意志、我的情感，也就是，它代表我心灵内部的一切活动，它就是我们的意识活动。

通过这个证明，我想问大家一个问题：这能否证明我们的大脑是真的？大家可以想想。其实是不能的。大家不要受物理主义或唯科学主义的影响，将自我、思维等于大脑。在这里，这个证明起于一个怀疑，然后我们找到了一个不可怀疑的对象，这个对象就是怀疑活动本身。

怀疑活动是在哪里发生的呢？在我的心灵，也就是我的内部发生的。当我思维的时候，当我怀疑的时候，我就存在。我思维多久，我就存在多久。而如果我停止思维，那么我也就停止了存在。因此，我们可以把"我在思维"作为自我存在的确真的起点。假使有一天我失去了胳膊或腿，只要我还有思维活动，我就依然知道我存在。

自我的本质：思维

现在来到第二个问题：通过这样一条怀疑的道路，通过以上的怀疑活动，我们找到的这个"我"是什么？这个"我"是一个思维者。先前我怀疑了我的身体、我的感觉，但思维才是属于我的本质，我的手、我的脚都可以和我分开，但思维与我是不可分开的。如果大家看过《阿凡达》[1]，就会发现，科学也在不断地证实哲学的发现，《阿凡达》体现出的问题就是《第一哲学沉思集》中"自我存在"的问题；而《黑客帝国》体现出的问题就是《第一哲学沉思集》中"上帝存在"的问题。这两部电影都是很有启发意义的。

所以，我们思考的第二个问题就是："我的本质是什么？什么是与我不可分的属性？"在主体哲学中，我的本质就是思维，是内在性的东西。这被称作内在哲学，或者心灵哲学。当我怀疑的时候，这个我是确真存在的我。这个确真存在的我，其不可分割的本质属性就是思维。

笛卡尔将哲学中存在的东西区分为两大类。

第一类叫广延者（extending being）。请思考：当用广延者这个概念的时候，我们实际上是在描述什么？那么，什么是广延？广延就是占据空间的。什么是占据空间的呢？身体或者物质，一切的物质都是占据空间的。

第二类是我们刚才谈到的心灵。心灵有广延吗？人的意识是否占据空间呢？当我说"我爱你"，这个爱是存在于我大脑的右半球吗？当我说"我喜欢吃小笼包"，这个喜欢是存在于我心

1　2019 年上映的一部科幻电影，由詹姆斯·卡梅隆执导，萨姆·沃辛顿、佐伊·索尔达娜和西格妮·韦弗等人主演。

灵的左心房吗？不是的。我们的心灵与物质的一个根本区别是，我们的心灵不占据空间。

那么，心灵的本质是什么？举个例子。音乐和哲学的关系也非常紧密。当我们听到一段优美的歌曲，它存在于哪里呢？是在歌唱者的喉咙里，在听众的耳朵里，还是在创作者写的手稿上？

都不是，它在时间里。究竟在哪一段时间里呢？是我们用钟表来度量的时间吗？不是的。一般当我们谈到时间的时候，我们把时间定义为运动的度量，我们总是把时间和运动联系在一起，但刚才提到的时间是哪种时间？它又属于哪种运动？其实，刚才我们讲到的时间叫内在时间，是内在时间性。

那么，内在时间性是什么呢？它是思维和意识的本质，我们的意识是一个不断绵延的时间之流。比如，现在我们拥抱一下自己的朋友，并记住这种感觉，接下来，我们回忆这个拥抱，那么当下的拥抱与回忆的拥抱之间的区别是什么呢？区别就是，在心灵的时间之流中，它们所处的间歇不同。

总结来讲，存在可以分为基本的两大类：一类叫广延者，或者叫延展者，它们存在的本质是占据空间的，也就是物质；另一类叫能思者（thinking being），它是心灵的本质，是思维的本质，是意识的本质。它的存在是内在的，它的存在在本质上是不占据空间的，它是一种时间性的存在。

"缸中之脑"：他者的缺失

回到先前我们提出的两个问题。首先，我通过一个怀疑活动知道我的存在，"我思故我在"。然后，当我确真知道我的存在的时候，这种存在的本质是思维。我思维多久，我就存在多久；我停止思维，我就会停止存在。这个时候的我，是一个能思者、一个思维的东西、一个精神。

笛卡尔在《第一哲学沉思集》里描述了这样一个"我思"，它是一个在怀疑、在领会、在肯定、在否定、在愿意、在不愿意、在想象、在感觉的东西，这种东西就叫作"我思"。

一个伟大的时代者，一个时代的英雄，一定是回应时代问题的人。那么，笛卡尔的这套主体哲学要解决的问题是什么呢？通过上面的论证，我们已经知道，在笛卡尔的哲学体系下，真正能确真知道的，只有思维。同时，笛卡尔是一个西方人，并且是一个天主教徒，他不光知道思维的存在，还确真地知道上帝的存在。所以，在笛卡尔的哲学体系里，人能确真地知道自我思维的存在，以及上帝的存在。

现在设想这样一个情景——我摸到了一个人。我们已经知道，在笛卡尔的哲学体系里，我只能确真地知道我的存在，以及这个"我"还是一个思维者，我不能区分我摸到的这个人是人还是机器人。根据这套怀疑哲学体系的划分，只有我的心灵是思维者、是能思者，而一切占据空间的东西都是广延者，对于这个占据空间的人或者机器人，我是不能确切区分的。我只能观察到他似乎也用心灵支配身体，并基本相信他与我是一样的人。这种内在性哲学，奠定了西方人的一种绝对的个体主义。每个人都是一个封闭的原子个人或"缸中之脑"[1]。

在我去美国一所大学的时候，他们的哲学系系主任看到当时复旦大学校庆的杂志，上面有很多人聚在广场上一起欢度校庆。然后这位美国教授说，原来中国的校庆是这样的，如果美国的校庆要印宣传册，宣传册上会印一个一个单独的人而不是一群人。这种精神就是由笛卡尔哲学奠定的，这套哲学是一种绝对内在性的哲学。如果按照这套哲学体系，我们无法区分他人与机器人。在今天，机器人可以给我们送饭，可以按照我们的指示举手，甚至还能在展览厅里给我们指路。

在这套"我思"哲学的背后，没有一个他人的存在，只有一个"缸中之脑"的存在。在这一讲中，我会讲到三位给出自我问题回答的哲学家，他们分别从我思、世界、居所（也就是家）的角度来回答关于自我的问题。对于笛卡尔的主体哲学，我们就先告一段落。

海德格尔：生存之思

下面我们来看另外一个人——海德格尔[2]的回答。海德格尔

1　具体论述参见本书第一讲和第七讲。

2　马丁·海德格尔（Martin Heidegger，1889—1976），德国哲学家，20世纪影响最大的哲学家之一，唯一能与之并论的可能只有维特根斯坦。著有《存在与时间》《林中路》等。

是 20 世纪的德国哲学家。海德格尔的《存在与时间》是一部回应了我们时代精神的著作。如果说笛卡尔哲学的核心概念是"我思"，是思维的我、确真的我。那么到了《存在与时间》，作者提出了另外一个概念叫"生存"。刚才我们提到了笛卡尔哲学的一个问题是我无法知道别人与他人的存在。而且，在笛卡尔的哲学中，我们明显会看出，这样一种心灵的存在是高于我的身体的存在的，因为我从一开始就怀疑了我的感觉和身体，一开始就可以怀疑我的感觉和身体。

现在的时代和笛卡尔的时代已经非常不一样了。我们这个时代有这样一句话："身体感觉到的，灵魂也一定能感觉到。"我们这个时代承认一种感性的、当下的、生命性的东西。通过第七讲，我们知道，对于身心关系，笛卡尔是持二元论立场的，他认为，人的存在可以分为两部分：一部分是思维，是能思者；另外一部分是身体，是广延者。笛卡尔设想精神通过大脑里的松果腺来控制我们的身体，以此来解释思维如何控制身体。

到了 20 世纪，哲学家就不再讨论身心二元问题了。因为哲学家用一个新的概念把这样一个二元对立的身心结合到了一起。这个概念叫生存。大家想想，我们在网上刷微信、刷微博是在找什么呢？有人会说找存在感。"存在感"就源于《存在与时间》中的生存概念。当说到存在感的时候，它既不代表我的思维、我的心灵，也不代表我的身体。一个 180 斤的人并不比一个 80 斤的人更有存在感。

所以，存在感这个概念既不是描述心灵的，也不是描述肉体的，而是描述生存的。这是 20 世纪哲学对自我问题的回答。如果说笛卡尔的哲学对自我问题的回答是思维和我思的话，到了 20 世纪，人们会发现，我思这个概念太内在性和绝对化了，它不能更好地描述自我的存在。于是，20 世纪的哲学家提出了一个概念，叫此在，把人的存在称为"此在"。

"此在"的概念，用英文表述是"there-being"，用德文表述是"Dasein"。单看这个词的构词，这个概念表达了何种含义呢？"此在"，也就说总是在那儿存在的。这就是德国哲学家海德格尔所面对的问题。这个问题就是：在现代社会中，人如何来思考、评价人自身。

存在的领会：情绪

霍金曾经发表过一段感慨，认为在今天解释世界的话语已经不再属于哲学，而属于物理学了，这是自康德以来伟大哲学传统的堕落。为什么这么说？因为哲学在今天没有提供人们对自己生命问题的回答，我们今天是在用物理学的方式来回答生命问题。霍金在这里说到的物理学不是一种狭隘的物理学，而是在传统哲学意义上、亚里士多德概念下的物理学。在亚里士多德那里，与物理学相对的概念，叫作形而上学（metaphycis），即物理学之后，也就是哲学。所以，霍金所说的物理学，是指一切自然科学，一切能够被数量化、数据化以及用事实来评判的东西，他把它称作物理学。

当下，我们对人的认识充满了生物学式的理解。比如，我们说人的本性是自私的，物竞天择，适者生存；我们认为爱是多巴胺[1]，当你见到一个人，就会开始分泌一种多巴胺，开始有所感觉；我们把人按照星座划分，见面会问，你是哪个星座的？会说天蝎座和双鱼座合适，跟狮子座不合适。今天，我们用这样一套东西来解释自己，在这种解释的背后，我们把人当成了一个对象，一个可以被数据化、被量化、被评估管理的东西。人的生命成了一个可以被计算的东西。

于是，哲学家海德格尔就顺应时代的需要，提出了一套比科学更能解释生命现象的概念，他把它叫作"此在"。此在是什么？此在是一种存在者的生存方式，这个存在者就是你、我、他。但是，他并不是置于其他众多存在者之中的一种存在者。你、我和桌子的存在是不同的，这是一种什么样的不同呢？海德格尔的解释有点绕，我们先来听一下。这个存在者在它的存在中与存在本身发生交涉，此在在它的存在中总以某种方式对自身有所领会，对存在的领会本身就是此在的存在规定。这是什么意思呢？我们来看，这里反复出现的东西是什么？是存在，或者说是领会存在、关切存在。

现在，问题就变成了人和动物的根本区别是什么？人和桌子、椅子的根本区别是什么？如果从创造的角度来讲，人和动物以及人和桌子、椅子好像没有什么不同。桌子、椅子这类存

---

1 多巴胺（dopamine），一种脑内分泌物，属于神经递质，负责传递亢奋和欢愉的信息。

在者的存在，在这里是由它们的本质规定的。我们创造一个桌子，心中要有对桌子本质属性的把握。我让你创造一个桌子，而你造了一辆小汽车，那我就会说这不是桌子。人的存在和一切物的存在都是不同的，就在于人会思考自己的存在，人不仅思考自己的存在，还关切自己的存在、领会自己的存在。人会想我为什么存在？也就是说，对于自己的存在予以关切与领会。人对自身存在最深刻的领会，恰恰不是一种思考行为，而是情绪行为。为什么这么说呢？

现在有一个说法叫"丧"。我说我很丧，这就是一种情绪。这种情绪充分地把我的生存状态暴露了出来。这是哲学的一大突破，因为在笛卡尔的哲学中，"我"还是一个理性的思维，但是当我们用"此在"、用生存来描述人的时候，人恰恰与自身的生存真正发生了关系。当我说"我忌妒我同桌"的时候，我在这个情绪中充分暴露了什么呢？我的生存实情。所以，我们会发现，当我们对自己的生存真正发生关切的时候，是在情绪中的。

在世之中：操心

关于情绪，我在这里先不展开。在现代哲学中，哲学家用来描述人的概念，不再是思维，而是生存，是"此在"。无论做任何事情，我都不只是做这个事情，而是与我的生存本身、与我的存在本身发生关系。比如，大家去学校上课，是在前一天晚上为自己准备好第二天要穿的衣服还是随便穿？如果是随便穿，这也表达了对自身存在的一种关切，这种关切就是随便。

再比如，你要跟哪个人交朋友、将来准备读哪个专业、以后要从事什么样的工作、要与谁结婚，等等，这些问题背后都有一个核心的问题，那就是你对你的存在、你的生存的一种回答和追问。这不只是一个思维的问题，而是人与动物的不同。无论发生什么，人总是会对自身的存在予以关切和回答。当一个人追问自身存在的意义的时候，我们就把它称为此在。我们在前面也提到过，从这个构词就可以知道，人的存在是一种在那里的存在。

在那里是什么意思呢？我们说自己在哪里，比如，在书店，在大学，在人民广场，等等。我们提到的这些地点的统一结构是什么？是关于人的生存的基本建构。人的一个基本的规定是，此在总是在世界之中存在。这也就是我们中国古人经常说的人生在世。不管你在哪里，你总是在世界之中存在的。

所以接下来我们要讲的就是，在世界之中存在。首先来讲"在之中"的问题。人在世界中存在的"在之中"，与水在杯子中的"在之中"、椅子在教室中的"在之中"、地球在银河系中的"在之中"有什么不同？比如，小明放学了，他妈妈忽然打电话来问："小明，你在哪儿呢？"下面的哪个回答，妈妈会喜欢呢？有同学可能认为，小明回答"我在书店"，妈妈会喜欢；如果回答"我在网吧"，妈妈就不开心了。

那么水在杯子里的"在之中"，与刚才提到的在书店里或者在网吧里，这两个"在之中"有什么不同？为什么妈妈会对两个

"在之中"产生不同的情绪反应？妈妈会不会对水在杯子里的这个"在之中"产生不同的情绪反应呢？一般不会。当我们说人生在世，或者说我们每个人都是在世界之中存在的时候，这个"在之中"表达的是什么意思？在网吧里的"在之中"，一定是玩游戏，而在书店就是在看书、学习。

我们知道水在杯子里这种"在之中"，是一种物的存在方式，描述的是空间关系。一个广延者，占据空间中的东西的存在，它的"在之中"就是它的处所，表明的是一个位置、一个空间。而人的"在之中"不仅是一个位置、一个空间的问题，更加表明了人的生存状况。

所以人在世界之中存在的"在之中"非常重要。比如，爱因斯坦在实验室之中，小明在书店之中，妈妈在厨房之中，小宝在卧室之中，我在书房之中。这种"在之中"，不是描述一个位置、一种空间的位置，它描述的是人的一种操心活动，英文叫"care"。你在操心，你在操劳于某事。所以人的"在之中"，表达的是人的操心活动。

人生在世总是操心的，这个操心表达的是，对每个人、对你自身存在的一种关切，这个操心不仅仅是从事某事，而是表达了人的基本关切，是你在乎某件事情。所以，期末考试结束后，大家对自己的考试成绩都是有所操心的。这是人生在世，它有一个基本规定就是生存，这个生存是在世界之中存在的。

这个世界就是你所投身、所操心、所依寓的那样一个因缘整体，一个原发性的生存空间。你的家是这个世界的一部分，但这个世界不是一个客体总和，不是日常所理解的自然，而是人生存在那里的一种因缘整体，一种生存的空间。

所以海德格尔对笛卡尔的一个回应就是，哪怕是思维活动，哪怕是怀疑的一种活动，也是一种生存的样式，所以他说生存是比怀疑、比思维更本质、更根基性的东西。当我们以在世来规定人的时候，就产生了这样一个问题：在日常状态下，我是谁？

"我是谁"：常人

在这套存在主义[1]哲学或者说海德格尔哲学中，人的本质是由人的生存来规定的，是由这样一种在世结构来规定的：你在世界中存在。人的一切存在、生存活动都是由在世规定的。那么个人的生存与别人的生存有什么不同？

大家可能会发现，自己和一群人，比如班上同学的生活都非常相似。可能7点左右就去上学，然后做早操、上课、课间休息，最后放学。而我可能和你们的妈妈有相似的生活方式。回家要做饭，要想着第二天家里人吃什么，猪肉便宜就赶快买猪肉，禽流感来了就不做鸡翅。

所以在日常情况下，这个问题也是一个很深刻的问题：在日常的状态下，我是谁？日常下的我与别人没有什么不同，那么我是谁？我是他们，我是大家，这个"他们""大家"就叫作

1　需要说明的是，虽然海德格尔一般被认为是存在主义哲学的代表，但他本人是明确拒绝这个标签的。

常人。用英文来说，叫"the They"，用德文来说叫"das Man"。

大家还记得我们一开始问的问题吗？也就是，我如何知道我存在？到了海德格尔这里，这个时候确真存在的我是什么呢？就是常人。常人不叫人，在哲学中，我们不会用人来回答问题，因为人的回答不够深刻，不够本质。当我问这位同学你是谁啊？她肯定不会说"我是人"。"一个美丽的小姑娘"或是"小萝莉"才是对她生存的回答。包括我们经常听到的"御姐""女王"这些概念，都是对生存的回答。

所以在日常状况下，我是谁呢？因为我是做哲学的，也会开公开课，所以每个学期总会有大学毕业的同学，毕业一年、两年或三年的同学，到学校来看我，来对人生的意义寻求答案。为什么会这样呢？因为无论在什么情况下，忽然会有一个瞬间，他发现自己先前的努力可能都白费了，人都会有出现这种情绪的时候。这个时候，他就会问人生的意义是什么。

海德尔格哲学对这个问题的回答有可能是残酷的。但后面我还会给大家讲一种新的哲学，让大家有希望。什么时候人会觉得人生空虚、无聊、恍然如梦呢？比如，一个男人爱一个女人，为了她付出了很多，爱了她十年，最后这个女人连看他一眼都不愿意；有人为了一份工作，付出了好多的努力，一直加班，但突然来了一个新人，他就被顶替下去了；或者你很努力地为参加高考做准备，但高考那天你发烧了……人生可能都会有这么一个瞬间让你梦碎。

但是我要告诉你，梦碎不可怕，因为这本身就是生存的实情。

我们在生存中都会遇到这个问题。为什么会梦碎呢？在日常状态下，我的生存与他人的生存没有什么不同，不要给自己赋予一种英雄主义的、理想化的、诗意的回答。对于这个问题，我们可以这样来看，在日常状态下，我不过是常人。常人描述的是一个生存状态，一种中性的、日常的、平均化的生存状态。

我们在日常状态下如何来领会自己呢？当我问你是谁的时候，你会说我是某某班的学生，我每天都要学语文、数学、英语，我还要打游戏。在日常状态下，当回答自己是谁的时候，我们一般是这样回答的；等再大一点，我们会说我是某某公司的职员，我是某某人的先生、某某人的太太，等等。

作为常人：公众意见与迷失

那么常人的存在方式是什么样的？很多的悲剧都是由常人的存在方式给定的，所以不要说怨恨某一个人、某一个群体、某一个阶层，因为它是一个人生的实情。常人的存在就是一种平均的存在，一种平整的存在。美国诗人庞德[1]的诗歌《在地铁站》就是对现代人的存在的一种回答：

> 人群中这些面孔幽灵般显现；

---

1 埃兹拉·庞德（Ezra Pound，1885—1972），美国诗人，意象派运动主要发起人。艾略特的《荒原》乃经其手删减而成。著有《比萨诗章》等。《在地铁站》为其传播最广的作品，中文译本极多。本文参考九叶派诗人杜运燮先生（1915—2002）的译本。

　　湿漉漉的黑枝条上朵朵花瓣。

　　常人是我们存在的日常状态，很多悲剧是由常人造成的，我们不能逃避一种常人的生存状态，但是我们可以尽量避免一种观念，一种庸俗的、平均的观念，避免对自己和他人的伤害。

　　常人的第一种存在方式，就是公众意见。我们基本上每天都受到公众意见的影响。公众意见就是大众已经对一件事有了一个一般的评价，有了一个一般的衡量标准，任何越界行为都是不合理的、不合法的，是要受到鞭笞和批判的。

　　比如，现在有一个很常见的现象——"剩女"现象。我有一个朋友，她出生在一个小县城，父亲是当地的一个警察。大家知道从外地考学考到上海来很不容易，在她考上名校硕士研究生那一年，当地公安局里的人都非常兴奋，纷纷向她父亲道贺。在她考上博士研究生那一年，公安局局长特意跟她父亲道贺，说你的孩子太优秀了，这个父亲充满了骄傲，一直为女儿感到骄傲。直到女儿博士毕业了，又过了两年还没有结婚，于是就成了所谓的"剩女"。有一天，父亲就跟她女儿说："孩子，你快结婚吧，你二姨甚至门口看门的大爷都在问我，你都让爸爸成了家族的耻辱了。"

　　我举这个例子，不是说这位父亲有问题，因为我们都是这样来想问题的。我们认为一个女孩子或一个男孩子，读书时就好好读书，博士毕业后就该马上买房子、结婚生子等。这种观念是谁给我们的呢？是常人。在日常中，我们也是常人中的一员，所以我们不自觉地就会把这种观念强加给别人。我不是在批评这位父亲，我是让大家产生一种警醒：你是不是会有这样的时候，比如你觉得周围的哪个人跟你不太一样，你会不会想，他怎么是这个样子呢？他有问题吧？我们经常会这样想。

作为一个基本的存在，常人会有一个公众意见、一个一般的判断。并且常人还有一点很可怕，就是会卸除每个人在日常中存在的责任。在这一套存在主义哲学中，我们的生存是一个责任，是我们自己要担当下来的，我们必须对自己的存在负责。因为只有我们自己对自己的存在关切，除了我们自己，没有人能对我们的存在负责。不管是父母还是朋友，没有人能对它负责，只有我们自己。所以我们需要对自己的存在负责，需要在人生的重大关口，自己做出决断和抉择。

但是常人会用一种公众的意见和标准来迷惑人，卸除人在人生中的一些重大抉择上的责任，而且常人还是无处不在的。这样一种常人的存在，就是一种非本真的、非自立的存在。一种本己的存在迷失，丧失在一种日常的存在中，哲学把它叫作沉沦。沉沦不是一个道德术语，也不是一个宗教术语，沉沦是指在日常情况下，我们每一个人都是一种常人的生存状态。

很多同学认为这样太悲观了，我在这里只是给你们描述了一个生存的实情，20世纪上半叶的哲学就是这样一种表达。我们知道，20世纪经历了两次世界大战，这两次世界大战把几百年来，也就是西方从文艺复兴、启蒙运动以来所塑造的一种自由、民主、平等、博爱的信念体系摧毁了。启蒙运动者相信人是有理性的存在者，按照理性的契约缔结成一个社会关系，这就是一个理性的共和国。理性的个人、理性的群体通过理性的创造也就是科学技术进步带来人类历史的永久和平和繁荣，这本来是启蒙运动思想家如笛卡尔、康德、莱布尼茨这些人设想的一种情况。但是在两次世界大战中，人用自己所造的武器大规模地杀人，使得这样一种现代性的西方文明陷入了绝望和迷失之中。在这种背景下，哲学家通过这样一种存在主义哲学将这种绝望和迷失表达了出来。

在笛卡尔哲学或者是主体哲学中，我是思维，这个思维的我是确真的，是不可怀疑的。但遗留的问题是，这就割裂了心灵和身体，出现了身心的分离，所以哲学发展到存在主义哲学，通过此在、生存，再一次把身心结合起来了。在这里，此在是身体在这里，也是心灵在这里，这就弥合了身心二元。在日常状态下，我是常人，"I am the They"，我是大家，我是他们。但真的是这样吗？

我在大学给学生上课的时候遇到一个学经济的学生，他对我说，按照存在主义，我是我所操心、所从事的那些事情，我之所以与大家相同，是因为操心的事情相同。比如我们都在打游戏，都在做作业，如果将来做一个股票操盘手，那么日常操心的肯定就是股票，我就是从股票操作中领会我自己。

真理有时总是偏激的，所以他从这个角度这样说没问题，但是在我们的生命中，还有一些问题，他以这种方式是回答不了的。我上高中的时候是 20 世纪 90 年代，那个时代流行"学遍数理化，走遍天下都不怕"，当时学校按照我的成绩要把我分到理科尖子班，后来那个班里有好几个同学都考上了清华。但我在没跟父母商量的情况下，专门去找教导主任说要读文科班。这个抉择肯定是我自己的抉择。我们在生命中都会做出一些选择，包括最简单的选择，比如，我们的情感问题，我就是喜欢这个人，我就是想跟小明一起玩，就是不想跟小李一起玩。这种行为是我做出的，怎么能是一个常人的活动呢？所以，存在主义哲学也有它的问题，最大的问题就是从我们所操心的事情，也就是"things"的角度来理解人。后来海德格尔的老师胡塞尔批评他说，你把人理解为物了。这是海德格尔留下的问题。

列纳维斯：存在的居所

在现代工业文明社会中，很常见的一个问题，就是迷失自我。我们把大部分的时间，不是给了我们的孩子、我们的爱人，而是给了我们的工作。甚至我们通过这样一种工业文明，进行反复的操练，做文科工作还好，做理工科工作更有可能每天在反复做同样的事情。

我弟弟是做 IT 工作的，虽然收入高，但每天早上 7 点多就要去上班，晚上要加班到 10 点多，每天都在重复做这样的工作。他经常问我：我所做的事情，难道仅仅是为了挣钱吗？我的价值就是用钱和工作来衡量的吗？我到底是谁？大家一定要明白，你的心之所向者、心之所系者，就是你所爱者。钱可以买我的技术，这是学校教给我的，但是钱买不来我的心之所向、心之所系。所以，那一套存在主义哲学虽然很好地描述了我们生存的实情，但是我们必须对它写入新的东西，以便未来的人能够领会我们的生存。

有一个法国哲学家叫列维纳斯[1]。他是一个犹太人。在"二战"期间，他的家人遭到了纳粹的迫害。他就一直在思考这个问题，西方文明讲自我、自由、进步、民主都讲得这么好，但是纳粹政府却是德国人民一票一票投出来的。他发现这个哲学背后的自我问题有致命的缺陷。我们上面讲到的笛卡尔哲学、海德格尔哲学也没有逃脱这个问题，这样一个自我实际上是扼杀他人的。在人的天性中，我们对他人的存在总是冷漠的。于是他提出了一种新的哲学，叫居所哲学，以此来重新思考人的本质是什么。

这个时候，我们首先需要在主体哲学和存在主义的自我之间做一个协调。也就是，这样一个我，不是主体哲学中说的那种完全脱离外部世界的、完全是从我的思维出发的内在的原子个人。这样一个我，就像存在主义讲的，依然受到外部的影响，依然是在这世界之中的。这样一个我，在日常状态下，也不单单是常人。按照存在主义的描述，我就是常人，I am the They，但如果真正看我的时候，会发现这样一个我实际上是一种认同行为。"identification"就是身份证,这个词实际上是一个动名词，

---

1 伊曼努尔·列维纳斯（Emmanuel Levinas，1906—1995），法国哲学家。1928年在弗莱堡大学跟随胡塞尔研究现象学。与海德格尔从"存在者"通往"存在"的存在论路径相反，他在思索"存在"如何到"存在者"时，坚持"他者"的优先性。著有《从存在到存在者》《总体与无限：论外在性》等。

表示一个认同。我把这样一个外部的或者是我的行为，认同为我。这种认同是一个形式化的过程。而以前的哲学所认为的自我是一个实体的、实质性的东西。大家在后面会发现，这样一个我是不断被充实，不断被成就、完成的。

"the I"，这样的我，最本原、最原初拥有的是什么？人生下来就有一个身体。所以身体是"the I"的一个原初拥有，并且这个身体会伴随我们一生。只要有身体，从身体就能引出居所来。你有身体，就要为这个身体寻找一个栖息之所。所以，我们古代有一个成语叫"安身立命"。这个命就是我的生存，但这个生存不是完全由常人规定的，这个命来源于我身体的栖居，身体的栖居就叫居所（dwelling）。狭隘的居所就是你的家，但广义的居所是指你存在的地方、你存在的根基。

所以居所的概念可以非常广博，它包括你的家、你的故乡、你的国家、你整个的境遇、你的历史，这些都是一个居所。为什么居所对人来说这么重要？1912年，清政府覆灭，中华民国成立。当时有个很有名的知识分子叫王国维，投湖自杀了。民国当时也高薪聘请他，让他做学者、教授，但他为什么要自杀？虽然他的小家还有，但使他真正自杀的原因是他丧失了大家，丧失了居所，这个居所就是他所信奉的两千多年的传统文明。

生存的实情：生而有家

这里我想先谈一下演化论。演化论是一种唯科学主义，我们虽然不反对科学，但我们要反对唯科学主义，或者科学至上主义。所谓的科学至上主义，就是认为通过研究人的神经、大脑、人的生命构造等，就可以对人生的实情做出一种预判，做出一种本质的规定。

接着我们来谈"人生而"这个问题。生就是存在，"人生而"怎么样？这里需要一个后缀。先来说第一个答案：人生而自私，物种竞争，弱肉强食。资源有限，我一定要占据最高峰，把别人踩下去，今天这个文明教给我们的，就是一种进步主义，一种演化论。所以严复当年把天演论、演化论介绍到我们中国，在我看来对中华文明的影响是非常深远的。

但我现在要告诉大家，这套演化论是有问题的。不是从科学的角度来说它有问题，因为对于人究竟是不是由猴子演化来的，现在还没有定论，我在这里指的是，从哲学的角度来说它存在问题。

即使人是从猴子演化来的，演化来的也不是我的良知，而只是我的身体。所以演化论的一切起点，在于动物性的身体。为什么要竞争？为什么会贪婪？为什么会自私？这些都是因为我的身体需要资源。并且从物种的角度来说，越进化，身体也会越进步。即使承认人是有身体的，但有身体的结论绝不只是弱肉强食、适者生存，有身体的结论是人生而有什么。

当你生下来，父母没有让你去和动物抢食物，如果看生存的实情，人的身体与动物的身体相比是脆弱的，我们有一个易碎的身体，恰恰因为我们的身体是脆弱的，所以我们生而有家。

这是一个问题的起点，人生而有家，有房子、婴儿车。你是在一个婴儿车里，在一个父母布置好的环境里长大的，你睁开眼第一眼看到的就是你的母亲。据说小孩子在 6 个月以后才能够区分自己和母亲，在 6 个月之前，小孩子是没办法区分自己和母亲的。稍后我会讲到居所还由哪些要素构成。

我们人是生而有家的。家是心之所系，但我们不能把家狭隘化了。我以前对儒家文明是有所批评的，因为我觉得儒家文明是一种血亲文明，儒家文明里没有陌生人伦理，它最大的问题就是我如何和陌生人建立一种关系。现在我们不是陌生人，因为我是给你们讲课的老师。但对一个没有被纳入伦常观念中的陌生人，儒家很难让我们与之建立关系，这是我对它有所批评的地方。

但随着近几年来，我越来越多地思考居所哲学，我觉得可以给予儒家新的阐释。

今天我们重新来谈家，就是要对抗一种主体哲学、存在主义。存在主义告诉我们，我们是常人，我们所思的，就是我们所操心的东西。而主体哲学又有绝对内在性的倾向，在主体哲学中是没有他人的，这也导致了两次世界大战中杀人的合法化。所以我们提出的这种对家进行思考的哲学，就是要重新来思考自我问题。我有一个身体，这个身体要找到一个居所，让它栖息，这是我生存的起点。

比如，当我们睡下，蜷缩在一个角落时，我们就把自己交给了一个场所，它变成了我们作为基础的避难所。居住 (habitation)

能被理解为是对诸用具的使用。家之服务于居住，如同锤子用于锤打或笔用于书写。它为人遮挡恶劣的天气，让人躲避仇敌。然而，家与我现在用的电脑、话筒的根本不同就在于，在终极的意义上，人在家中维持着自身，家在人的生存中占据一个优先地位，这种优先性不是我活动的目的。什么叫活动的目的？比如我现在要用话筒，用话筒是为了给你们讲课，这叫活动的目的。家恰恰作为人之活动的条件，在这个意义上，家是开端。所以居所就是身体的空间性。

　　我们通过居所这个概念重新来思考一下笛卡尔的怀疑。笛卡尔是很好玩的，他怕冷，总是穿着很大的睡袍，缩在壁炉里，暖暖和和的，每天下午在那里开始沉思。坐久了，他开始怀疑壁炉的真实，怀疑暖和的感觉，怀疑浴袍的真实等。但是还有一个没有怀疑到，是什么呢？他的居所。居所不仅仅是一个地点，更不是一个房屋，而是维持我们存在的根基，是我们生存的起点。

　　在海德格尔的存在主义哲学中，人经常会处于一种茫然失所的状态。人的在世存在是被抛的，我们是被抛入世界的，是烦恼的、焦虑的，是有死的。所以在世存在的三个基本规定是：烦、畏、死。但是我们可以看出，其实这不是生存的全部。我们在家的幸福、在家的熟悉和亲密，是肯定了我们的自我的。

操心之外：享受

　　现在我给大家讲另外一个概念，是一个和海德格尔的"操心"相对应的概念，在居所哲学中，这个新的概念叫"享受"（enjoyment）。我们不仅仅是活着，当你对活着发出一种追问的时候，恰恰是你在享受生活的时候。比如，我喜欢喝咖啡，每天早上都要喝一杯咖啡，然后打开电脑，开始一天的工作。喝咖啡不仅仅是海德格尔所描述的一种中性的操心、中性的生存，喝咖啡还有一种纵享丝滑、绵柔的感觉。

你们觉得世界上最好吃的饭是什么饭？我认为是妈妈烧的饭。烧饭非常重要，因为涉及享受。怎么来对抗前面提到的存在主义的茫然失所和虚无呢？它们也是生存的实情。因为我们在生存中有一部分的实情是茫然失所，是一种操心、一种烦、一种畏惧，这是不可争辩的事实。但我为什么还坚定地选择活在这里，而不去死呢？希腊人对这个问题的回答是很悲观的。当时有一个人想知道人生的幸福在哪里。他去问一个智者，说我想寻求幸福，然后智者就说，人生的幸福有两条道路：第一条道路估计你已经得不到了，那就是没有出生；第二条道路就是快点死去。人生有它的苍凉，有它的悲剧，有它的空虚和无意义之处，但是为什么我们依然选择站在这个脚下的大地上呢？因为人生而有一个居所。居所是肯定人生存的意义的。

我们再来看看居所和其他生存方式的不同。居所里有一种幸福，有自我的内在性能。自我的本质既不是心灵，也不是肉体，是居所，居所是我享受生命、享受生活，用来滋养我生命的东西。我们的生命中有一种滋养的现象，我建议大家抽时间看一个公益片，叫《大自然在说话》。那个影片讲得非常好，在人成为主人之前，大地已经存在了好多年，它在默默地滋养着我们，不是我们要占有资源和改造的对象，而是滋养我们的环境。这些无人称的、不被占有的元素，构成了我们生存最基本的东西。因为我们的生存有被滋养的一面，有享受的一面，有在家的一面。

"同在人"：女性的滋养

我再讲一个问题：在家中，构成一个家一定要有什么？家里是有爱的、有人的。这个人，我们把它称作一个"女性"。你的父亲也是一个"女性"，这里的"女性"不是指一个性别，我在这里是用"女性"这个词来描述家人的一种特质。女性总是滋养的，是通过子宫来孕育、滋养我们的生命的。"女性"是让你意识不到它的存在的，是娇弱的。比如，过年的时候，我和兄弟姐妹还有爸爸坐在那里等着开饭，而妈妈总是在厨房里说，你们先吃。如果你现在不理解这个"女性"，我自己提出了另一个概念，叫"同在人"。家里的那个人是同在人，和我们遇到的陌生人是不一样的。

举个例子。我有一个朋友，他父亲是常年在外的军人，他母亲单独抚养他好多年，非常爱他，把什么好吃的都给他吃。后来，他外婆去世了，他母亲非常伤心。有一次，他母亲告诉他说，大约有五年之久，她经常想要自杀，去找他外婆。我朋友当时就很不理解，说，妈妈，难道有我不就够了吗？他母亲失去了自己的母亲，为什么竟然想要自杀呢？因为她失去的不是一个亲人，她失去了她的居所，而居所是我们安身立命的根基，是我们的血脉，是我们的身体。所以，我们在失去自己的同在人时，会感觉心一下子没了、肩膀没了、腿没了。这就是居所中的同在人或者居所中的女性的意义。

我们生而有一个居所，然后与这个居所、这个同在人一起，这个居所不断地滋养着我们的生命，所以我们才站在这里。而当我失去居所中的同在人的时候，当我失去居所的时候，意味着什么呢？意味着我丧失了我存在的根基，家园毁坏了。所以，居所中的同在人与我们发生的关系，不同于我们与陌生人发生的关系。现代社会是一个契约社会，我们与陌生人的关系是由理性的法则，也就是法律规定的。法律的本质是理性。所以，我不能随意伤害任何一个陌生人。这是我们与社会中陌生人的关系，但是我们与居所中的同在人的关系，首先不是理性的法则关系，而是感性的，是一种滋养的关系，是一种感受性。

所以，在我看来，先前的哲学不仅误解了自我，也误解了感性。我们说的感性，在哲学上指的是感觉。感觉是什么？这个杯子是圆柱形的，之所以说它是圆柱形的，是因为我有一种触觉和视觉。我们总认为感性是一种不完整的、欠缺的认识，只是理性认识的一种原材料。但大家想一想，感性的本质真的是认识吗？当然不是。感性的本质是一种享受，是一种当下性的满足。“落霞与孤鹜齐飞，秋水共长天一色。”当你看到殷红落日的时候，你当时就满足了。感性在本质上是一种当下的满足，是对生命的一种滋养，而这也是我们居所的本质。

这就是同在人与我们的感受性的关系。可能西方有"女士优先"的提法，所以会用女性的"她"来指代他者，我们也可以用"女性"或者"同在人"的概念。同在人与我的同在是居所的同在。并且当我们有家的时候，这意味着我们是家的主人，意味着在面对陌生人的时候，我们要把家中的东西拿出来，滋养他们。所以，这样思考下来，我们发现，我们与居所的关系，恰恰是因为生存，生存有它的不可承受之重，有它的艰辛，有它的虚无，有它的苍凉。从另外一个角度来说，我之所以站在这里，是由于我脚下所踩的大地，我的生存是有根基的，这个根基就是我的居所、我的家园，它是我生存的起点和开端，是我生存的避难所。家园中是有女性的，是有同在人的，他们是娇弱的、滋养的，与我产生的关系是我中有你、你中有我的滋养关系。在这个家园中，我们应该以一种好客和慷慨的心态来面对其他的陌生人。

最后说明一点，千万不要把家园狭隘化了，单单理解为我的血亲伦理。我们谈家园的时候是从生存的角度来谈的。列维纳斯本人讲的家园可以是我的家庭、我的故国、我的故乡、我的回忆。所以，在今天，虽然我们面对技术文明的发展、面对全球经济政治的动荡，但我们依然有一个居所、一个家园去守候，并且我们不只是捍卫我们的家园，我们也要滋养、帮助别人的家园，包括以一种好客的心态来欢迎、接纳陌生人。

（复旦大学哲学博士，同济大学哲学系副教授 冷欣）

第九讲

一切都烟消云散了?

科学、真理与意义

非常荣幸来给大家讲讲哲学。我在十多年前给中学生上过课，教的是物理，这是最基础的科学。现在我在大学当老师，教的是哲学。我从来没有给中学生讲过哲学，但这是我一直想做的事情。正好借这次机会跟大家聊一聊。这一讲主要想跟大家来聊聊关于科学的哲学问题。

对于科学，大家都不陌生。科学和民主，即所谓的赛先生和德先生，一起构成了现代文明的两大基石。民主几乎是"政治正确"的标杆，即便公认最不民主的国家，也要称自己为"民主主义的"。科学所收获的美誉丝毫不亚于民主，我们很少会反对科学，科学甚至直接就代表着"正确"。当我们认为某人的想法或做法不正确时，有时候会直接说"这不科学"，言下之意是，只有科学的才是正确的。

科学一定是好的，就像民主一样，这已经成了现代文明的基本共识，成了我们谈论其他话题的背景。然而，哲学却要培养一种批判的精神。什么是批判？就是大家都说好的东西，我们要停下来想一想是不是真的好，我们要反思一下，这些东西是不是一点问题都没有。这一讲我们就一起来反思一下科学。

科学：现代世界图景的提供者

在现代，科学基本被公认为是揭示宇宙真理的唯一途径，大家都认为科学家是最接近真理的人，能够告诉我们宇宙到底是怎么回事。科学为我们提供了一幅十分可信的"世界图景"（我用这个词是要提醒大家，科学理论即便再可信，本质上也和其他理论一样，仅仅是一幅关于宇宙或世界的画像。如果我们要借助某种理论去了解世界，本质上都无法绕过画像的中介）。比如，任何事物都是由很小的微粒构成的，这些东西才是真正存在着的。而我们日常看到的东西，比如桌子、水，并不是根本意义上的实在之物。

科学不但告诉我们宇宙的基本结构是怎样的，还告诉我们这个宇宙是怎么来的：在大约150亿年前发生了一场大爆炸，从中诞生了我们的宇宙、我们所能了解的全部世界，而我们想要了解这个世界的真相，也必须求助于科学。

但是在科学没有诞生之前，我们的祖先是怎么来了解世界的呢？科学为我们提供了现代的世界图景，然而在这之前，就西方而言，世界图景的提供者是宗教。宗教告诉我们，是上帝创造了这个世界，《圣经》一上来就告诉我们，上帝花了六天时间创造了整个世界，第七天他才休息。宗教之前还有神话，我们中国有盘古开天辟地的神话。在西方，各个民族也都有自己的神话，他们用自己的方式描绘着这个世界。然而今天，科学变成了唯一正确的、一切民族通行的世界图景。在现代社会中，虽然仍有人相信宗教所描绘的世界图景，但这绝非主流；而神话更是沦为了"不靠谱"的别称。

科学不但给我们提供了唯一的真理，而且为我们的生活带来了实质的改变。现在，我们的生活离不开科学技术。我们日常所使用的科技产品，在几百年前甚至几十年前都是不可想象的。它们的确为我们的生活带来了巨大的改变，而且我们很难再退回到没有科技的年代了。

偶尔我们也会怀旧，认为以前的日子挺好，会想到科技给我们带来很多害处，比如被污染的环境、不安全的食品。但是仔细想想，真的回到过去，日子可能是没法过的。不说别的，停水、停电一天大家都受不了，科技已经成了我们生活的一部分，而且深刻地影响着我们的生活。即使科学会有一些问题，我们也相信这些问题将随着科学和技术的发展而得到解决。这就是科学的光辉形象。

科学的"坏"：外星人与爱

我先来和大家一起反思和批判一下科学，讲讲科学的"坏"。平常我们可能考虑不到这些问题，因为科学极其全面地参与和塑造了我们的时代，以至我们很难对它进行反思。它离我们太近了，我们很难对它采取批判的态度。然而，哲学的精神就是批判和反思。说得通俗一点，做哲学就是要学会抬杠。你说什么东西好，我就要反过来问它到底好不好。

我想先通过两个思考向大家展示一下，如果我们接受现代科学所描绘的世界图景，将会出现一些什么样的困惑。

"人类一思考，外星人就发笑"

第一个思考与外星人有关。大家都相信存在外星人吧，虽然到目前为止没有一家权威机构宣布发现了外星人，但是大家仍然相信它们是存在的。因为内在于现代科学世界图景中的平庸原则——即地球是宇宙中一颗极普通的星球——为外星人的存在提供了充足的空间，我们相信这个图景，因而也相信有外星人。但我们的祖先没有外星人的概念，比如在宗教提供的世界图景中，是上帝创造了我们这种唯一的万物之灵。

如果相信有外星人，那么也应该相信，其中有些外星人的智力比我们高出很多。或许它们看我们，就像我们看猪一样。科学承认存在这种可能性。因为科学告诉我们，智力是由大脑结构决定的，那么当然可能存在一种非常发达的大脑，有这种大脑的外星人和我们的差距就像我们和猪的差距一样大。但是如果是这样，就会出现一个细思极恐的问题：我们现在所发现的所谓宇宙真理在这些外星人看来 not even wrong[1]，简直是荒唐可笑的。俗话说，"人类一思考，上帝就发笑"[2]，我们可以改写为："人类一思考，外星人就发笑！"

想一想，如果你养了一头猪，有一天，它似乎陷入了关于世界奥秘的沉思。但一头猪能思考些什么问题呢？你会觉得很可笑。科学一方面声称描绘了宇宙的真实图景，另一方面又创造出外星人这种东西，使得我们自己在智力的等级上可以被无限贬低，甚至低到和猪一样的水平。因为可能在外星人看来，地球人和地球猪之间的智力差距可以忽略不计。但如果是这样，我们又怎么能保证这么笨的人类发展出的科学所描绘的世界图景是真实的呢？很多大物理学家都相信，宇宙最终的奥秘终将被我们所揭示，他们对所谓大统一理论的兴趣和追求动力正来源于此信心。但你们不觉得揭露宇宙终极奥秘这件事很像一场特别针对我们人类设计的游戏吗？否则怎么这么巧恰好能让我们这种并不特殊的物种中最聪明的那一小撮人仿佛努力个几代就能做到呢？但是如果我们反过来放弃科学宇宙图景的真实性，那么也没有必要再相信它的推论，即有一种智力超绝的外星人可以分分钟秒杀我们人类。

---

1 这是沃尔夫冈·泡利（Wolfgang E.Pauli, 1900—1958）的一句名言。他是美籍奥地利物理学家，1945 年获得诺贝尔物理学奖。泡利生性挑剔，言辞尖刻，当有人和他讨论问题时，如果他认为别人错了，他会有三种评价，分别为"wrong"、"very wrong"和"not even wrong"。"not even wrong"是最严重的错误，意思是，连称为错的资格都没有。

2 犹太谚语。作家米兰·昆德拉（Milan Kundera, 1929— ）在 1985 年耶路撒冷文学奖的致辞便以此一谚语为名。

　　刘慈欣 [1] 在《三体》中讲了一个关于农场主和鸡的故事，这其实是一个从罗素《西方哲学史》"休谟"那一章中抄来的思想实验。一个农场主养了一群鸡，每天中午 11 点会给鸡喂食，鸡当中出了一只"科学鸡"，它开始对这个现象进行思考。其他的鸡一到点就去抢食，而这只"科学鸡"总结出了规律。它总结出，每天 11 点有食物从天而降，这个伟大的规律在鸡一生中的很长一段时间内都被证明是正确的，就像牛顿的三大定律在人类的漫长历史中都被证明是有效的一样。但是有一天 11 点到了，这次农场主并没有来喂食，而是把鸡，或许就是这只科学鸡，抓去杀了——养鸡最终是为了吃的。这时候，这个规律就被推翻了。

　　现在假设我们就是一群鸡，我们的饲养员是一个外星人。那么在它看来，我们现在总结出来的定律错得离谱。这太打击我们理解宇宙的信心了。在科学没有出现之前，这个问题是不存在的，比如基督教的世界图景告诉我们，上帝按照自己灵的形象创造了我们人，人有一个灵魂。宇宙是上帝创造的，而上帝要创造出一种智慧的生命去理解他所创造的宇宙。一个全能的神把世界创造出来，极有可能是要造一个东西可以理解这个世界，欣赏这个世界。

　　从宗教观点来看，人类是可以理解宇宙的，虽然我们不是最

1　刘慈欣（1963—　），中国科幻小说代表作家之一，其《三体》在 2015 年获得第 73 届雨果奖最佳长篇故事奖。

聪明的，但是我们有足够的智慧去理解。但科学告诉我们的是另外一回事。我们不评价哪个世界图景更接近世界的真相，只说我们更愿意接受哪一个故事。我们可以理解这个宇宙，还是有可能这个宇宙复杂到我们根本理解不了？你们自己想想，如果让你们选择，你们更愿意接受哪一个故事？

被激素解构的爱

科学不仅要告诉我们大自然是怎么回事，还试图对人类事务指指点点。因为按照科学的世界图景，人类不过是自然的一部分。我们的第二个思考和人类最珍贵的"爱"有关。

比如母爱，这个被历代诗人和作家反复歌颂过的伟大情感，从科学的角度来看，不过是受某种激素控制的本能，而且是任何一个生物都必然具有的。如果一种动物没有保护下一代的本能，就无法进化至今。假设曾经有一种生物，它的本能是产下幼崽后就将其全部吃掉，那么这种生物只能延续一代就灭绝了，甚至第一代都不知道是怎么来的。因此，能经历自然淘汰留下的物种都具有保护自己孩子的本能。我们人也只是不例外而已。

从生物化学的角度来看，母爱这种伟大的感情只不过是一种由特定激素驱使的本能，是一种母亲生了孩子以后必须要释放的东西。有一部纪录片叫《帝企鹅日记》[1]，它讲了这么一个故

1　由法国导演吕克·雅克执导，于 2005 年上映，获第 78 届奥斯卡最佳纪录片奖。

事，母企鹅生完蛋之后，公企鹅负责孵蛋。公企鹅孵蛋非常投入，其中有一只企鹅把蛋弄丢了，结果它非常焦虑，最后硬是找了一个石头当蛋孵。这充分说明它对蛋的爱是自己的需要，或者说是一种受到本能驱使的被动行为。如果我们从这个角度来考虑问题，就会觉得企鹅的父（母）爱并没有那么伟大。

然而，我们人和动物有什么区别？演化论告诉我们，人是由猿猴变来的，我们都是一样的，没有什么本质的区别。如果从这个角度来看问题，我们会不会觉得母爱没什么了不起的？

不仅如此，我们所认为的一切好的东西，包括友情、亲情、爱情，都只是一些激素而已。从科学的角度来看，大概只能得到这样的结论。如果你们相信科学为我们提供了唯一的真理，那么几乎所有对我们意义重大的东西都烟消云散了。科学取消了意义。

因此，这一讲我想从两个角度来聊一聊科学，一个角度是真理，另一个角度是意义。

科学与真理

波普尔：朴素的证伪论

首先我们来谈谈科学与真理。什么是科学？我们讲了这么多科学，大家对科学也有了一定的了解，物理学肯定是科学，但是数学是不是科学？哲学是不是科学？对此，大家可能有点疑问。那么，到底什么是科学？哲学家卡尔·波普尔给科学下了一个定义：科学命题是可以被证伪的命题。我来解释一下这是什么意思。

比如，现在有一个命题："所有的天鹅都是白色的"。波普尔之前的一些哲学家认为，如果这个命题是科学命题，就应该可以被证实。怎么证实？我们去观察一只一只的天鹅，看看它们是不是白色的，如果这些天鹅都是白色的，那么我们就证实了这个命题。

但是波普尔认为，我们不可能把所有的天鹅都看一遍，即便可以将目前世界上的天鹅都看一遍，但已经死了的和未出生的天鹅怎么算？因此，波普尔说，科学命题是不可能被证实的，因为它们是全称命题。

然而，波普尔认为，全称命题是可以被证伪的。如果我说所有天鹅都是白色的，但是有人发现了一只黑天鹅，那么这个命题就被证伪了。科学的命题是可以被证伪的命题。这句话并不能被理解为科学命题都是错的，而是说，科学命题在原则上是可以被证伪的。

一切命题，在原则上能被证伪的，才是科学命题，否则就不是科学命题。当我们说一切天鹅都是白色的时候，我们应该判断这个命题在原则上是否可以被证伪。显然，如果能找到一只黑天鹅，这个命题就被否定了。这反过来说明原来的命题是科学的。这就是波普尔对科学的定义。

有了这个定义后,我们来检验弗洛伊德[1]提出的一个命题:"人人都有俄狄浦斯情结（恋母情结）"。我们来看看它是不是一个科学命题。来看以下两段对话：

> 你爱你母亲?
> 嗯,我是。
> 你有恋母情结!

> 你爱你母亲?
> 不,我恨她。
> 你在抑制你的本性,说明你爱你母亲,你有恋母情结!

可以看出,这个命题在原则上是不能被证伪的,就是说无法找到反例,第二段话好像找到了反例,结果又被他说圆了。因此,关于俄狄浦斯情结的命题不是科学命题。类似的例子还有算命先生常说的"信则灵,不信则不灵"。如果你说他算得不灵,他会说你心不诚,因此算命在原则上也不能被证伪。

我们再来看一个例子,请大家看看以下哪个命题更科学：

1. 世界的基本组成是物质。——马克思

---

[1] 西格蒙德·弗洛伊德（Sigmund Freud, 1856—1939）,奥地利精神病学家,精神分析学派创始人,其影响之大以至弗洛伊德主义成为一种意识形态,著有《梦的解析》等。

2. 公元 2011 年 5 月 21 日是世界末日。

——哈罗德·康平[1]

按照我们平常的观点，似乎马克思的命题比康平的命题更科学；然而，按照波普尔的标准，第二个命题反而更科学。因为原则上我们无法证伪第一个命题。以前我们认为物质都是看得见、摸得着的，但后来科学家发现有各种各样的场，它们是看不见、摸不着的，但它们也被认为是物质。马克思的命题无法被证伪，因为我们对物质的概念没有一个不变的清晰定义。"物质"这一概念的外延可以被不停地扩大，像一个大麻袋，什么都可以往里装。

我们来看第二个命题。距离预言的时间过去十多年了，世界末日并未降临。因此，这个命题是一个假命题。但是按照波普尔的标准，它却是科学命题。因为它可以被证伪，而且已经被证伪了。所有的科学命题都应该有这一特征，否则它就不是科学命题。科学命题可以被证伪，就是说，它对于未来的经验是开放的。现在对的东西未来可能被证明是错的。科学家一定要有这种包容的心态。如果某人发明了一套理论，说不管未来怎么变化，上下五千年不错，放之四海而皆准，那么这套理论一定不是科学理论。

---

1 哈罗德·康平（Harold Camping，1921—2013），美国"家庭广播电台"（Family Radio）的创办人，以多次失败地预言末日降临而闻名。

波普尔提出的标准在科学家中引起了很大的共鸣。现在，大多数科学家都接受这个标准。科学先是提出一个假说或猜想，然后用实验来论证这个假说或猜想。比如，爱因斯坦的相对论预言光线在大质量的物体附近会发生弯曲，这是一个非常强的预言，很违背我们的常识。最后爱因斯坦的预言被证实了，因此相对论也就被广泛接受了。但是，这并不代表相对论一劳永逸地成了真理。广义相对论有被证伪的可能性，因为它还提出了各种各样的预言（比如引力波的存在），按照波普尔的理论，这些预言只要有一个被证伪，这个理论就会被无情地推翻。

先提出一个假说，这个假说被实验证实或证伪，证伪以后我们对它进行修正，得到新的假说，然后再被证实或证伪……这就是波普尔设想的科学不断进步的过程。

库恩的范式与拉卡托斯的研究纲领

波普尔的说法似乎很有道理。虽然我们不敢说已经获得了最后的宇宙真理，但是因为我们可以不停地做实验、不停地猜测，我们会越来越逼近这个真相，要不然科学家就没有信心搞科学了。比如，有这样一个著名的游戏，我在脑子里想好一个人，你问我若干个问题，我回答是或不是，最后你总是可以把这个人猜出来。前提条件是我一开始想好的这个人不能变。科学家设想宇宙真理也是这样，他们假设宇宙有一个最终的真相，我们提出猜想去试探这个真相，反馈的方式就是实验，最后总会越来越接近真相。我觉得大多数科学家就是这样想的,宇宙有一个最终的真相,不管我们的起点多低,不管一开始我们是否一无所知,但是我们掌握了一套方法,只要不停地实验、不停地提问,最终一定会得到关于宇宙的终极答案。

但是大家想想,如果有一天我们真的得到了关于宇宙的终极答案,我们会知道这一点吗?在猜人游戏中,如果你最终猜中了,我会宣布你胜利了。但是在科学探索的游戏中,谁来宣布我们的最终胜利呢?因此,这个所谓的宇宙终极答案是无法被确证的,科学理论始终向未来可能的证伪保持开放,如果科学的本性是可证伪性,那么所谓的终极真理就是一个假想的目标,科学理论的本质必然是假说。这是一个值得玩味的结论:科学探索要预设终极真理的存在,但是这个终极真理在理论上却永远无法确证。那么有没有可能根本就不存在所谓的宇宙终极真理呢?我把这个问题留给大家思考。

波普尔对科学的定义以及对科学进步的设想虽然广为流行,但是有两个人,一个叫库恩[1],一个叫拉卡托斯[2],认为波普尔把事情想得太简单了。证伪并不像波普尔想象的那么容易,科学的进步也不是线性的。

回到天鹅的例子:"所有的天鹅都是白色的"。结果某人发

---

[1] 托马斯·库恩(Thomas Kuhn,1922—1996),美国科学史家,科学哲学中的"历史主义"的创始人,著有《科学革命的结构》等。

[2] 伊姆雷·拉卡托斯(Imre Lakatos,1922—1974),英籍匈牙利科学哲学家,曾接受匈牙利哲学家卢卡奇指导,后期被波普尔影响,著有《科学研究纲领方法论》等。

现了一只黑天鹅，那么是不是一定可以证伪这个命题呢？提出这个命题的人可以辩称，被发现的黑色鸟类其实并不是天鹅。因此它并没有立即被证伪。所以科学命题的证伪不是通过一个例子就可以完成的，科学理论具有很复杂的结构。库恩提出一种范式（paradigm）理论，他认为，科学的发展不是知识的累积和线性增长，而是范式的转换。

什么叫范式的转换？不是线性地一步一步前进，而是通过科学革命，科学整体从一个范式转到另外一个范式。库恩认为，爱因斯坦的相对论替代牛顿的经典力学并不是一种简单的进步，而是一种范式的转换。范式是科学家共同体用来进行科学研究的话语集，包括科学家共同体的本体论承诺（即承认什么是真正存在着的东西）、方法，以及逻辑表达式、模型、范例。库恩没有说清楚这个定义，但是他想告诉我们，范式和科学共同体相关，科学共同体认同某个标准，把它当作一个典范，一旦这个典范不适合了，就会转向另外一个典范。范式无法被轻易证伪。只有一个新的范式代替一个旧的范式的时候，科学整体才会发生大改变，库恩称之为科学革命。

我们换另外一个哲学家拉卡托斯的理论来更清晰地阐释这个问题。他提出一种和库恩的范式很相近的理论，叫作科学研究纲领。科学研究纲领就是一组有着严密的内在结构的科学理论系统，由最基本的理论构成其硬核，除此之外还有许多辅助性假设共同构成硬核的保护带。在一般情况下，硬核是不被触动的，无法被经验直接证伪。如果实验给出了与硬核相冲突的反例，硬核不会立即被证伪，因为保护带将做出相应的改变来消化它们。

举一个例子。天文学家发现天王星的位置与牛顿力学的预言不符合，但是这并没有构成对牛顿力学体系的证伪，科学家们倾向于认为有另外一个天体影响了天王星，结果发现了海王星。科学实践中的真实情况就是如此，即使发现了反例也不会轻易抛弃硬核，而是会提出新的辅助性的假说来缓冲这个反例对硬核的冲击。因此真正的科学理论的硬核部分是很难被证伪的。

我们再用科学史上著名的哥白尼革命——即日心说取代地心说——来阐明范式或科学纲领的意义。在哥白尼革命之前，主流的天文学家信奉亚里士多德−托勒密的地心说体系，也就是太阳绕着地球转，现在我们都认为是地球绕着太阳转。这被当作科学进步的一个典范。然而事实上，当时哥白尼所提出的日心说在天文观测上的证据并不比地心说更有优势，实际上二者都有与观测不符的地方，甚至可以说托勒密的地心说与观测更符合，因为他添加了很多辅助性的假说，例如均轮和本轮，来化解对它不利的观测数据。

反过来说，哥白尼的日心说其实有很多与观测不符的地方，因为他当时以为地球绕太阳的运行轨迹是圆的（事实上是椭圆的）。而且哥白尼当时认为水星和金星离地球很近，如果地球绕太阳转就会出现一个问题，假设地球在动、太阳不动，地球在转到离水星和金星更近的时候，它们看起来应该更大些。但是当时的观测数据不支持这个结论。现在我们知道这是因为水星和金星离地球太远，因此地球运动的远近所造成的影响在当时的观测条件下可以忽略不计。哥白尼当时并不知道这一点，因此据日心说的理论，水星和金星应该是忽大忽小的。但是观测数据不支持这一结论。托勒密体系却能很好地解决这个问题。

可见，日心说取代地心说并不是完全建立在观测的证据之上的，因为可能地心说的证据更好一些，更符合观测到的证据。那么到底是什么原因导致最后日心说取代了地心说？科学史专家做了很多研究，这里面有很多复杂的因素，不是简单的观测问题。当时欧洲最伟大的头脑如伽利略、笛卡尔这些人都倾向于相信日心说。或许是因为地心说统治欧洲太长时间，他们觉得厌倦了；或许他们认为哥白尼的日心说在数学上更优美，而地心说太复杂了，以至不像是真理。但简单性原则其实是一种非理性的理由，虽然近代科学家们都倾向于相信这一理由，却无法证明其合理性。比如，古代人可能认为越复杂越好。大家看很多宗教关于世界真相的图画都是非常复杂的，他们认为复杂的东西才好，才配得上神的智慧。

因此，真正使得日心说取代地心说的不是所谓的观测证据，而更多地是出于非理性的根据。有些研究者认为，拥护日心说者如伽利略等，甚至使用了很多演说技巧，通过宣传的手段来推广这个理论，就像打广告一样。总之，观察数据不可能完全证伪一个科学命题。

费耶阿本德："认识论的无政府主义"

最后介绍一位比较激进的反科学主义者费耶阿本德[1]。在他看来，科学是最为晚近的、最富侵略性的、最为教条的宗教式的社会性事业。科学和其他的文化意识形态之间没有本质的区别，而且科学话语和政府工具结合起来，对现代人施加了一种霸权式的影响。

比如大家都认为科学就是好的，一些传统的文化形态，只要在原理上与科学相冲突，就被斥为伪科学。例如中医，因为不科学，所以是不好的，我们要放弃。但是，在费耶阿本德看来，包括中医在内的传统医学也是一种文化形态，只不过建立在现代科学体系之中的西医和政府的密谋统治了我们的话语权。

他说，科学之所以处于一种优越的地位并主宰一切，并不是由于它具有客观性和真理性更强等优点，而是因为科学与国家机器的紧密结合，国家机器为科学唯我独尊、打击压制其他意识形态提供了保证。他的观点很极端，但是我们可以听一听，我们要听听反对的观点。

曾经有一个西医对中医的挑战。传统中医认为可以通过把脉来诊断一个人是否怀孕，这在西医看来是不科学的，于是就安排了一次实验，找来一些怀孕和未怀孕的妇女，请中医来诊断。

1　保罗·费耶阿本德（Paul Feyerabend，1924—1994），奥裔美国科学哲学家，在认识论上持无政府主义立场，著有《反对方法》等。

有一个中医接受了这个挑战，结果他的准确率只是略高于50%，基本可以算作猜的。因此西医成功地证明了中医是不科学的。

其实按照费耶阿本德的观点，中医的确是不科学的，但这并不代表中医是没有实用价值的。只有在将科学和价值捆绑在一起的现代社会，不科学才是无用的代名词。对于上述实验，当时就有中医站出来反对，说中医看病不只是把脉，它是一个整体，要望闻问切。这个实验把中医的诊断和医治的整体割裂开来，换言之，就是让中医按照西医的模式做实验，那么当然胜者是西医，因为游戏规则是西医制定的，让中医按照西医的规则来做，最后再来判断中医无用，这本身就是一个不公平的挑战。

按照费耶阿本德的说法，任何意识和文化形态都有各自独特的一个体系，但这些体系之间没有高低之分，或者说是不可通约的。所谓不可通约，是指找不到某个共同的标准来衡量各体系的高下，因为任何标准都必然来源于某个体系的内部，因此不存在绝对客观的标准。举一个关于伦理的例子。比如，现在我们可能认为一夫一妻制是好的、符合人性的，某些伊斯兰国家盛行的一夫多妻制是不人性的，但是问题是，我们真的确定他们错了吗？我们能找到客观的标准来评价两种伦理之间的对错吗？有人说一夫一妻制出于人性的标准，而人性是相通的。然而我可以反驳说，这个人秉持的人性观念只不过是西方近代思想的产物，因此必然站在了近代西方婚姻制度的一边。对于两套体系而言，不存在客观公平的第三者来评判对错。这就是不可通约的意思。

　　在这个意义上，传统中医不是一门现代医学意义上的科技，它有着完全不同的视域。它和人伦、天地是结合在一起的，只在去除病痛这一点上与西医有相似之处。但是如果因为这一点就将中医和西医等而视之，要求中医按照西医的游戏规则玩出精彩，这本身就是不合理的。一些老中医认为，现在中西医结合搞出来的中成药，就是对中医药原本体系的极大破坏，是将中药强行纳入西药体系的一种错误行为。

　　费耶阿本德说，一切文化形态都是不可通约的，没有高下优劣之分。比如，在科学和宗教、神话之间也是不可通约的，你可以从科学的角度批判宗教和神话，我也可以说这些批判都是你被科学洗脑后的决定，你已经认为科学的标准是正确的。但这个标准是如何形成的？只不过是从科学中形成的而已。我们现在认为好的所有东西都是科学告诉我们它们好之后，我们再去看其他非科学的东西，当然总觉得非科学的东西不顺眼。这只是因为你从小生活在科学时代，所以只接受了科学的标准。科学已经成了你的背景，这使得你很难对科学保持清醒的距离，对它提出批判。按照费耶阿本德的说法，科学的霸权地位以及科学对现代人潜移默化的影响或"洗脑"，是通过和近代的国家机器相结合而获得的。

　　最后，我们来设想一种可能性。在未来会不会出现另外一种文化形态，它会取代科学如今的霸权地位，就像科学取代宗教曾经的霸权地位一样？到那时，科学家还是存在的，但只是作为一个小团队存在，或许也受到一部分人的追捧和尊敬，就像现在也有很多人信教，崇拜梵蒂冈的教皇，但是宗教已经不是一种主流，不是官方的世界图景提供者了。这种情形是否会发生？我们现在还不得而知。按照费耶阿本德的观点，这是完全有可能的，因为与宗教和神话相比，科学并没有特别的理由成为必然的真理提供者。当然，他的思想是很激进的，大家不见得都能接受，我只是希望在如今科学"顺我者昌、逆我者亡"的时代，能让大家听到不同的声音。

科学与意义

接下来我们来聊一聊科学和意义的关系。请大家来想想，在下面这些人中，谁可以称得上是科学家？

他们分别是：爱迪生、达尔文、霍金、图灵[1]、爱因斯坦、弗洛伊德、居里夫人、亚里士多德。

实际上，这几个人都可以称得上是科学家。但是，在这些人中，如果让你去掉三个人，你会去掉哪三个？

你可能会去掉亚里士多德。因为亚里士多德主要是一位哲学家，而且在我们现有的教科书中，他是以阻碍科学进步的反面形象出现的。但其实他不仅是一位伟大的哲学家，而且应该算是所有西方科学的鼻祖。物理学、心理学、天文学、植物学、

---

[1] 艾伦·图灵（Alan Turing，1912—1954），英国著名数学家和逻辑学家，计算机逻辑的奠基者，提出"图灵机"和"图灵测试"等重要概念，被称为计算机科学之父、人工智能之父。后因性取向遭政府迫害，食毒苹果自杀。

政治学等都是他开创的。当时科学没有那么多分支，但物理学无疑是科学最重要的分支。第一本《物理学》就是亚里士多德写的，近代科学却把他描绘成一个阻碍科学进步的负面形象，我要为他正名，他是一个伟大的人物。你可能会把他从科学家名单里去掉，这我同意。还有谁？

你可能会去掉弗洛伊德。因为按现在的科学的标准来看，弗洛伊德是一个已经过时了的古老心理学家，按照波普尔的标准他也不能算科学家。还有谁？

你也可能会去掉达尔文。

好，达尔文、弗洛伊德和亚里士多德都被去掉了。我们再去掉三个。这个蛮困难的。有同学可能选择去掉爱迪生，因为他是一个发明家。还有谁？图灵。因为图灵是计算机之父，是数学家，有人说计算机之父肯定也是科学家，但是我们凭直觉也把他去掉了。还有谁？剩下的都是典型的科学家，你会去掉谁？很难选择是吧。

为什么最后我们选择留下这三个人，其实这八位都可以算是科学家。但是通过这种筛选，我们会发现，在我们的心目中，有一个典型的科学家的形象。其实我们对于很多概念都有一个典型或范例。除了数学上的精确概念，比如，对于自然数，1 和 2 哪一个更是自然数？这个没什么可比的。但是一般的概念比如科学，是有典型的。我们大概知道什么是科学，心中模模糊糊有一个标准，虽然说不清楚，但是不妨碍我们可以用它来进行判断。

　　居里夫人是科学家，这没有什么问题，我们可以把她保留下来。我们发现，最后我们选择将其留下来的三位都是物理学家，而且霍金和爱因斯坦都是理论物理学家，科学的典型、最标准的科学家是理论物理学家。因为是他们为我们提供了关于整个宇宙的图景，这恰恰是我们希望科学家所做的事情。以前这个事情是神话的讲述者、圣经的作者或者哲学家来做的。但是现在我们相信科学家应该做这个事情，也就是，为我们提供世界图景。而做这个事情做得最好的就是物理学家了，而且是理论物理学家。

　　科学界有一个鄙视链。有一个大名鼎鼎的物理学家叫卢瑟福[1]，他说除了理论物理学，其他的科学只不过是集邮而已，就是收集资料而已。还有一个科学家叫泡利，他提出了泡利不相容原埋。他老婆和他离婚后，找了一个化学家，他特别想不通这件事，他说你跟我离婚找一个拳击手我可以理解，因为拳击手至少能打得过我。但是找一个化学家……化学家在什么方面能胜得了我？这是物理学家的想法。因为科学中所有最基础的东西都是物理学提供的，而且化学在理论上是可以被还原为物理学的。物理学提供了这个世界最基本的东西，所以诺贝尔奖的物理学奖是最厉害的，居里夫人是化学家也是物理学家，但最纯正的还是霍金和爱因斯坦。下面我们就以物理学为例，对科

1　欧内斯特·卢瑟福（Ernest Rutherford，1871—1937），原子核物理学之父，被公认为是继法拉第之后最伟大的实验物理学家，因"对元素蜕变以及放射化学的研究"，于1908年获得诺贝尔化学奖。

学与意义的关系做一些思考。

　　学物理的人很少关注物理学史，这和学哲学不一样，如果你们上大学后选哲学课，首先就会学习西方哲学史，来看看历史上的哲学家说过些什么。但是我们很少学科学史，牛顿、伽利略这些人都是科学史上重要的人物，他们留下的定律，我们现在还在用，但是在科学最前沿的圈子里，这些人已经被认为是过时的了。最先进的物理学是量子力学、相对论、引力场论、超弦理论等。物理学家不大关心物理学史，但是我们要对物理学的现状进行反思，就要研究它是如何从历史中产生的。如果物理学始终以现在的样子呈现给我们，我们很难对它进行反思。要了解一个人就要了解他的历史，要了解一种文化形态也要从它的历史开始。

近代物理学的起源：自然的数学化

　　我们先来看看近代物理学的起源。我给大家介绍一下近代科学之父——伽利略。他干了两件事，第一件事是发明了望远镜，这在科学史上是一个开端性的事件。有一位女哲学家叫阿伦特[1]，她曾经说，现代世界有三个重要的事件：第一个是地理大发现，就是大航海时代；第二个是宗教改革；第三个，也是最重要的

1　汉娜·阿伦特（Hannah Arendt，1906—1975），海德格尔的学生，"平庸之恶"的提出者，著有《极权主义的起源》等。

事件，是发明了望远镜，因为望远镜的发明标志着现代科学的诞生，而现代科学对现代社会的影响是最大的。

为什么说伽利略发明望远镜就带来了整个现代科学？严格来说，望远镜其实不是伽利略发明的，是荷兰人第一个制造了望远镜，但伽利略是第一个用自己改进过的望远镜来观测天体的。他看到月球上面坑坑洼洼，发现太阳有黑子，第一个发现了金星和水星原来离我们那么远。传统教科书说望远镜的发明证实了日心说，我在前面说日心说是没有办法证实的，一个孤立的证据没有办法证实一种学说。但是伽利略通过望远镜的观测给日心说提供了很多证据，反驳了对日心说的很多不利因素，比如之前提过的水星和金星的亮度变化问题，都得到了较好的解释。当然，这并不是说望远镜的证据就是铁证如山。关键在于，许多人，尤其是许多有影响力的知识分子，用今天的话来说就是"大V"，因为这些证据的出现而选择相信日心说，因此，可以说，望远镜导致了一个公共（公开）的事件，它不仅仅是一个证实理论的实验器材。

在天文望远镜出现之前，教会并不害怕日心说，因为在公元前3世纪就已经有人提出日心说了。作为一种学说，日心说一直存在，但其影响力有限，不足为惧，即便是在哥白尼重提日心说之后，它也一度只是一种数学上较为便利的假设。但是，望远镜的出现引发了一个公共性的事件，知识分子阶层出现了很大的态度转变，由此日心说的权重大大增加，导致了一种共识的产生：我们的感觉器官会欺骗我们。我们每天看到太阳东升西落，原来并不是太阳在运动，而是地球本身在运动。望远镜以及其他科学仪器的出现极大地扩展了我们感官的能力，提升了我们所看到的范围，让我们意识到原来我们之前认为正确的东西其实是错误的，我们的感觉是不可靠的，而且在最根本的问题上是不可靠的。虽然任何理论都是对我们所看到的现象的一种解释，但是地心说和日心说的不同之处在于，地心说没有否定我们的感官，只是为它提供了一个背后的理论说明，而日心说否定了我们日常感官的可靠性，这在思想史上引起了恐慌。这一事件的一个后果就是导致了近代哲学的出现。在这一事件的刺激下，笛卡尔试图寻求绝对可靠的东西，最后通过怀疑一切得出了一个著名的命题：我在怀疑这件事本身是无法怀疑的（我思故我在），只有思维是绝对可靠的。他要从思维这个角度重新建造整个知识的大厦。不过，我们不讲笛卡尔这位近代哲学之父，我们的主角是近代科学之父伽利略。

　　发明了望远镜之后，伽利略做的第二件事是将自然数学化。只有将自然数学化之后，自然科学才能真正诞生。数学化是伽利略用来抵御感官不可靠的手段。虽然在哲学家笛卡尔那里，数学的可靠性本身也要被怀疑，比如他设想有一个邪恶的精灵玩弄我们，让我们以为 1+1=2，但是对于科学家伽利略来说，数学的可靠性就足够了。因为在近代科学出现之前，已经存在着一个完美的演绎体系——欧几里得几何学，它长期以来就是欧洲知识分子心目中完美知识的典范。欧氏几何有 23 个定义、5 条公理和 5 条公设，以此为基础，我们可以推出一切几何学的定理。几何学不但自身可靠，而且可以应用于真实物体之上。任何一个东西都有形状，比如这个杯子是圆柱形的，几何学可以应用于物体的形状。伽利略因此认为物体的形状是绝对可靠的，因为它可以被几何学所描述。他进一步区分了物体的两种性质：一种是可以被几何学描述的性质，如多高、多宽、多圆等，这被称为第一性质；还有另外一些性质不能用几何学来描述，如颜色、温度、触摸的感觉等，这被称为第二性质。顺便说一下，物体的两种性质之间的区分不是伽利略第一个提出的，在之前古希腊的时候就有人提出过了。

第一性质包括广延和运动。广延就是物体占空间的大小，比如长、宽、高。在伽利略看来，第一性质是物体本身所具有的真实性质，物体真正具有的就只是它的长、宽、高以及运动的快、慢等，这些性质的特点是可以用几何学来规定，因此具有客观性。而且由于几何学可以被量化，因此第一性质可以直接被还原为量。这里要补充一个重要的区别——质和量的区别。其实，物体的长、宽、高也是性质，我们的感官可以感受到这些性质。但是这些性质可以被还原为数量。比如，一个物体有多长、多宽、多高，都可以用尺子量出来，运动的快、慢也可以用钟表来测量，第一性质可以用测量的方式固定下来，所以它们是客观的。除了第一性质之外，还有第二性质。

第二性质包括颜色、冷热和粗糙感等。伽利略认为，这些性质是由物体作用于我们的感官而产生的性质。它们依附于感官，如果我们的感官不存在或发生了变化，物体的这些性质也会消失或有所不同。比如，我们看到这张纸是粉红色的，但是谁能保证在所有其他生物的眼里它也是粉红色的？据说皮皮虾能看到的颜色比我们多得多，它们的世界远比我们的世界丰富多彩。颜色取决于我们的感觉器官，这意味着有不同感觉器官的动物或是生物看到的颜色是不一样的，既然如此，我们怎么能说物体的颜色属于物体本身呢？

如果我们的脑洞再开大一点，说不定我们每个人看到的颜色都不一样，比如，我看这张纸是红色的，你们也说是红色的，但是有没有可能我眼中的红色在你们眼中其实是蓝色？但由于我从小把你们眼中的蓝色叫成红色、把你们眼中的红色叫成蓝色，所以我依然会说海是蓝色的、花是红色的，我们在语言上没有区别，在交流上也没有任何问题，但在感觉层面完全是颠倒的。因为感觉只能通过语言来表达，因此并没有什么方法将你和我区别开来，而且我自己也不知道自己是红蓝颠倒的人，这件事情永远没有人知道，在原则上无法知道。说不定我们每个人看到的东西都不一样，但是因为我们有共同的语言，所以完全无法彼此察觉。所有这些问题都是因为每个人的感官在本质上是主观的。

我们论证了一个物体的颜色是主观的，但是它的长度是主观的还是客观的呢？从某种意义上说，长度也是主观的。比如，我手里的这支笔离我这么近，我就觉得它比你们每个人都要长，但在你们看来它很短。离得近显得长，离得远显得短，而且从不同的角度看，它的形状会发生变化。但是，长度和形状有一个特点，只要用一个标准的尺子一量，就可以把长度固定下来，不管观察的角度和距离再怎么变化，它永远是 10 厘米，长度是可以被量化的，所以它就是客观的。对现代科学而言，客观化就等于量化。

　　伽利略所设想的物理学不像几何学，它不仅要处理物体的形状，还要处理物体的方方面面，我们可以认为几何学相当于专门管形状的物理学，但是物理学对物体的所有性质都要进行描述，到目前为止，只有形状是客观的、可以被量化的。伽利略想要创造物理学，所面临的第一个问题就是要找到一种方法，把那些第二性质、那些被认为是主观的东西也间接地客观化。因为伽利略相信，虽然第二性质是主观的，但它们也有某种客观的原因。我们以粗糙感为例来解释一下这是如何可能的。

　　如何将粗糙感等主观感觉客观化？对于一个物体的表面，你觉得很光滑，但有可能我的手粗，所以我觉得它很粗糙。还有一种情况，就是我们通常可以对两个表面的粗糙感进行比较，说这个东西比那个东西粗糙一些。可以比较，但是没有办法量化。甲比乙粗糙多少？对此，我们没有办法量化，因此也就没有办法数学化，没有办法达到客观性。伽利略的想法是，通过设计合适的实验（连同思想实验）来间接地量化粗糙感。

　　学过初中物理的同学都知道这个实验：一个小车从同一高度下滑，在粗糙程度不同的各种表面上运行，表面越是粗糙，小车运行的距离就越近，粗糙程度和距离呈反比。虽然粗糙程度无法直接测量，但是我们可以通过测量小车运行的距离来间接地测量它，通过实验和测量，我们可以间接地把粗糙变成一个客观的属性。那么，我们就不是凭感觉说有多粗糙，我们可以把粗糙程度以量化的方式固定下来，这就是物理学中的摩擦系数。

注意，在这里发生了一个很大的转变，即我们不是直接量粗糙程度，而是通过一个数学公式（与距离成反比关系），通过设计一个实验把粗糙程度间接地量出来。这种例子在物理学中比比皆是，比如温度，我们之前不讲温度，讲冷热，如果你的手比较热，触摸一杯温水，你会觉得这杯水比较冷，如果你的手比较冷，就会觉得这杯水比较热，但是现在我们用一个温度计来量一量就可以把温度确定下来，这是客观的，和我们的主观感觉没有关系。温度计的工作原理是什么？它直接测量的其实是水银柱的长度。因此，将第二性质客观化，就是以间接的方式把它们都转化为长度，转化为可以测量的量，这就是客观的物理学的诞生过程。在这个过程中，有一些很重要的东西。

首先，通过思想实验，第二性质不仅被间接地量化，而且获得了一种类似几何学中的理想极限。几何学是一门理想科学，比如几何学上的线是完全直的，圆上的每一点到圆心的距离完全相等，但是，在现实生活中，没有一条绝对直的线，没有一个绝对圆的球体。科学家曾花了几百万欧元做出了一个世界上最圆的物体，圆到什么程度？我们地球上最高的地方是珠穆朗玛峰，最低的地方是马里亚纳海沟，二者相差近2万米。即便如此，地球也比几乎所有乒乓球更圆。但如果把科学家做出的这个东西放大到和地球一样大，它的最高处和最低处只相差 14 米。然而就算这个球也不符合几何学中对圆或者球的定义。理想的球体放得再大，表面也没有高低差，所以在实际生活中，我们找不到几何学中的形状，几何学家只有在思想中才能把它们搞出来。

现在通过思想实验，第二性质也具有了类似几何学的理想极限，比如粗糙的反面极限就是无限光滑。无限光滑在现实生活中同样是不存在的，但是通过思想实验，我们可以设想，既然小车经过的平面越光滑，小车运行的距离就越远，那么如果平面无限光滑，小车就会永远运动下去。这种情形在现实生活中显然是不会出现的。

借助于思想实验，科学家做到了在现实生活中无法做到的事情。牛顿借此提出了牛顿第一定律：任何物体在不受外力的情况下，比如运行的表面无限光滑，总保持静止或匀速直线运动，如果一开始是匀速直线运动，它就永远匀速直线运动下去，如果一开始静止就永远静止下去。牛顿所描述的状态在现实生活中无法找到，但是他通过思想实验把它创造出来了。这里面还涉及物理学的数学公式，第二性质被量化的过程等同于物理学原理的发现和物理学公式的诞生。当我们设计出一个实验测量粗糙程度时，我们就是在通过一个公式体现粗糙程度和距离之间的某种关系。随着这个公式的发现，我们也获得了极限状态，在物理学家眼里，现实世界中达不到的极限情况反而成了最基本的理想情况，描述理想情况的公式因为简单而被视为原理。这些情况在生活中找不到，只有在思想实验中才能被发现。现实中没有无限光滑的地面，所以牛顿第一定律永远无法在现实中验证，但是物理学家相信这个原理。

高中同学都学过自由落体，任何一个物体，不管有多大的质量，在真空中下落的加速度都是 9.8 米每二次方秒。也就是说，如果在真空中，羽毛和铁球会下落得一样快。高中老师一定会给你们做一个实验——抽空一个玻璃筒中的空气，让铁球和羽毛同时落下，然后告诉你们这是自由落体运动，反过来说，日常在空中飘落的羽毛是不自由的，它受到了空气阻力的作用，只有在真空状态下的下落才是自由的。大家想想，在这里，我们对自由的概念发生了一个转变，以前我们看到羽毛在空中飘着认为是最自由的，但是现在羽毛要像铁球一样往下掉才叫自由，这说明我们对世界的观念、对自由的观念发生了改变，我们认为最自由的基本状态应该是不受任何阻力的、在现实生活中发现不了的状态，这是只有物理学原理所能达到的状态。

如何证明物理学原理？物理学原理是由公式体现的，公式具有实践上的预测功能。我们做若干次实验后可以得到一个公式，但实验不可能无限做下去。例如，关于粗糙程度与距离的关系，我不会不停地将这个实验做下去，做了三次就可以证明表面越光滑，小车滑得就越远，我可以预测或是预言，如果以后发现了更光滑的表面，小车将运行得更远。当然，预言也有可能失败，得出的公式有可能是错误的，有可能存在一些我们暂时没有发现的因素。这都没关系，因为科学允许根据未来的经验对公式做出改进，甚至推倒重来。但不管怎么说，公式是有预测功能的，而且我们对公式的验证通常也是在实验室中进行的。我们要求实验精度越高越好，这是在模仿思想实验中的理想情况、极限情况。

通过公式，现实世界中的物理问题就转移到了数学领域。在这个领域内，我们不需要再去考虑物体的物理属性，而只需要以数学的方式对数据进行操作。物理学家首先通过在实验室里的观察和测量获得一些数据，然后再把这些数据输入公式，最后通过公式来操作这些数据。在操作公式的过程中，数据和物理世界没有任何关系，他们完全是在进行数学操作，只是到了得出最后结果的时候，他们再把它从数学翻译回物理学，这叫输出。输入和输出是物理学的事情，中间的过程是纯数学的，一旦进入纯数学领域，这些操作就远离了感性经验以及质的束缚，大大提升了解决旧有问题、开拓新领域的能力。这是比较难理解的部分，我们来打个比方。

我们生活在三维空间中，无法直观地感知四维空间，因此，对于四维空间的超正方体有什么性质，我们是无法直观感知的，甚至连想象也不行。据说有人能直观地想象四维空间，据说数学家布尔[1]的女儿就可以，我不知道她是在什么意义上想象的，

1　乔治·布尔（George Boole，1815—1864），19世纪最重要的数学家之一，著有《逻辑的数学分析》《思维规律的研究》等。他首次提出了"逻辑代数"的基本概念和性质，建立了一套符号系统。人们为了纪念他，而把"逻辑代数"称为"布尔代数"。

反正我不行,因为一般而言,我们的大脑就是这样设计的,我们被束缚于我们的感官经验中。

但是,我们可以从数学的角度来理解四维空间。比如,二维正方形的面积等于边长的平方,三维正方体的体积等于边长的立方,虽然我们在现实生活中找不到四维的超正方体,但是我们可以轻易地推出,它的超体积应该是边长的四次方。虽然我们无法直观地看到它的超体积的全貌,但是借助于数学,我们发现很容易计算出四维超正方体的一切特性,不仅是它的超体积,还包括它有几个顶点、几条边、几个面、几个体等。并且我们还可以将之推广至 n 维空间的各种形状,比如五维空间的超超正方体的超超体积是边长的五次方,n 维空间的超正方体的超体积是边长的 n 次方……虽然我们连四维空间也无法直观地想象,但是通过数学(这里主要指代数),把上面这个小标(次方数)变一变就可以了。

现代的超弦理论告诉我们,时空一共有 11 维,这远远超越了我们的经验能力,但是对于数学而言这就相对简单了。从数学(代数)的角度看,我们现在所处的三维平直空间只是一个特例,不仅有高维空间,还有弯曲的空间,比如黎曼空间[1]、罗巴切夫斯

1 黎曼空间就是黎曼几何能够成立的空间。波恩哈德·黎曼(Bernhard Riemann,1826—1866),德国著名数学家,开创了黎曼几何。黎曼几何的一条基本规定是:在同一平面内,任何两条直线都有公共点,也就是平行线是不存在的;它的另一条公设是:直线可以无限延长,但总的长度是有限的。

基空间[1]等。爱因斯坦认为我们的空间是黎曼几何所描述的空间，但是我们只能感觉到平直空间。正如地球是圆的，但是我们总觉得地面是平的。通过数学，我们可以大大提高我们的眼界。如果从纯粹数学的角度看，我们所熟悉的欧氏几何其实只是特例。这就好比物理学家通过望远镜发现，我们现在所居住的星球只不过是太阳系中的一颗小小行星，而太阳也只是银河系千亿颗恒星中的一颗而已。我们只不过是浩瀚宇宙中微不足道的一种生物，绝非什么宇宙的中心。这就是前面我提到的平庸原则，从数学的角度看，可以说，平庸原则说的就是我们的感官经验相对于数学所开启的无限可能性的狭隘性，从科学打开的视野来看，我们也就是这么回事。一旦物理学被数学化以后，就大大开阔了我们的眼界，让我们可以在这个新的领域中进行更大范围的操作，解决旧问题，发现新问题。

抽空意义的真理

但是数学化是有后果的，我们来分析一下。首先要确认一点，物体是各种性质的载体，我们所能看到的、摸到的是它的性质，物体要借助于性质来显现、来表达。

---

1 罗巴切夫斯基空间就是罗巴切夫斯基几何能够成立的空间。尼古拉斯·伊万诺维奇·罗巴切夫斯基 (Nikolas lvanovich Lobachevsky, 1792—1856)，俄罗斯数学家，非欧几何也就是人们后来说的罗巴切夫斯基几何的早期发现人之一。与欧氏几何不同的是，它的一条公理是："过直线之外的一点至少有两条直线和已知直线平行"。

　　下面要引入一个新的概念叫作生活世界，就是我们日常周围的世界；和生活世界相对的世界，我们称为物理世界。生活世界中的物体存在于感知的空间中，它的各种性质在主观的感知中以质的方式显现。比如，我看到这个杯子和你们看到的杯子的显现是不一样的，物体对每个主体的显现都不一样。但是，物体的客观同一性本身可以借助于主体间性获得保障，而并不要求显现性质本身具有完全的同一性。比如，我看到的杯子大一点，你看到的小一点，你可能觉得杯子比较粗糙，我觉得比较光滑，这些都没有问题，我们一般会承认我们看到的是一个东西。虽然显现是主观的，但是主观性通常不会影响我们在日常生活中对客观性的要求，我们仍然认为物体是客观的、独立于我们观察的东西。因为我们可以设想，如果我处在你的位置上，具有你的状况，看到的东西大概和你是相同的，这是一种很基本的经验。在哲学上，这种由各个主体的主观显现之间的相互协调性所保证的客观性被称为交互主体性。还有一个表达这种经验的概念是共通感或共同感（common sense），或者也可以被翻译为常识。

　　但是在以伽利略为代表的物理学家看来，生活世界中的常识所保证的客观性从根本上说是不可靠的，否则我们也不会都认为太阳似乎是绕着地球转的。物理学家对客观性和同一性有一种强迫症，他们不仅要求保证物体本身的同一性，而且要求保证物体显现方式的恸一性，换言之，显现方式也不能是主观的，所有的性质必须都是客观的。因此，物理学将一切显现的性质都还原为符合数学公式的数量，这样一来，物理学中的物就成了数学规定性的载体，它不再存在于日常的感知空间中，而是存在于不可见的数学空间中。日常的性质总是对主体（人）显现的，但是物理学要去除显现。比如，粗糙感和冷热，这些主观的显现需要被客观化，要把冷热变成温度，把粗糙变成一个摩擦系数，并用数学的方式表达出来。通过实验和测量将主观显现转变为客观的数学规定后，物体就不再具有任何主观性质，完全客观化了。在物理学中，不仅物体本身是客观同一的，物体的性质也是客观同一的，对每个人的显现都一样，比如一杯水是30℃，不管你感觉到的是冷是热，它都是30℃。所以温度和冷热不一样，但是我们现在已经习惯用温度代替冷热了。

这么一来，物理学中的物其实是无法被我们感知到的。它本身取消了显现方式的多样性，达到了对所有主体都一样的绝对客观状态，而这意味着它根本就不再依赖于主体了。如果对所有主体（人）来说，这杯水都是30℃，那么这种客观同一性恰恰取消了主体（人）。主体（人）可以在物理学的语言中被约除，在物理学中没有人的地位。哪怕世界上的所有人都消失了，这杯水仍然是30℃。所以物理学中的物和我们日常生活中的物其实是不一样的，虽然是同一杯水，但实质已经不同了。物理学中的物是不可感知的东西，物理学不要求感知，它排斥感知，因为感知必然是主观的，而物理学要达到一种绝对的客观性。追根溯源，这是因为物理学家惧怕主观性，他们认为我们的感觉器官不可靠。然而，对绝对客观性的追求就是对主观显现的排除，也就是对人的排除。

虽然感觉性质的规定性和数学量的规定性在实质上截然不同，但是却具有某种类似性，这可以从语言上体现出来。冷热是一种主观的描述，温度是客观的描述，二者有本质区别，但是我们用温度代替冷热好像很自然，但这只是语言上的相似性（冷、热、温）。我们为数学规定性命名时，所借助的依然是日常描述感觉的语言，因为描述感觉的日常语言是一切科学术语的根源。不仅如此，在宏观物理学中，生活世界中的物和物理学中的物之间的差别还因为作为载体的物本身的同一性而被进一步掩盖了。比如，虽然生活世界中的物的性质是冷和热，物理学中的物的性质是温度，但我们还是认为物本身是同一个东西。尽管二者承载的东西不一样了，但是我们认为承载者是一样的。好比一个人换了件衣服，但是人还是那个人。本来生活世界中的这杯水承载着冷热，科学给它换了一身衣服，它现在承载的是温度了，但水还是同一杯水。这导致我们在讨论物理学中的物的时候，会不由自主地用生活世界中的感性物来替代它们，仿佛二者是一回事，只不过物理学的描述更为精确而已。在宏观物理学中，在伽利略、牛顿的经典物理学中，这多多少少掩盖了物的数学化所带来的后果。

但是到了微观世界就不一样了。随着物理学向微观领域的发展，第二性质向第一性质的还原具有了另一层意义：宏观物的第二性质被还原为微观物的第一性质。比如，温度进一步被还原为分子、原子的运动，颜色被还原为光的波长。热力学告诉我们，热现象其实是大量分子做运动的统计学结果。也就是说，冷和热被还原为温度只是第一层次的还原，最终还要被还原为物体分子的运动（运动当然也是第一性质）。现在我们来想一想，单个分子有没有温度？如果温度高低背后的物理机制是大量分子运动的剧烈程度，那么单个分子就谈不上有温度。任何东西都应该有个温度不是吗？但分子的确没有温度。

分子不但没有温度，而且没有颜色。因为颜色也是一种宏观现象，其原理是物体反射一定波长的光而导致的，作为主观性质的颜色最终可以被还原为客观的、可以通过测量量化的波长。因此，询问一个分子或一个原子的颜色是没有意义的。所以微观物体既没有温度也没有颜色，在微观的层面上，留下的只是作为第一性质的广延和运动。

但是，我们如何想象一个没有第二性质、只有第一性质的东西呢？我们通常将分子或原子想象成小球，但是我们如何想象一个没有颜色的（也不是透明的）小球？如何想象我们触摸这个小球，既感觉不到冷，也感觉不到热？大家可能会说，微观粒子这么小，我们本来就看不见、摸不着，没有什么矛盾啊！但是，我在这里说的看不见、摸不着，不是因为我们的感官不够细致，好像我们缩小到分子、原子的大小就能感知它们似的。不是这样的。微观物体在本质上就是不可感知的，因为所有可感性质都被还原成广延和运动了。因此，我们在根本上无法直观地感知甚至想象它们。

虽然我们无法直观地（感性地）想象微观世界，但是这似乎并不妨碍我们以某种方式来理解它们。因为即便它们没有第二性质，物理学家还是为它们保留了第一性质。这在某种意义上是必须的，因为如果连第一性质也要被还原的话，物理学家将很难说服自己他们所研究的对象还是物体，而物理学毕竟是关于"物之理"的研究。

我们可以忍受构成宇宙的基本部分没有温度也没有颜色，但是我们无法想象它不占据任何空间。如果有一天物理学家发现，空间和时间也不是最基本的，也可以被还原呢？这件事是极有可能发生的。因为如前所述，伽利略所开创的近代物理学不同于亚里士多德的物理学，它是数学化的物理学，它对物的操作完全是数学式的，真正与可感世界的接触只是输入和输出部分，前者是通过测量获得物体的数据，后者是将数学计算的结果再次翻译为物理世界的语言。正是在翻译输出的这一步，物理学家发现越来越困难了。量子力学得出了诡异的"波粒二相性"，就是说基本粒子的行为既像粒子又像波，虽然我们难以想象这一点，但可以看出物理学家仍然在勉力用日常经验的图像维持我们健全的实在感，试图说服我们和他们自己，他们与之打交道的东西虽然非常奇怪，但仍然符合我们的感性经验，仍然可以被理解。但事实上，有没有可能物理学中所谓的物质实体和我们在日常经验中所遭遇到的物体完全是两码事，以至用任何关于后者的经验来想象前者都是彻底错误的呢？

其实，描写基本粒子的数学方程在数学上没有任何矛盾，只有将数学方程的结果解释为基本粒子的真实行为时，才会出现矛盾。虽然有矛盾，我们还是希望基本粒子是占据空间的东西，像桌子、瓶子一样是实实在在的。如果有一天我们发现，数学模型和方程将物理学家带到了一个连空间都被还原的地方呢？也就是说，通过数学操作，最后发现空间都不是宇宙的最基本组成。我们大概不愿意接受这个结果，然而，这种事情是极有可能发生的，据说现在最新的超弦理论认为，时空也未必是最基本的东西。

否定空间之基本性的理由不可能来自直观（包括想象），而只能来自数学。的确，如果说物理学已经被数学化，并且在此领域自由地驰骋，那么我们凭什么要求物理学所寻求的最终"基质"还要恰好能符合我们束缚于时空结构上的感性经验的期待呢？空间、时间这些东西都只不过是对我们人类而言的，是我们经验现实物体的前提条件，比如我们无法想象不在空间中的东西。但是物理学已经被数学化了，而数学（这里指代数）是不需要空间的。我们可以设想一种外星人，它们不具有对空间的感觉，但这并不妨碍它们理解数学化的物理学，毕竟数学号称是全宇宙通用的语言。因此，在数学化的物理学中，的确没有什么理由阻止时空被还原为更基本的东西，这些更基本的东西由于完全摆脱了时空概念的束缚，因而可能只具有数学上的意义。

由此，我们大概应该将微观物理学所研究的对象看作一种数学对象，一切为帮助我们理解而试图以感性经验强加给它们的、便于我们想象的模型最终都将导致失败。目前在超弦理论中所使用的术语虽然也有空间和运动的痕迹，但是和我们的日常经验已经完全不是一回事了，弦不是类似琴的弦，自旋也不是地球的自转。虽然还是用这些语言，但是这些语言所描述的东西已经是我们完全无法想象的了。说到底，它们只能用数学描述，但是无法把它们翻译成实实在在的经验，我们的经验已经不管用了。

　　但是，有一个最大的问题是，如果我们排除了感觉器官，我们就没有办法理解，因为我们所有的理解都是建立在物体对我们的感觉器官的主观显现基础之上的，但是科学把这个取消了，最后给出的结论一定是我们无法理解的。不仅我们无法理解，而且科学家自己也无法理解，因为他们和我们一样是生长在这个大地上的，是感官培养了我们的实在感和理解力。但是物理学的发展完全不在乎我们通过感官培养起来的意义世界。比如，科学会告诉我们，我们感受到所有的爱都是一些激素等，因为科学要排除感受，它认为感受是虚假的，真实的东西是感受背后的东西，只能用数学来描绘。比如，对于激素的化学反应方程，只有可以用公式写出来的，才是真实的。科学虽然告诉我们真理，但是这个真理是抽空了意义的真理，最终是我们无法理解的真理。

结　语

　　我在前面说了很多科学的"坏话"，但是请大家千万不要误会我的意思。我并不是想要大家无脑地反对科学，自然科学本身是人类智慧所发现的最为有效的预测手段。是的，预测是科学最本质的技能。因为我们相信万事万物的运动都遵循普遍的因果链条，所以科学家在实现对自然的数学化后总能以实验的方式猜测出暂时有效的公式。以物理学为代表的自然科学所做的事情，就是在初始条件给定的情况下，利用这些本质上是假说的公式预测未来的情况。如果将这项技能反过来用，我们就得到了改变世界的技术力量。就是说，我们预先想好了需要达到什么样的结果，然后根据公式就能反推需要什么样的初始条件。技术的本质就体现在这种控制结果的力量中。

只要运用得当，预测和控制本身当然都是让我们的生活变得更加美好的手段。在这点上，科学技术带给我们的福利无须多言。我在前面也说过，除了极端的复古主义者，任何人，包括我，都不会真正愿意再回到没有科技的时代了。但问题是，出于某种原因，科学与技术绝不愿意仅仅视自己为一种手段，科学要求成为唯一的真理，而技术则要求控制一切。可以将这两种要求分别称为科学主义和技术主义，因此我们今天要反对的不是科学与技术本身，而是科学主义和技术主义。在讲座的最后，我想就这两点简单地聊一聊。

科学主义的霸权

首先来聊聊科学主义对唯一真理地位的觊觎。我们必须承认预测很重要，即便在近代科学产生之前，我们就已经在进行各种各样的预测了，比如看云识天气、瑞雪兆丰年等。近代的自然科学让我们预测自然的能力大大加强。然而，我们要知道，预测本身只是生活世界中诸多需求和实践中的一种。事实上，在伽利略之前，古人在判断一个理论是否为真理时，很少考虑它在预测方面的有效性，他们更关心的是，这个理论是否告诉了他们世界为什么要这样运转。或者说，古人更关心目的论的解释，因为这种解释能让他们安心，感觉自己真正理解了世界的真相。伽利略第一次让关于真相的发问改变了方向，他不再关心世界运作的目的，而是想着如何描述世界运转的过程。正因为此，尽管如今科学越来越发达，我们却始终无法解释宇宙的目的。我们在这个没有目的的宇宙中活得茫然失措。

言归正传。现代自然科学只是满足了生活世界中诸多需求中的一种，即预测，却将其放大为全部真相。我们之前说过，科学虽然预设了宇宙的终极真理，但在本质上是永远无法达到的，退一万步说，即使幸运地达到了，科学家也永远无法证实这一点。这说明即使在科学自身的逻辑内部，终极真理和预测的有效性在本质上也不是一回事。例如，牛顿的万有引力公式非常好地预测了行星的运动。假如爱因斯坦的广义相对论才是宇宙的真相，那么牛顿的公式虽然有效，但理论却错得离谱，因为他认为真的存在一种超距的引力。但是爱因斯坦却告诉我们，引力根本不存在，是质量引起的空间弯曲导致了行星的各种运动。当然，我们根本无从得知爱因斯坦的广义相对论是否就是最终真相，甚至这个问题本身都是没有意义的。

但由于科学技术在塑造我们的生活和意识形态方面的巨大成功，我们现在已经被"洗脑"，认为能够预测的理论才是唯一的真理。这就好比百度地图的导航功能十分好用，并且因为我们只是忙于开车到达目的地，竟然将百度地图视为真实的大地，以至真实大地上的鸟语花香等因为与导航无关而被归入与真理无涉的诗情画意。

近代有一个大哲学家，叫胡塞尔[1]，他是现象学的创始人。针对自然科学这种片面性，胡塞尔提出了一种普全科学的概念。这种普全科学不像我们目前所拥有的自然科学那样只是将生活世界中的某一种实践活动（预测）片面放大，盖过其他一切，而是要以一种整体的方式守护生活世界的全部意义。它不仅不会取消生活世界的各种意义，而且要通过某种方式（现象学还原）设法把它们之间的关联看得更清楚明白，让我们能够清晰地知道自己行动的目的和动机，以便做出更理性的选择。需要指出的是，建立这种普全科学并不意味着要完全取消现有的自然科学，只要自然科学不再宣称自己的理论模型就是世界的真实图景，那么它的预测功能在普全科学中依然可以成为一种大受欢迎的手段。比如，如果自然科学以一种宣布真相的口气告诉我们，世界上的一切现象，包括人类视为珍宝的各种情感，说到底无非是基本粒子之间的相互作用，这就是一种科学主义的霸

1　埃德蒙·胡塞尔（Edmund Husserl, 1859—1938），德国哲学家，现象学创始人，同时也被誉为近代最伟大的哲学家之一。他影响了马丁·海德格尔、让—保罗·萨特及莫里斯·梅洛—庞蒂等人。著有《纯粹现象学通论》《第一哲学》等。

权，我们觉得一切意义都在这种越界的解释行为中丧失了。但如果自然科学能够摆正自己的位置，承认关于基本粒子的说法只是一种为了更有效的预测而提出的理论模型[1]，并且自觉在普全理性的指导下合理运用其预测功能，那么它就可以被改造为普全科学的一个部分。

然而，如今的自然科学即便不输出科学主义的霸权，也由于缺乏这种普全科学的视野而表现出某种片面性。这导致科学家们无法在一种普遍的关联中洞见自己研究的意义。如今的理论研究与实践之间几乎完全脱节，以至科学家只管研究，而对研究成果对人类生活的影响完全不负责。因此，只有在一种普全科学所提供的洞见的指导下，我们才能真正知道想要达到的生活之路该如何走。

技术主义的支配

我在前面说过，技术的本质就是控制。另有一个哲学家海德格尔，他是胡塞尔的学生，抓住这一点大做文章，认为现代技术的控制已经达到了无孔不入的地步，整个自然甚至包括我

---

1 事实上，量子力学的奠基人之一沃纳·海森堡（Werner Heisenberg，1901—1976）就明确说过，"作为一种简单的有体形的东西，原子是不存在的。但是只有在引进了原子概念之后，才有可能把决定所有物理和化学过程的那些关系简单地表达出来。"参见：海森堡，《现代物理学中的古代自然哲学思想》，出自：《严密自然科学基础近年来的变化》，海森堡论文选翻译组译，上海译文出版社，1978，第56页。

们人类都成了被技术控制的对象。大家可能会觉得奇怪，难道不是我们人在控制着技术吗？未必！这里指的还不仅仅是技术失控的问题，如核电站泄漏，或者未来可能出现的人工智能造反，海德格尔认为，现代技术的本质就是对人和自然整体的支配作用。

我们先来讲对自然的支配。古代也有技术，比如水车，通过河水的流动带动车轮转动，农民可以用这种动力来磨小麦。但是水车并没有支配河水，河水还是那样自由地流动，只是流经水车时不经意帮个小忙。人类很聪明，我们预见到河水的这种冲力，就预先放个水车在那里，这在本质上与利用太阳和风晾干衣服没什么区别。在这种情况下，河水、太阳、风自然而自由，古代技术并不会让我们觉得自然被支配了。河水可以饮用、洗涤、冲刷，我们顺其自然打造我们的生活方式，我们受惠于自然，自然也因此具有了人文气息。人与自然和谐相处，互相成就。

现代的水力发电站好像只是古代水车的加强版，但其中的自然的意义完全改变了。假设我们要在河上建一座发电站。首先，我们需要用大坝截断河水的自然流动，以便造成水压差，形成势能。接着，水的势能可以通过操纵闸门的方式转换为飞流直下的动能，并将其传递给水轮机，水轮机带动发电机的磁芯旋转，利用电磁感应原理制造出电流，最后再经过预先铺设好的电网传向需要电力的四面八方。你可能会觉得这只是过程变得复杂了，但是基本的原则没变，都是自然在帮人类的忙，其实不然。我之所以用一系列专业的科技术语对此过程进行描述，是想让大家体会到，河水在整个过程中的意义只有在水电站的发电目的中才能得到理解。换言之，河水不再是自由自在的自然，只是顺带帮我们一个忙；在现代技术的支配下，它成了发电厂的水力资源，是水力发电过程中势能的提供者，就像煤炭在火力发电中成为化学能的提供者，除此之外，它什么也不是。

这一切之所以可能，是因为我们已经用一种数学化的方式来算计河流了。例如，多大的水位差才能最终产生所需的电力？这像不像科学家们在实验室里会问的问题：需要打多少激素才能让小白鼠产生照顾后代的行为？

你们或许会说，河水可不光只是用来发电啊，它还养育着鱼群，甚至还是一道养眼的风景，令人心旷神怡。的确如此，但如果从现代技术的角度看，这些都是可供支配的对象。养殖技术可以将河水变为养殖场，就像采矿业将大地变为矿田一样，而旅游工业则努力将风景打造为参观的对象。这里面似乎看不到发电厂中那种明显的对自然的数学化，但是支配和算计的本质没有变。现代人常常有这样一些念头，吃东西想吃野生的，如果出去玩，觉得去充斥着旅游团的景点打卡没意思，最好要去看还没有被开发的原始景象。这说明我们下意识地觉得，被现代技术和工业所支配的自然失去了原本的意义，或者说，变味了。这种情怀表明，虽然我们享受着现代科技带来的便利，却本能地抵触它对意义的改变。

不仅是自然，人也无法逃离技术的支配。如今相当火的一个职业叫 HR，也就是人力资源管理。人在工业技术所塑造的现代社会中也只不过是一种可供利用的资源。一个部门需要多少人、什么专业的人？这些人是否需要是 985 高校毕业、计算机要达到几级？这些都是为了某种目的而预先定制的。每个人都在为成为可供利用的人力资源而努力塑造着自身，将充满体验的人生经历塞进一张格式化的简历表中。

即便在日常生活中，我们也无时无刻不被技术支配，各种电子设备正在偷偷搜集我们的爱好和习惯，交给大数据分析，再按结果将我们分门别类，以便为我们量身定制我们想要的信息。在这一过程中，我们并非有血有肉的人，而是被分解成了各种数据资料，成为现代商业体系运作中的一环。注意，是一环，而非最终的目的。想想，到底是我们在使用手机，还是商业体系在利用手机让我们心甘情愿地掏钱？再想想，我们有多少欲望是被现代商业体系制造出来的？我们的情感、我们的欲望，都成了资本自我增值的手段，据说好莱坞电影工业的编剧可以精确地计算我们的情绪，以便炮制出让我们买单的影视剧。

现代技术和资本的结合，从方方面面支配了我们的生活。资本可以被视为价值领域中的技术力量，因为货币作为一般等价物，以量化的方式抹除了不同事物之间价值的多元性。在资本体系中，任何东西都有一个可量化的价格。正如对于工业体系而言，河水和煤炭等只是可量化的能源，对于商业体系而言，苹果、香蕉等味道不同的东西也都只是赚钱的生意。正是这种抹平一切差异的量化力量，让技术与资本的联合支配了一切。在这种支配中，我们所失去的不仅是各种事物意义的多样性，而且丧失了自我,我们最终成了不停运转的技术和资本机器中的零部件。卓别林在《摩登时代》(*Modern Times*)中的精彩表演将这一点表现得淋漓尽致。

针对现代性的这一病症,各路大神开出了各种药方,由于时间关系,我就不一一展开了。我个人比较认同阿伦特的一个说法,人在本质上是行动者,每一代新生的人类都具备开端启新的能力。现代科学的出现本身正是当年伽利略那一代新人类的创举。正如行动的后果一样,行动的开端也不可预测。只要大地上依然有人类诞生,就始终有新的可能性产生出来。你们正是最新一代的新新人类,如果这一讲能够在你们心中埋下一颗意义多样性的种子,那么假以时日,经过细心呵护,或许有一天就能长成参天大树。

(中山大学哲学博士,同济大学哲学系副教授 高松)

主讲人简介

刘擎 美国明尼苏达大学政治学博士，华东师范大学政治与国际关系学院教授、博士生导师。研究领域为政治哲学、西方思想史、现当代西方思潮与国际政治问题，著有《刘擎西方现代思想讲义》《2000年以来的西方》《纷争的年代》《悬而未决的时刻》等，译有《以赛亚·伯林的遗产》等。

蔡文菁 丹麦哥本哈根大学哲学博士，上海交通大学哲学系副教授。研究方向为欧洲大陆哲学、现象学等，译有丹·扎哈维的《主体性和自身性》等。

钱立卿 复旦大学哲学博士，上海社会科学院哲学研究所助理研究员。研究方向为德国古典哲学、现象学、科学哲学等，获2013年中国现象学专业委员会颁发的"熊伟青年学术奖"，著有《解读〈观念〉》等，译有吉奥乔·阿甘本的《剩余的时间》等。

陈勇 德国海德堡大学哲学博士，上海交通大学哲学系副教授。研究方向为知识论、海德格尔哲学等，译有安东·科赫的《真理、时间与自由》等。

武云 清华大学哲学博士，上海交通大学哲学系副教授，研究方向为政治哲学、伦理学、中西比较哲学等。

施璇 北京大学哲学博士，上海社会科学院哲学研究所副研究员。研究方向为笛卡尔哲学、早期现代哲学等，著有《笛卡尔的心物学说研究》等，译有《文德尔班哲学导论》等。

冷欣 复旦大学哲学博士，同济大学哲学系副教授。研究领域为现代西方哲学、伦理学、宗教哲学，译有《科学与宗教：二十一世纪的对话》等。

高松 中山大学哲学博士，同济大学哲学系副教授。研究方向为胡塞尔现象学。